毅然たる孤独

石原莞爾の肖像

野村乙二朗

同成社

連隊長時代の石原莞爾

目次

毅然たる孤独
―石原莞爾の肖像―

プロローグ――「毅然たる孤独」を噛みしめる――

前防衛大学校校長であり、東日本大震災に際しては復興構想会議議長の大役を担った五百旗頭真教授は、石原莞爾研究ではパイオニア的存在であり、潜在的には石原研究の第一人者として期待された人です(1)。しかし満州事変については、同氏も通説に従って、これが日本の悲運を決定したという見方をしていて、それを次のような比喩で語っています。

石原は丘の上にあった大岩を満州事変によって動かしたのであり、のちに石原自身が日中戦争や日米戦争に際してこの大岩の転落を止めようとして、かえって止めることができずにその下敷になってしまったのである(2)

これは昭和史における満州事変の決定的役割を印象づける上ではかなり説得力のある比喩ですが、それだけに石原莞爾を語る上では必ずしも適切ではありません。

何より、こういう言い方ですと、もし石原が満州事変を起こさなければ、それ以後の戦争は起こらないですんだという印象を与えられるということです。今日、尖閣とか竹島とかが問題ですが、当時の満蒙に於ける日中の緊張はとても今日の尖閣などの比ではなく、その権益の大きさも、それに対する日中両国民の執着も、とても尖閣などと同列に論じられるほど軽いものではありませんでした。何らかの解決手段が避けられなかったとすれば、一九三一年(昭和六)は最高の時期だったと考えられます。

その上、こうした表現は、結局、満州事変と日中戦争を一続きに見ることになり、いわゆる十五年戦争論ですが、その間に起こった世界情勢の激変を殊更に軽視することになります。最も重要な変化は、ソ連軍事力の激増に呼応して、満州事変の時にくらべて、日中戦争では中国側の抗日意識が極めて旺盛でした。満州事変を起こした石原が、日中戦争に反対した理由は何よりそこにあり、石原の非凡さもそこにこそあったのです。

その上、あまり云いたくはありませんが、十五年戦争論は、当然のことに、日中戦争の開戦責任をぼやけさせ、日中戦争における天皇の政治責任を霞ませる役割をもっています。後に見るように、日中戦争における天皇の政治責任については、最近、加藤陽子東大教授が極めて鋭い指摘をしています。

今日、尖閣や竹島などで目くじらを立てている我々に石原の満州事変を非難する資格はありませんが、それより重要なことは、満州事変の後で石原が唱えた東亜聯盟論には、今日でも充分に学ぶべき民族協和の知恵が隠されているということです。

晩年の石原莞爾を「毅然たる孤独」と評したのは、冤罪の救済を生涯の使命とされた故後藤昌次郎弁護士ですが、思想的孤独感は晩年の石原本人に強烈にあったと思われます、そのことについては、石原莞爾の甥、石原尚の「叔父・莞爾の思い出」(3)に次のような証言があります。これは戦後、復員してきた尚が石原莞爾について直接見聞した話です。

来客も多く、私などもよく名を知っている有名人もありました。あるとき私と叔父はこんな会話をしたことをおぼえています。

「木村武雄氏などよく訪ねてくるようですが、ああいう政治家や名士は最終戦争をどう考えているのでしょうか」

「あの連中はただ寄ってくるだけで、最終戦争などわかっていないのだ」

「東亜聯盟の代表までやった人さえわかっていないとすると、一体、誰が最終戦争を本気で信じているのですか」

「おれだけさ」

と答えた叔父の顔は、さびしそうに見えました。

理解の不足は石原の側近であった人々にすらいえるのです。たとえば、石原は昭和十五年には東亜聯盟協会に対して「国内に於ける民族問題」として朝鮮人問題を取り上げることを主張しましたが、これには東亜聯盟の理論的指導者である宮崎正義すら反対しました(4)。

石原が孤独を痛感せざるを得なかったのは、何より彼が自分の思想的よりどころとせざるを得なかった天皇に理解されていないことを自覚していたからです。天皇の石原観を代表するのは満州事変と二・二六事件についてですが、前者を否定し後者を肯定する天皇の論理は、石原のレーゾン・デートルを全面的に否定するものした。

昭和天皇は満州事変には反対でしたが日中戦争には反対とは云えない立場でした。日中戦争については、最近、加藤陽子東大教授が昭和天皇の積極的役割について、満州事変との対比で注目すべき発言をしています。

満州事変というのは、決意ある小集団が断固として進めました。けれど日中戦争というのは、緒戦においては陸軍側が、とくに参謀本部が消極的であったこともあって天皇の関与の率が非常に高かった。ご存じのとおり天皇は、二・二六事件のときに、海軍への信頼をたしかなものにしていました。海軍の態度は立派であると。このことが非常に昭和天皇の判断に影響しているのです(5)

加藤教授は日中戦争における木戸幸一の責任も厳しく追及しています。

昭和十三年の一月十日前後に、木戸が秩父宮に会っています。秩父宮から来てくれという要請でした。秩父宮はこの時、一刻も早く戦争はやめねばならないとかなり厳しく木戸を問い詰めています。すると木戸は「いったい日本は戦勝国でしょうか、戦敗国でしょうか」と反論します。「戦勝国の方から、ぜひ一つ和平を急いでしたい、と言っていろんな条件を出す。即ち自分たちのはらわたを見せておいて、向こうがそれに応じない場合にはどうなるのでしょうか」

と。木戸はさらに、日本のために「非常に不利な結果に陥ったならば、たとえば為替の暴落とか、公債の暴落とか、経済、財政に不信を招き」と言って猛反論しました。戦勝国として相手に「参った」と言わせて終わらせなければならないという強硬な姿勢を、木戸と昭和天皇は、この時点で共有していたということでしょうか(6)

正に建武三年、湊川の戦いを前に楠木正成の献策を退けた坊門清忠という役所《やくどころ》でした。

太平洋戦争が終わったとき、何故このような愚かで悲惨な戦争が起こったのかという疑問が生まれました。地震や津波のような自然災害と違って、戦争は完全に人災です。しかも、被害の程度も決して天災に劣るものではありません。中国や朝鮮との領土問題で厳しい世論が沸騰している現在こそ、私どもは石原莞爾という人物が本当はどのような存在であったのか、また彼が残した歴史的遺産が何であるかを改めて噛みしめる必要があると思うのです。

註

(1) 同氏はまだ石原莞爾伝記を完成されていませんが、石原伝記の執筆基準に厳しかった南部襄吉に期待された唯一の人物であるという意味です。
(2) 『最終戦争論・戦争史大観』中公文庫、三一七頁
(3) 「協和新聞」一九六一年七月一日
(4) 拙編著『東亜連盟期の石原莞爾資料』同成社、二〇〇七、一二頁
(5) 半藤一利・加藤陽子『昭和史裁判』文藝春秋、二〇一一、三〇〇頁
(6) 同前、三一八〜三一九頁

第一章　父啓介は反面教師だった

一　東北の風土と庄内の特性

東北の精神的風土と「庄内」の特性

明治維新は西南雄藩が引き起こしましたが、昭和維新の精神的母体は東北でした。その東北について、昭和期を代表する作家であった司馬遼太郎は極めて高い評価を与えています。東北人には精神的貴族性があるというのです。その代表的実例として司馬が挙げているのは陸羯南、原敬、高橋是清、狩野亨吉、内藤湖南ですが、その人々に共通の印象は、透き通った怜悧さ、不合理なものへの嫌悪、独創性、精神の明るさ、独立心、名利のなさ、もしくは我執からの解放であるといいます(1)。

その司馬が、東北の中でも「庄内」だけは別だというのです。「気になる土地がある。庄内である。都市の名でいえば、鶴岡市と酒田市になる。旧藩でいえば庄内藩（酒井家十七万石）の領域である。ここは、他の山形県とも、東北一般とも、気風や文化を異にしている。庄内は東北だったろうか。ときに考えこんでしまうことがある。」。

司馬は一度は「庄内」を訪問すると決めましたが、「数日たって、どうもまだ自信がないと思い」目的地を変えてしまいました(2)。司馬は書いていませんが、彼が「自信がない」のは、大川周明と石原莞爾を生み出した「庄内」ということでしょう。司馬は遂に石原を語りませんでした。

「庄内」と明治維新

徳川家康の叔父にあたる酒井忠次を藩祖とする庄内酒井家が、幕末・維新の激動期を通じ、会津松平家とともに一貫して佐幕の態度に終始したことは周知のことです。会津の場合は藩主松平容保《かたもり》が京都守護職となり新撰組の支配を通じて京都の治安にあたったのに対し、江戸市中警備を委ねられた庄内藩では中老松平権十郎が新徴組御用掛として江戸の治安維持にあたりました。新撰組が幕府の威令の届きにくい京都を舞台にしただけ、その活動振りが派手に映ったのに対し、新徴組の舞台は幕府お膝元の江戸でしたから、その活動が比較的に地味で目立たなかったという違いこそあれ、会津も庄内も幕末・維新に際してはほぼ同じ役割を果たしました。庄内藩も江戸市中取締にあたっては、長州藩邸の接収とか、薩摩藩邸の焼き討ちとか、薩長の憎悪を買うには十分の役割を果たしていました。

ただその結末の段階に、たまたま庄内藩が軍門に下った相手が薩摩藩兵で、その指揮をとっていた黒田清隆の背後に西郷隆盛がいたという条件が会津と庄内の明暗を分けました。庄内側の交渉役に、江戸留守居役として松平権十郎を補佐した菅実秀《すげさねひで》がいたことも欠かせぬ要素であったかもしれません。西郷と菅には人間として響き合うものがあったようです。明治維新の結末に於いて庄内藩に対する処分は格別に寛大でした。

処分内容は、藩主が謹慎し家督を弟忠宝《ただみち》に譲ること、会津十二万石に転封することでしたが、やがてその転封すら領民達の反対という抗弁が受け入れられ、藩侯はそのまま鶴岡藩知事として留まることが出来ました。庄内では、こうした措置を西郷の王道精神の賜物と受け止め、以後、西郷への傾倒が決定的となりました。菅実秀《すげさねひで》などは心酔のあまり、側近に「西郷先生もし朝に立たば、最も重用せらるるは余なるべし」といささか過剰とも思われる期待を語っていたといいます。一八六九年（明治二）には、旧藩主忠篤《ただずみ》が藩士五十名を率いて鹿児島に赴き西郷から教えをうけました。その留学は五ヶ月に及び、この時、藩士が筆録したものが後に『南洲翁遺訓』(3)となります。庄内においては西郷の「王道」は理想論ではなく、史実として旧藩士の脳裏に鮮明に刻印されたのです。

御家禄派

明治四年の廃藩置県の後も藩の重臣、松平権十郎と菅実秀《すげさねひで》はそれぞれ新政府から酒田県大参事、権大参事に任ぜられました。彼等は旧藩士三千名を総動員して後田山の開墾（旧藩主忠発《ただあき》の命名で「松ヶ岡」開墾場と呼ばれました）に当たると共に、酒田の大地主本間家と結んで様々な新事業を興しました。六十七銀行の開設、松ヶ岡養蚕場と付属製糸工場の建設、米商会所や山居倉庫の設置等は大部分菅の経綸のゆたかさの賜物でした。旧藩士は菅の指令に黙々と従って庄内地方の政治経済的実権を掌握し士族王国を再編成しました(4)。「旧庄内藩主酒井家は、明治維新以降も封建的諸機構や慣行、それを支える儒教教育の普及を図る一方、資本主義の新たな発展に対し旧家臣団や巨大な御用商人をとり込み特異な資本家的企業、さらに一種の企業家集団の形成に成功し、封建領主から資本家への転身を果たした」のです(5)。

松平権十郎や菅実秀《すげさねひで》は明治七年のワッパ騒動と云われる農民騒擾事件の責任をとって県官を辞任し、一八七七年（明治十）の西南戦争の結果として中央における西郷隆盛の威勢が衰えると、御家禄派の威勢も衰えのきざしを見せました。しかし県官のほとんどを御家禄派が独占する体制に変わりはありませんでしたし、石原莞爾の父啓介が奉職した警察も例外ではありませんでした。

自由民権派の台頭によって御家禄派も厳しい批判にさらされますが、彼等の存在は庄内に強い封建的遺制を残しました。成長期に自由民権派の影響を受け、御家禄派に対しては極めて批判的であったと考えられる石原莞爾が、菅実秀《すげさねひで》に対してだけは「先生の無尽蔵の経綸と精力と更に先生の統御力にはキボケタと云っていた」(6)といわれます。キボケタとは「たまげた」の庄内方言です(7)。

二　父啓介は反面教師だった

父啓介は反面教師だった

石原莞爾は一八八九年（明治二十二）一月十八日、山形県西田川郡鶴岡町日和町甲三番地（今日の鶴岡

市日吉町十一番三四・三六号）に、鶴岡警察署の警部補石原啓介と妻鉦井《かねい》の三男として生まれました。三男とは云っても長男と次男は夭折していますから事実上の長男です。

莞爾には七歳年上の長女元と三歳年上の次女志んという二人の姉がありました。元は後に鶴岡近郊の医者石原智海に嫁ぎ八人の子供に恵まれますが、一九一六年（大正五）に三十四歳でなくなります。元の子供達の内、次男の惟孝と三男の尚は医者になり、晩年の莞爾と深い関わりを持ちます。志んは後に鶴岡出身の陸軍軍人中村勝衛に嫁ぎ長男勝鋭に恵まれますが、新婚早々、夫勝衛は日露戦争に出征、戦病死したので二十歳前に未亡人になります。志んは長命であったばかりでなく生涯を通じて莞爾の最も良き理解者でした。志んの長男勝鋭は軍人になりますが、終戦直後の一九四六年（昭和二十一）に亡くなりました。勝鋭夫人の静は夫の死後も嫁として志んに仕え、石原莞爾に関する「語り部《かたべ》」となりました。

莞爾の弟妹は五人ありますが、三歳年下の妹豊（三女）は生後十日あまりで夭折。四歳年下の弟二郎（四男）は庄内中学、海軍兵学校を経て海軍士官となりました。容貌態度が莞爾にそっくりで、莞爾と見間違われることも多かったようですが、一九四〇年（昭和十五）、中佐の時、飛行機事故で殉職しました。莞爾と七歳離れて四女貞が生まれましたが、この人は一九一八年（大正七）、莞爾が陸軍大学校を卒業する年に亡くなります。その下に十歳違いの弟三郎が生まれましたが一歳で夭折しました。十五歳年下の末弟六郎が生まれたのは一九〇四年（明治三十七）で、莞爾が仙台陸軍地方幼年学校に入ってからです。仙台の旧制第二高等学校から東京帝國大学に入りますが中退し、以後、定職につかず、戦時中は東亜聯盟の幹部として活動し、莞爾が亡くなってからは、その関係資料を残すことに貢献しました。兄弟としては最も疎遠に育った六郎が、中年以降の莞爾とは最も濃密な関係を持ちました。

莞爾の性格上の激しさはほとんど天性のものと思われますが、成人してからの莞爾に顕著に見られる生活態度は、父啓介を反面教師としたものが多いのです。啓介は莞爾が満二歳の一八九一年（明治二十四）四月には警部に昇進、西村山郡谷地分署長となりますが、谷地には二ヶ月いただけで、六月には早くも西田川郡豊浦分署長に転出しました。一八九三年（明治二十六）八月、豊浦分署は温海村に移され、西田川郡警察署温海分署と改称されて啓介が初代温海分署長となりました。温海には、一八九七年（明治三十）八月、狩川分署長に転出するまで四年間いました。

豊浦分署長時代初期の啓介の月給は判任官としては最低の十級俸十二円でした(8)。その上の十一級俸が十五円で、それからは五円刻みで昇給し、判任官としての警部の最高給は五十円でしたが、啓介がどこまで昇給したかは分かりません。ただ明治中期までの官吏は、いわゆる「官員さん」と呼ばれ、その給与は人もうらやむほどであったともいいますから、啓介の給与も当時の社会一般から見ればそれほど悪かったわけではないでしょうが、問題は彼の生活態度でした。

啓介は公私の別に潔癖で、職権を私的に利用することは一切ありませんでした。然し、酒好きの上に碁将棋や釣りに凝る性分で、釣果があると村人を呼んで馳走をするので家計は常に極めて苦しかったのです。妻の鉦井は従順で質屋通いもいとわず、薪代倹約のために海岸に流れ着く寄り木拾いのようなことまでし、村人から「あれまた署長の奥さんが寄り木拾いだよ」といわれました。温泉場の警察分署長という職務上のつきあいもあったでしょうが、啓介は女遊びにもうつつを抜かし女郎を家に連れてくるようなことまであったといいます(9)。成人した莞爾が酒や女色に潔癖だったのは、体質もさることながら、こうした父の所行と母の苦労を見ていたからでもあろうと思われます。

しかし少年期の莞爾が父に批判的になったのは、そうした点ではありません。一八五七年（安政四）生まれの父啓介と、一八八九年（明治二十二）生まれの莞爾との間には明治維新をはさんで決定的な生活意識の違いが生まれていました。その相克は、庄内の風土環境としての封建遺制と、啓介の職場条件の対比によって拡大され、莞爾の眼に映る父親像の尊厳を傷つけました。

莞爾が育つころの啓介は、警察の分署長か署長で、日常的には彼が最上位の身分でしたから、彼の職場での挙措は、家庭で見る父親像とも違い、莞爾も誇りを持って受け止める事が出来ました。それだけに、啓介が県の上司や旧藩主家の人々に会った時の態度の改まりようは莞爾の眼には異常なまでにその卑屈さを印象づけたのです。そのことが息子としての莞爾の心を深く傷つけました。

庄内では、士族間でも、特に御家禄派と呼ばれる人々の間では濃厚に封建的身分意識が残存していました。日常的な言葉遣いも荘重でゆったりしていましたが、非日常的な挨拶などは殊更に丁寧で、長い時間両手をつき下げた頭を容易に上げませんでした。平民に対しては名前なども呼び捨てにし、逆に平民からは敬称で呼ばれることを当然の事としていました。「君子、重カラザレバ威アラズ」という訳で荘重は殊更に装われていました。それが士族の社会的優越を保持し、旧藩主を頂点とする御家禄派の封建遺制を維持するための社会的環境を形成していたのです(10)。

後年、莞爾は往年の父の姿を「昔の上司に出会った時や、四季折々の挨拶回りなどで、旧藩主のお屋敷に行った時などは末座にひかえて顔を上げることもできないし、言葉など全然出てこないというような有様であった」(11)と批判していますが、御家禄派に連なる啓介としては至極自然な姿であったと思われます。然し、莞爾にとってはそれが警察署長としての日常の父の姿とは調和が取れず、彼の父親像を甚だしく傷つけました。そのトラウマへの癒しの欲求が、命令系統の序列に厳しい軍人社会に入りながら、莞爾が上司に対しても、不合理な要求には決して納得せず、反抗的と思えるほど厳しい姿勢をとることになった根本の動機であったと思われます。

莞爾は成人して以来、旧藩主家に挨拶などに出向くことはありませんでしたし、予備役になってからも旧藩主家当主と同席したときなど、宮中序列からは陸軍中将の方が伯爵より上席だと公言して憚りませんでした。莞爾とは母方の従兄弟にあたる古野嵩雄は、御家禄派の本拠「松ヶ岡事業」に勤めていましたが、一九四二年(昭和十七)正月に、当時、鶴岡の旧高山樗牛邸にいた石原莞爾に挨拶に行きました。事業所の幹部からは「君まで石原に通ってはならない。石原は帰郷後まだ一度も酒井家に顔も出していない。東亜聯盟は危険思想であって、当局から解散命令をうけている」と云われていましたが、古野には米英との戦争を始めた東條内閣のやり方が正気の沙汰とは考えられず、時局に対する見通しを聞くには石原しかないと考えて、正月の挨拶を口実に石原を訪問したのです。

嵩雄が鈺井伯母に挨拶の後、将軍と対座すると、開口一番、「殿様は私が顔も出さないと申しているそうではないか」と宮中席次の事などを云われたといいます。側らの銻子夫人は片手を挙げ、「あなた又そんなことをおっしゃって」と止めにかかり、古野も又、将軍の心にもない皮肉、茶目っ気と受け止め、彼本来の来訪目的である時局談に話しを移したといいます(12)。石原莞爾の幼児期におけるトラウマの深さを示すものですが、こうした臍まがりの態度や放言は、戦前においては、郷里の御家禄派社会や、職場としての軍人社会では勿論、一般社会でも、決してこころよく受け入れられる条件ではなかったと思われます。

母や姉たち

莞爾という名前は「機嫌のよい子」であることを願った父啓介の命名だといいますが、その苛烈なまでの激しい性格は幼児期にすでに顕著で、母や姉たちはその腕白振りに手を焼きました。姉が豆腐屋に行くとザルをひったくり、帰りに転んで豆腐や着物を泥だらけにするというようなことはしょっちゅうでした。ある日、人だかりがしているので、母が何事かと覗いてみると、莞爾が上の姉に食らいついていました。母は莞爾の口の端に灸を据えましたがケロリとしていたといいます。

だが母や姉たちにとって、莞爾の尋常でない腕白振りには何処かにその主張の正当性を感じさせるところがあり、それが彼女たちにその並大抵でない腕白被害を堪えさせました。この姉たち、特に下の姉の志んからは莞爾は格別に可愛がられたこともあり、後に彼は新妻銻子に対して「何時かも申しましたが、あの姉だけには出来るだけのことをしてやりたいと常々考えています」(13)と云っています。

　姉たちにはこの弟の桁はずれの腕白をむしろ慈しむ気持ちがあり、彼の利発さはひそかな自慢でもありました。温海では、姉たちは子守りがてらに莞爾を学校へ連れて行きました。教室で暴れ、先生に叱られるとますます暴れましたが、校長が試験をやらせてみると一年生では一番でした。それで、翌一八九五年（明治二十八）、飛び級で二年生に編入されることになりました。石原莞爾の人格は母と姉たちによって培われた所も大きいのです。

小学生時代

　石原莞爾は後年、小学生時代を回顧して次のように云っています。

> 私は小学校で割合出来る方でしたが、授業は一番出来ないビリを相手にするから、五十分の時間退屈して困る。仕様がないから、先生の隙に乗じて前の頭をコツンと殴る。それから先生が余り油断をしてをると、奇襲作戦の稽古として、二三人おいた先を殴る。大体成功しますけれども、時々発見される。「一寸立てッ」という、家へ帰っちゃいかんと云う。確かに自分が悪いと思ひますけれども、どっか割りきれないものがあった。私が今のやうにひねくれた様な気持ちをもつのは、全部小学校で猛訓練された結果です(14)

学校に上がったばかりの頃、道ばたで釣り針に餌の蜂の子をつけていると、通りがかった人に糸がひっかかり釣り針が莞爾の指に刺さりました。母では抜くことが出来ず医者に抜いて貰いました。医者が「うむといけないから、石炭酸を塗っておこう」というと、莞爾は「どうせ死ぬのだからもう痛いことはしないでくれ」といって大人を驚かせました(15)。周囲には、莞爾にも臆病なところがあると受け取られたようですが、臆病というより思考の徹底性の顕れであろうと思われます。身近に三歳下の妹豊の死を体験しているとはいえ、幼少年期に「死」を自分の未来の避けがたい運命として自覚しているのは尋常ではありません。

温海小学校時代の石原莞爾について、戦後、温海の町長になった斎藤八蔵は「恐ろしく腕白」であったが、「それでいて、なかなか義侠心があって、上級生が下級生をいじめたりすると、飛んできてかばってくれた」(16)と書いています。

一八九七年（明治三十）八月に啓介が狩川分署長に転出すると一家も狩川に転居、莞爾も狩川尋常高等小学校尋常四年に転入学しました。ここでは校長服部正悌《はっとりまさやす》の妻鉚《りゅう》が父啓介の妹で莞爾には叔母に当たるため、莞爾は転入後まもなく高等科の生徒たちに取り囲まれ、年齢に比して学年が高いことを校長の贔屓ではないかと攻撃されました。ところが、その叔母鉚《りゅう》の所へ遊びに行った時、莞爾は温海時代に海岸で自分が拾い宝物にしていた大きな海綿を叔母が無断で持ち帰っているのを知って憤然としました。莞爾は叔母につかみかかり、股に大きなひっかき傷をつけました。啓介がこれを聞いて怒り、鈓井に無理矢理、謝りに連れて行かせましたが、莞爾は遂にこの叔母には謝らなかったといいます(17)。

一八九九年（明治三十二）四月に啓介は東田川郡警察署長となり、一家が藤島に転居すると莞爾も藤島高等小学校二年に転入しました。この藤島時代から莞爾には単なる腕白坊主とは違う人生に対する目標が設定されはじめました。藤島小学校には澁谷光長・小花繁増両先生を顧問とする「協友会」という修養・親睦団体がありました。時には学年をまたいだつながりにもなる同窓会的組織でしたから、年長者の中には四歳も年上の西川速水のような人間もいましたが、莞爾が最も親しくしたのは近所の土田千代吉と今野猪之吉でした。後に土田は師範学校に入ったが肺患で夭折し、今野は会津若松の歩兵第六十五聯隊に入った時に莞爾の部下になりました。

藤島時代、一年上級の鳥海克己とは毎日のように一緒に遊んだといいますが、その鳥海に云わせると、莞爾は、いわゆる秀才型ではなく「勉強というものを一切しない子供であった。非常にきかん坊で臍まがりで子供の時から口が悪く、茶目たっぷりだった」ということです。

鳥海がある日、「莞爾ちゃ、お前大きくなったら何になりたい?」と聞くと「陸軍大将になる」と云いました。同じ事を聞かれた鳥海は「医学博士になるよ」と答えたといいます(18)。医者になるのは家業を継ぐ者が多かったでしょうが、軍人というのは時代環境と経済的条件によるところが大きいと思われます。

それに明治維新からさほど時間的距離の遠くないこの時期、軍人志望は士族という条件によるところも大きいようです。御家禄派に育ち、一高、東大を出て住友に入った後、キリスト教の伝道師となった黒崎幸吉も、莞爾より三歳年上ですが、高等科二年の時には幼年学校進学を希望したといいます。進学については極めて厳しい制約があった中で、陸軍士官学校や海軍兵学校への進学に比較的反対されなかったのは武士の子孫という条件と学資が不用であったためとしています。黒崎は、家の相続人であるという理由で断られ泣いて悔しがったといいます。黒崎によれば、高等小学の上級から中学初級の者たちの間で『兵事雑誌』という月刊雑誌をとって回覧しており、それが彼等の軍人志望熱を掻き立てていたといいます(19)。一八九六年(明治二十九)六月に発刊されたこの雑誌は、専門的な軍事情報誌であるとともに、軍人志望の青少年にとっては最も正確な進路案内書でした。上級学校への進学の道が極めて限られていた時代に、三国干渉後の明治国家は、資質のある青少年を陸海軍に吸い上げることに極めて熱心だったのです。

一九〇〇年(明治三十三)九月、啓介は楯岡にあった北村山郡警察署長となり、初めて単身赴任しました。残された一家は鶴岡町日和町に戻り、莞爾は朝暘高等小学校高等科三年に転入、翌一九〇一年(明治三十四)三月、ここを卒業、四月、山形県立庄内中学に入学しました。庄内中学の二学年途中から陸軍幼年学校に進学するのです。

藤島小学校「協友会」のつき合いは続いており、莞爾が陸軍幼年学校に進学したのを記念して一同で記念写真を撮っています(20)。「協友会」が続いたのは、莞爾の幼年学校入学が郷党としての彼等の誇りを刺激したことも影響していると思われます。「協友会」顧問教師の澁谷光長と、メンバー中の鳥海克己と西川速水とは石原は最晩年に到るまで藤島同窓生としてつきあっています。

註

（1）『街道を行く』「秋田県散歩」
（2）同前
（3）『西郷隆盛全集』第四巻、大和書房、一九七八
（4）五百旗頭真「石原莞爾における支那観の形成」『政経論叢』第二一巻五号
（5）渋谷隆一「旧庄内藩の企業展開と儒教」『地方金融史研究』三八号、二〇〇七年六月
（6）山口白雲『菅臥牛観』不二印刷所、一九四七
（7）阿部博行『石原莞爾』法政大学出版局、二〇〇五、二一頁
（8）『山形県警察史上巻』二五八頁。但し別表では警部の給与は最低でも二十円となっています（同二四六頁）。
（9）『石原六郎日記』Ⅳ「兄の思い出」
（10）『黒崎幸吉著作集』5、新教出版社、一九七三年
（11）山口重次『悲劇の将軍石原莞爾』世界社、一九五二
（12）古野嵩雄「石原将軍の思い出」『石原将軍の思い出』石原莞爾平和思想研究会鶴岡・田川支部、一九九三
（13）『石原莞爾選集』1、たまいらぼ、三六頁
（14）「維新期に於ける人と物」『東亜聯盟』一九四二年四月号
（15）「兄莞爾の幼少年時代」5『のろし』一九五二年九月一日号
（16）斎藤八蔵「小学校時代の石原さん」『共通の広場』一九五三年四月号、一〇八頁
（17）「兄莞爾の幼少年時代」（終）『のろし』一九五二年十一月一日号
（18）鳥海克己「石原莞爾君と藤軒」『石原莞爾選集9』たまいらぼ
（19）前掲『黒崎幸吉著作集』5
（20）西川速水「思ひ出の写真」精華会『石原莞爾研究』第一集、一九五〇、五五頁

第二章　俺はそれだから軍人に

一　国家、士を養うは正に今日あるが為なり

仙台陸軍地方幼年学校

一九〇二年（明治三十五）九月、石原莞爾は仙台陸軍地方幼年学校（以後、仙幼校と略記）に入校しました。仙幼校第六期です。異様とも思われるのは、石原がその時以来、見習士官になるまでほとんど帰郷しなかったことです。

一八八七年（明治二十）以後、一般に陸軍将校になろうとする者は、中学校卒業を標準とした試験に合格すると、一年間「士官候補生」として軍隊勤務を体験した後に「陸軍士官学校」に入校することになりました。士官学校の修学年数は一年半で、卒業試験（将校試験）に合格すると、更に見習士官として半年間の隊付勤務を経て少尉に任官されました。「士官候補生」に採用されて以後は全て無償でした。

それに対して、一八九六年（明治二十九）勅令によって創設された「陸軍幼年学校制度」は「陸軍の中学校」といわれ、陸軍の管轄下に置かれましたが、教育内容は中等教育であり有償でした。「幼年学校」を卒業すると無試験で「士官候補生」に採用され、半年の軍隊生活を経た後に「陸軍士官学校」に入校します。「陸軍士官学校」入校以後は普通の中学校を経由してきた者と同様の扱いとされました（1）。

このように、「幼年学校制度」が創設されてからは、陸軍将校になる道は「普通の中学校」を経由する場合と、「陸軍幼年学校」を経由する場合と二つのコースが出来ました。両コース共、建前上は全く同様の扱いとされましたが、陸軍が重視したのは幼年学校

出身者でした。陸軍はこの制度の創設と維持に極めて多額の費用とエネルギーを注ぎ、良かれ悪しかれ戦前日本陸軍幹部養成の中核としたのです。

陸軍幼年学校は、修得語学をロシア語、フランス語、ドイツ語としたことが物語るように、露・仏・独の「三国干渉」に憤慨した陸軍が、明治天皇の意を受けて創設した学校でした。仙台、東京、名古屋、大阪、広島、熊本という旧鎮台所在地に一校あて設けられた三学年制の「地方幼年学校」と、東京に設けられた二学年制の「陸軍中央幼年学校」から成り立っていました。一学年の定員僅か五〇名の「地方幼年学校」に、陸軍は一つの旧制高等学校に相当するだけの金をかけ、地方・中央を通して五年間の幼年学校生徒一人当たりの経費からいえば、普通の中学校生徒の五倍以上の経費をかけたのです（2）。

この制度が貧しいが資質には恵まれた全国の青少年に貴重な進学の機会を与えたのは間違いない事実ですが、先にも述べたようにそれは決して学費が無償であったからではありません。全寮制で食事も被服も支給されましたが、その費用に見合う金額とし

陸軍幼年学校入校記念の写真（1902年8月17日、前列中央が石原）

て、軍関係者以外の子弟からは通常の中学校よりははるかに高い納金が徴収されました。納金の額は年度によって多少異なりますが、石原の在学中は月六円五十銭でした。この金額は、常識的に云って、山形県警察の警部であった石原啓介の負担しうる額ではありません。「陸軍地方幼年学校設立要旨」には「家庭教育の良否は、父兄生活の程度と密接の関係を有す。故に特に教育の善良ならんことを望む所の生徒は富者の子弟を選まざるべからず」と謳っていたのです。戦死者遺族と軍人の子弟は特待生ないし半特待生として納金を免除ないし半額とされましたが、これは戦死者に対する優遇措置であると共に、軍人の子弟は幼児期から軍人になるにふさわしい環境に育っていると考えられた例外的措置でした。

そうした制度が、何故、貧困な家庭の子弟にも進学の機会となりえたかといえば、地方幼年学校一校に僅か五十名、全幼年学校合わせても僅か三百名という狭き門をくぐり抜け、将来、軍幹部となることを約束された逸材に対しては、それを郷党の誇りとして郷里の育英会や富豪たちが喜んで学資を提供したからです。石原の場合には鶴岡尚武会と鶴岡町鍛冶町の素封家富樫治右衛門でした。そういう意味では、陸軍幼年学校制度は、明治陸軍が想定したより、遥かに経済的貧困層に開かれた幹部養成制度であったといえるでしょう。

仙台市は二十一世紀の今日でもなお美しい杜《もり》の都です。明治三十年代半ばに人口約十万であったこの街には、東北の中心都市として、中央官庁の出先機関や第二師団司令部などと共に第二高等学校、仙台医学専門学校等の高等教育機関がありました。仙台陸軍地方幼年学校は市の東端、宮城野原練兵場を俯瞰する榴ケ岡にありましたが、隣に第三旅団司令部、西側道路を距てて歩兵第四聯隊の兵舎がありました。校舎は学校本部、生徒寝室、自習室、教室、娯楽室を含む一棟と、大講堂及び教室の一棟、それに剣・柔道場一棟と炊事場一棟があり、付属施設として植物園もありました。主要校舎は木造二階建ですが白亜の堂々とした外観がありました。軍服等は入校時に支給されましたが、将校生徒としての誇りを持たせたのは帯剣でした(3)。

青少年が家郷を離れて集団生活をする場合、重要なのは良師・良友に恵まれることです。その点、何れ劣らず郷党の誇りを担って選抜されてきた逸材の集まりであってみれば、良友に事欠くことはなさそうに思われますが、資質に恵まれた者同士は競争も激しいのです。特に陸軍軍人という同一の達成目標を持った全寮制の教育機関としてのエリート集団は、切磋琢磨により、優位者はますますその人格や能力を磨かれますが、相対的な劣位者は、人格や能力を歪められることも多いのです。一般的に幼年学校出身者は、士官学校に進学後、かなり露骨に優位者と劣位者に二分される傾向がありました。平林盛人は「幼年学校出身には優秀者も多かったが屑も多く、中学校出身者は大体粒が揃って」いたと云っています(4)。

仙幼校で石原と深く交わった仲間には、井上又一、菅原道大、出田剛介、南部襄吉(当時は東姓だが便宜上、南部で通す)等ですが、中でも南部との関係は格別なもので、南部は石原を単なる友人としてではなく、生涯を通じての師と仰ぐにいたりました。石原も南部を通じて啓発されるところが少なくありませんでしたが、この二人の友情は、南部の父、南部次郎と石原との宿命的な出会いを準備することともなりました。

入校後しばらくたった日曜日、小遣い銭もないままに南部が外出もせずに食堂へ食事に行ったら、石原も来て、県の貸費生という似たような境遇にあることから二人は急接近するのです。父親に対して敬意を抱きながらも、根深い不信と不満を持っているという点でも二人には共通点がありました。南部は、父が奨学金のうわまえをはねているのではないかという疑いを話すと「俺もそうだ」と云うのを聞いて、それが石原への友情の始まりだったと回想しています(5)。

石原は天性の組織者でした。彼は南部に「我々は軍人なのだから、休日等を徒らに口腹の欲に溺れさせずに、心身を鍛錬するため、遠足して自然に親しもうではないか」と呼びかけ、日曜や休日に「伊達の城址」や「松島」へ出掛けました。追々、菅原道大や出田剛介のような同調者も現れて、この行事は最終的には明治三十八年七月の卒業記念遠足まで続きました。遠足には、地理の柘植重美や国漢の平野彦次郎という教官達まで巻き込んでいます。三年時の修学旅行を、教育総監部の許可が必要であった足尾銅山・日光地域にまで伸ばしたのは、石原がこの遠足仲間や教官と語らって運動した結果でした。

翌年の夏に石原たちは二年に進級しました。同期生間でも「石原は出来るぞ」という評判はありましたが、成績が発表されると俄然、石原は首席でした。今までの単なる人気者は、その時からにわかに同輩の畏敬する存在となりました。石原は態度が開放的で奇行百出なので、悪口半分に「七番さん」と呼ぶものもいたほど軽く見られる面があったのです。「七番さん」の呼称は、腸チブスにかかり市内病院に隔離された同期生を見舞った友人達が、七番病棟が精神病棟であったことから、奇行の多い石原をこう呼んでいたのです。石原は、他の優等生とは全く違ったタイプ、即ち、ただ机にかじりついて寸秒を惜しんだり、教官や上官の一顰一笑を気にしたりする点が全くなく、時には断乎として教官の説を否定してはばかりませんでした。

一面、同期生の病気等に対しては心から親切に慰め、学業の劣った友達は皆、石原の周辺に集まって教えを受けました。こんな時でも石原一流の滑稽を交えながら次から次へと説明し少しも高慢なところがありませんでした。ほかの者は時間が不足し明日の宿題に血眼になっている時でも、石原だけは既に全部の問題を解き終わって友達の質問に応じていました。「この辺が、断然、第二位の者とは違う余裕綽々ぶりだった」と南部は書いています(6)。南部は卒業時に、たまたま彼自身が第二位であったからそう書いたので、石原の「余裕綽々ぶり」は決して彼が抜群の第一位だったことによるものではありません。

こだわるようですがそのことは石原という人物を理解する上ではかなり重要なことです。その後の石原の中央幼年学校や士官学校に於ける成績評価に対する淡泊な態度、陸軍大学校受験への消極的取組み方等を見れば分かることですが、彼は授業中の集中力が抜群で(7)、又、与えられた課題には全力で取り組みますが、それに対する学校側の評価を他の者ほど重要視してはいませんでした。石原には既に幼児期から大人を大人とも思わないようなところがありましたが、長ずるに従って、単なる職業人としての教師や上司に、自分に対する価値判断を求める気持ちを失っていったと思われます。それだけ逆に本物の師を求める気持ちは強くなりました。石原が仙幼校時代に友人を語らってしきりと教官宅を訪ねたのも、東京へ出てからは図書館に通いつめ、書物に人生の師を求め続けたのも、また当代一流といわれる人士を訪ね廻ったのも、結局は法華経に行きつく彼の究極の価値基準に対する探求の徹底性にありました。

幼年学校は、かなり贅沢な植物園を持っていながら図書館を持っていませんでした。生徒たちは課外の読み物なども厳しく制約されており、ひたすら学校から与えられた課業の中だけでの人格形成を求められていたのです。一般の生徒たちは課業をこなすことに追われていましたからそれで問題はなかったのですが、歴史に、特に西洋史に興味を持っていた石原は親しい友人に「金がなくて本が買えないのが残念だ。東京へ行けば、図書館があるそうだから、卒業が待ち遠しい」と云っていました。誰かがそっと『噫無情』を持ち込んだ時、かれは真っ先にこれを読み、見つかったら大変という風はなく、「三度読んだ」とすましていました。そして「小説は生徒監や教官の教えないものを教えてくれる」と云っていました(8)。

入校以来、校長は渡敬行少佐でしたが、石原たちが二年生になる直前に交代し、新校長としては長岡保少佐が着任しました。長岡の副官が石原の母方の叔父白井重士であったことは奇遇でしょう。白井は着任早々に甥の莞爾が、陸軍のエリート養成学校の中でも考科序列第一位であることを見て、改めて家系の誇りと共に莞爾の将来に遥かな望みを抱きました。白井家の先祖には酒井家九代藩主忠徳に重用された白井矢太夫があったからです。白井重士は晩年、鶴岡の文人山口白雲に次のように話しています。「莞爾は矢太夫の血を受け、わしが云うのもどうかと思うが、頭脳の明晰はよく矢太夫に似ている。人を見るに地位の上下を見ざるのも似ておるし、高く自ら持した点も相通うものがある。殊に経綸のゆたかだったところも酷似する。政治家だったら矢太夫以上の事をしでかしたかも知れん。矢太夫の事蹟を読む毎に今の莞爾を見るような気がする」(9)。晩年の白井には、石原が政治に関与することを封ぜられた軍人として終始したことが無念だったのだろうと思われます。

二年生時代に南部が石原のことで強く印象づけられたのは図画の授業に関する出来事でした。写生はカメラが普及する前は将校の重要な技術でした。亘理教官は山羊髭を生やし中々威厳のある人で、生徒が手抜きの作業をすると大目玉を食らわすので恐れられていました。この人は毎週二枚の作品提出を宿題としていたので、天性、画の下手な者はこれを非常に苦にしていました。石原自身は画も得意で何の苦労もなかったのですが、「明日は図画の時間だと思うと飯も不味くなる」と嘆いている声を聞くと、「よしっ！俺が教官に写生の要求を止めさせて見せるっ」と宣言しました。「何を空言を吐くか」と見る者が多かったのですが、南部がその後、それとなく後部座席から注意していると、間もなく図画の時間に亘理教官が石原の机上の写生帳を披見した上、一、二低い声で問答していましたが、いきなりそれをポケットに入れてつかつかと教壇に戻り、真っ青な顔になって壇上を歩き回り始めました。授業が終わって石原に「何かあったのか」と尋ねると、石原は笑って「もう教官は写生しろとは云わないぞ」と云いながら器械体操へ飛んで行きました。

処が一大事です。放課後になっても職員は一人も帰りません。臨時職員会議が始まったのです。暫くして大原生徒監が日頃、石原と親交のある井上又一、菅原道大、出田剛介と南部を呼んで、「お前方は石原と平素仲よくして居るのに、なぜあんなことをやらせた」と詰問しました。「さては今日の図画の一件だな」と気付きましたが、外の連中は気付きません。「石原が何かしたのですか？我々は何も知りません」と誰かが答えると、「これを見ろ！」と机上に投げ出されたのは石原莞爾と表書きしてある写生帳でした。頁をめくってみると最後の段に「毎週の題材に苦しみ我が宝を写生す」と注記がしてあって、予期していた南部でさえあっと云うような代物が筆黒々と描き出されて居ました。「教官に対して反抗心を表し、服従の道を欠き、且つ品性下劣なるを以て退校すべし」という教官達の意見で、当の亘理教官は辞表を出して帰宅してしまったといいます。「あんな優等生を誤らせたのはお前等も責任がある！」と大原中尉は難しい顔でした。

そこで南部は勇気を出して云いました。「石原は決して自分の為とか故意に教官に反抗したのではありません。むしろ手段は穏当を欠いていますが、教官に忠言を呈したもので、画の下手な同期生のため、ひいては生徒に対する課題の方法を改善されるよう職員の方々に訴えるためにやったのです」と今までのいきさつを説明し「石原は全く衆のため学校のためにやったのです。品性下劣どころか石原の存在は我々第六期生一同の誇りです。生徒監殿、どうか誤られないようにして下さい」と説きました。南部はこんなことで石原が退校になるのなら自分も道連れになっていいとさえ考えていました。南部以外の者も漸く事態を理解して一緒になって熱心に教官を口説いてくれました。「そうか、よしっ！もう一度会議に出る」と大原生徒監は扉を開いて出て行き、やがて電気がついて職員会議が再開され遅くまで行われたようでした。

後日の話しでは、その時、訓育担当の武官側からは「教官が各人不統一に宿題を出すからこんなことになる」という抗議的な発言があり、それには文官教授連が収まらず、結局のところ校長の預かりということで収拾されました。この時の校長は柳下重勝少佐で、戦場で頭部を負傷し記憶に障害があったが、人物は出来ていて物に動じない性格だったといいます。南部が石原に「おい、あんまり思い切ったことをやるから貴公は退校会議に出たぞ！」というと「俺が退校になっても皆が写生をさせられなくなれば、目的を達したじゃないか」と笑っていました。この件は石原の弱者に対する優しさと共に、そのことの意味の重大さに気づいた者がおそらく南部一人ではなかったかという点で、南部の人柄をも物語っています(10)。

日露戦争

石原たちが仙台地方幼年学校にいた三年間の後半は日露戦争でした。将来を軍人になるべく予定された少年たちが眼前で国家の浮沈を賭けた戦争を体験したのです。これが石原の軍事思想の原点になりました。

戦争は、一九〇四年（明治三十七）二月十日の宣戦布告に先立つ二日前、旅順港外でのロシア艦隊への奇襲攻撃で始まりますが、石原たちは日露国交の決裂を、それより更に三日前の二月五日に知りました。伝令騎兵が来たとのことで何かあるなと予感しながら食堂に行き、渡辺生徒監から「本日、第二師団に第一（野戦隊）、第六（後備隊）動員下令せらる」という伝達を受けました。翌朝、生徒達は、校庭から眼下に広がる宮城野原に、徴発馬匹のための急造厩舎の白い屋根が立ち並ぶのを見てその迅速さに驚くと共に、愛馬に別れを告げる農民達の姿にこの動員の苛烈さを実感したのです。

学校から僅か道路一本距てただけの歩兵第四聯隊を含む第二師団は、黒木為楨《ためもと》大将の率いる第一軍の中核師団として、日露戦争を最初から最後まで戦い抜くことになります。云ってみれば石原たちは日露戦争という近代日本の命運を賭けたこの戦争を最初から最後まで身近なところで濃厚に観察することになるのです。

二月十六日、早くも動員を完了した第二師団は、宮城野原練兵場で観兵式を行い、師団長西寛二郎の訓示を受けました。幼年学校生はこれを参観しましたが、学校の掲示板にも張りだされた西師団長の「国家、士を養うは正に今日あるが為なり」という言葉ほど若い軍人の卵たちの血をわかしたものはありませんでした。三月上旬、第二師団は万歳の声に送られて長町軍用停車場を順次出発して広島に向かい第一軍の隷下に入りました。

幼年学校教育は武官による訓育部と文官による教授部によって行われていました。学校当局は平素の教育にはいささかの変化もないと云っていましたが、校長を初めとして下士官に至るまで訓育部関係武官の異動の頻繁さと欠員の状況、補充されてくる武官の多くが戦傷者であったことは戦争の深刻さを物語っていました。その上、武功にはやる若い士官の中には教育機関に留め置かれることを潔しとしない者もあり、歩兵第四聯隊を出身母隊とする多門二郎生徒監などは、動員下令後の二月六日に命課布達式（着任式）を受けたばかりというのに、日直士官として一回点呼をとっただけで、その月十九日には古巣の第四聯隊に帰ってしまいました⑾。文官にも応召するものがあらわれ、ネモの愛称で親しまれていた数学の根本千代吉教官が召集されました。

五月二日から七日にかけて石原たちは岩出山から鳴子温泉を経て築館町に至る宮城県北への五泊六日の修学旅行を行いましたが、その五月、戦局が動きました。

三月中旬に朝鮮半島の平壌に近い鎮南浦に上陸、以来敵らしい敵に会うこともなく北上を続けてきた第一軍は、五月一日に鴨緑江を渡河して中国東北部（満州）に進出、九連城を占領しました。これに併せて、五月五日、奥保鞏《やすかた》大将の率いる第二軍が遼東半島の咽喉部に上陸を開始、旅順を孤立させると同時に北上を始め、ここに第一軍・第二軍の両軍が東西から呼応する形で遼陽を目指すことになりました。

九連城占領の報道が伝わると日本内地では各地で盛大に祝勝会が開かれましたが、五月八日に東京で行われた提灯行列では、花火が打ち上げられ、酒食も供され、混雑のため二十名の死者が出るという騒ぎでした。仙台でも川内練兵場で酒肴を供するお祭り騒ぎの祝勝市民大会が開かれました。

はじめ旅順の攻略は海軍に任されていましたが、この要塞は予想外に堅固で、遂に海軍は陸軍に旅順の攻略を要請、五月三十一日、陸軍は旅順攻略の為に乃木希典大将の率いる第三軍の動員を発令しました。六月末、これまで第一軍と第二軍との中間地点には独立第十師団が置かれていましたが、これに第五師団を加えて野津道貫大将率いる第四軍が編成されました。この段階で内地の現役では第七、第八師団が残されるのみとなりました。

仙幼校では八月十六日から二十七日まで土ヶ浜村に例年の通り二週間に及ぶ遊泳演習を行いました。丁度その頃、旅順では第三軍による第一次総攻撃が行われましたが、死傷者が一万五千八百六十名に達した上に、弾薬が欠乏し攻撃は挫折しました。一方、八月末、遼陽を目指した第一、第二、第四軍も第一次の総攻撃を開始し、九月四日、遼陽を占領しましたが、死傷者は二万三千五百三十三名を数え、戦力の消耗と弾薬の欠乏が甚だしく、退却する敵軍を追撃出来ませんでした。遼陽を占領したというので、内地では九月初旬に各地で盛大に祝勝会が開かれ、仙台も例外ではありませんでした。しかし、この時、第二師団は六百八十五名に上る死傷者を出しており、中でも第四聯隊などは、吉田聯隊長以下六名の将校の戦死を含む二百三十九名の死傷者を出していました。

九月二十九日、徴兵令が改正され、後備兵役を五年から十年に、補充兵役を七年四ヶ月から十二年四ヶ月に延長されました。少しでも体力のあるものは根こそぎ動員しようという態勢でした。

遼陽会戦後、ロシア軍を率いるクロパトキン将軍は、これを予定の退却で損害も僅少、沙河右岸に兵を止めて兵力の増強を図ると公報しました。ナポレオン戦争以来、ロシアの退却戦略は周知のことで、ロシア軍は戦線の後退でむしろ有利になるのに対し、物量・兵力に乏しい日本軍が占領地を広げればそれだけ兵站線も延び、兵力の配分が困難になることが予想されました。事実、十月に入るとロシア軍は南下攻勢に出てきて十月十日からの沙河会戦となります。日本側も急遽、本国から新しく派遣されてきた第八師団を加えてこれを何とか凌ぎましたが、死傷者数は二万四百九十七名に及びました。旅順でも第三軍が十月末に第二回総攻撃を試みましたが、三千八百三十名の死傷者を出しただけで、またも失敗しました。

石原にとってはこの時期、旅順攻撃陣中にあった姉志んの夫中村勝衛大尉の戦病死を聞いたことが心に響きました。この姉は二十歳前に、父親の顔を知らない一人息子をかかえて未亡人となったのです。

十一月上旬、山県参謀総長から、改めて大山満州軍総司令官にバルチック艦隊来航前の旅順陥落が要請されました。大山からは、内地に残された唯一無傷の第七師団の派遣が求められ、その要求が受け入れられたことで、遂に内地には現役師団は一つも残らぬこととなりました。十一月二十六日に始まった旅順に対する第三回総攻撃は、一万六千九百三十五名の死傷者を出しながらも二〇三高地を攻略し、ここからの砲撃で旅順艦隊を撃滅、一九〇五年（明治三十八）元旦、旅順は陥落しました。これによって海軍はようやく旅順封鎖の任務を解かれバルチック艦隊来航に備えることが出来ることになり、陸軍も第三軍を奉天攻略に振り向けることが可能となりました。

日本内地は戦勝気分に満ちあふれ、各地で盛大に祝勝会が催され、仙台でも第三回祝勝会が開催されました。その頃、仙幼校では浴場の修理で、入浴には生徒一同、第四聯隊まで出掛けて行くのでしたが、毎日出入りする聯隊内部は、教練に、銃は勿論、木銃すらなく、代わりに木の棒を使用し、軍服がないので入隊時の私服をそのまま着用、軍靴すら持たぬわらじ履きの老兵ばかりという有様でした。その様子を目撃して石原らは一夜まんじりともせぬことがしばしばだったといいます(12)。その兵士達を送り出している農村の疲弊は云うまでもありません。日本がこうした戦いを長く続けられないことを石原たちは痛感せざるを得なかったのです。

一月二十五日に始まった黒溝台争奪戦は、冬季のロシア軍が、しかも攻撃側に廻った時に如何に強いかを如実に物語るもので、日本軍は大山を中心とした満州軍総司令部が受け身にたった会戦に逐次戦力投入を余儀なくされました。その上、後備役で補充された日本軍の兵士は訓練が不十分の上、年齢も高く部隊の移動に落後する者が続出しました(13)。この時も、最終的にはロシア軍が退却したことで破局を免れましたが、それはこの作戦を立案したグリッペンベルグ大将の軍功を恐れたクロパトキンがこの作戦の企図を裏切り、成功寸前に退却を命じたためともいわれます。ロシア軍の損害も一万千七百三十二名に及びましたが、日本軍の死傷者も九千三百二十四名でした。しかもなお奉天で持久戦を構えるクロパトキンには本国からの増援軍を待つ気持ちが強かったのです。

しかし内地に予備を持たない日本軍としてはロシ

ア側がこれ以上、増援軍で補強されるのを待つわけにはいきませんでした。三月一日に始まり三月十日の日本軍の奉天占領を以て終わる奉天会戦でも、ロシア側は優勢を伝えられながら最終的にクロパトキンの退却命令で勝利を捨てました。奉天占領は日本内地では大勝利と受け止められ各地で盛大に祝勝会が開かれ、仙台でも仙台城本丸跡で第四回祝勝会が開かれました。しかし、この時の日本軍の死傷者は七万二十八名に及び、以後、戦線は膠着しました。もはや日本陸軍には、これ以上戦線を広げるだけの戦力が残っていなかったことと共に、満州軍総司令部に進軍限界についての自覚が明確だった事を物語ります。ですが、この時はロシア側の損害も大きく本国の救援を待つ姿勢が続きます。

その四月三十日から五月五日までの六日間、石原たち仙幼校三年生は湯本塩原から中禅寺，日光を経て足尾銅山を見学し宇都宮を経由して仙台に帰る修学旅行を行っています。先にも述べたように、これは仙幼校の旅行範囲（第二、第七、第八師管）外に出る旅行であり、当時最大の社会問題の地としての足尾を見学するということで教育総監部の許可を必要としました。この企画が石原莞爾の発想に出て学校当局を動かしたものであることは石原の社会認識の拡がりを物語るものとして改めて注目しておく必要があります。

戦争の舞台はバルチック艦隊の来航に備える海軍に移り、五月二十七、二十八両日の日本海海戦を迎えます。大遠征をしてきたバルチック艦隊に、充分な準備を整えて待ち受けた日本の連合艦隊が襲いかかり壊滅的打撃を与えたことについては改めて述べるまでもありますまい。日本海海戦での勝利の報道は日本中を熱狂させ、各地で祝勝会が持たれ、仙台でも六月に第五回祝勝会が開かれました。

この海戦での日本海軍の圧倒的勝利によって、ようやくアメリカ合衆国大統領による講和斡旋が本格化します。六月九日、アメリカは正式に日露両国に講和を勧告、翌十日、日本が受諾、十二日、ロシアも受諾しました。八月中・下旬にポーツマス講和会議となり、九月五日、日露講和条約が調印されました。

その七月十日、石原たち仙幼校第六期生は卒業式を迎えました。優等生として石原莞爾と南部襄吉に教育総監賞が与えられました。

中央幼年学校

一九〇五年（明治三十八）九月一日、石原たちは陸軍中央幼年学校に入校しました。学校は市ヶ谷台にあって、校長は野口坤之大佐でした。六つの地方幼年学校から集まった三百名が三中隊九区隊に分けられ、石原は第三中隊（毛利大尉）第三区隊（磯部中尉）に所属しました。同区隊だった菅原道大は、この区隊は富永信政、飯沼守、今村嘉吉など多士済々、仙幼校時代の稚気を脱した石原も敢えて奇行をすることはなかったと云っています。

入校直後の九月五日にポーツマス条約が調印されました。条約内容は韓国における日本の政治・軍事・経済上の優越権、遼東半島の租借権と南満州鉄道の譲渡、南樺太の割譲、沿海州に於ける漁業権の承認などでした。

日本の戦争目的と日露の国力差から考えれば大成功というべきでしょう。日本の講和姿勢を促進するため帰国した児玉源太郎が、日本の講和条件十二条の中に賠償金の一条があるのを見て、「桂の馬鹿が償金を取る気になっている」と云ったという話は今日ではよく知られています。だが連戦連勝の報道と国際世論の支持を信じた当時の一般の日本人はそうは考えませんでした。彼等は日本政府の外交下手が折角の勝利の果実を捨てたと受け取ったのです。

朝日新聞を初めとしてマスコミの殆どはポーツマス条約に不満で、連日にわたって条約反対、戦争継続を訴えました。条約調印の日、日比谷公園では日露講和条約反対の国民大会が開かれ、これが暴動に発展、政府は戒厳令を敷き軍隊を出して鎮圧しました。石原はそれを市ヶ谷台という間近な場所から見て、改めてこの勝利の危うさを実感し、これが彼の軍事思想の原点になりました。

入校後間もなく石原は腸チブスにかかり九月二十九日から十月二十六日まで約一ヶ月間、入院しました。この病気は予後の措置が重要ですが、それがうまくいきませんでした。石原自身には予後の重要性の認識があって、退院と同時に自宅療養を願い出ましたが、中隊長の毛利大尉が許可せず、それが原因で石原はその後、体調の不調を自覚し続けることになるのです(14)。石原はやせ我慢が強く、彼の痛みが外見的には分からなかったからではないかと思われます。明治四十年になってからですが、一月十四日の日記に「診断ヲ受ク。軍医ハ余ノ腹痛ヲウタガフ。咄何物ゾ。余ハカカル診断ヲ乞フヲ欲セズ。正ニ噛ミツカントセリ」などとあるのを見ると、毛利中隊長が許可しなかったのは軍医の診断に基づくと考えられます。

中央幼年学校時代の石原を特色づけるのは図書館通いと名士訪問です。菅原道大は日曜日によく九段にあった大橋図書館に誘われました。石原は余裕綽々、目を国家社会に向けて教外図書を渉猟（校内では教外図書は許可を必要としました）、既に後年の博学達識な石原の鉾鋩が兆していたといいます(15)。石原はまた南部襄吉を誘って大隈重信や乃木希典などを訪ねました。一流といわれる人物を自分の目で確認したかったのでしょう。

乃木を訪問した時、如何にも石原らしい話しが残っています。軍隊の話、学校の話なども出て思わぬ時を過ごす内、昼近くになったので、「時間ですから帰ります」「そうか、では」というところへ、静子夫人があらわれ、「お昼の支度が出来ましたから、召し上がっていらっしゃい」としきりにすすめました。将軍も口を添えたので、二人ともその気になった時、石原の口をついて出たのは、「はい、では稗飯《ひえめし》を御馳走になります」でした。乃木家の稗飯は有名だったのです。静子夫人が、「ホホホホ、あなた方にはご迷惑と思って別に白いのを炊きました」といって普通の白米の御飯を勧めたのに、石原は強いて稗飯を希望しました。南部が噛んでも噛んでも、そして喉の奥まで送り込んでも、飲み下すのに苦労し、ようやく一杯をすます間に、石原の負けん気はいかにもうまそうに三杯もお代わりを貰っていたといいます(16)。

名士訪問の行きついたところが南部次郎でした。襄吉の父親ですから、普通の意味での名士訪問ではありませんが、一流人士を訪ねるという意味ではその典型でしょう。次郎は幕末期に若くして南部藩二十万石の執政に挙げられ、藩政改革に辣腕を振るいました。守旧派からは憎まれ、藩が危機を脱すると退けられますが、その後も藩政が行き詰まると再び執政に迎えられ、問題が解決すると退けられました。明治維新を目前にして朝廷派として捕縛されますが、奥羽越列藩同盟に組みした藩が戊辰戦争に破れると、戦後処理は次郎の手に委ねられました。南部藩最後の執政となった次郎は、大山格之助、岩倉具視、大隈重信など明治政府の指導者に知己を得て、藩に課せられていた献金の支払いを免除されました。朝敵藩としては格別なことでした。それによって手許に残った三十万円を次郎は三井清蔵に貸与し、盛岡藩物産商会を設立させ成功させました。

一八七〇年（明治三）に盛岡藩の大参事に任ぜられますが、一年で辞任。その後、内務省や外務省の官歴を経ます。ただ彼の企図は必ずしも成功せず、やがて国内における失意をむしろ大陸に投影し、そこに雄飛の天地を見出そうとしました。中国大陸に「王道」を継いで思想形成をした彼は、中国大陸に「王道」を逆輸出することで日中提携による国権拡張を夢み、一八八三年（明治十六）から一八八五年（明治十八）六月まで芝罘領事代理を務めました。次郎在任中の芝罘領事館は「志士の足溜りの場」であったといわれますが、一八八四年（明治十七）の福州事件の後、大陸志士の活動は下火となり次郎も革命工作を断念して帰国し、以後、明治末年に没するまで東京牛込の一隅に隠棲し、何等の政治活動にも携わらなかったといいます(17)。次郎の寓居には多くの国士や前途有為な青年が訪れました。原敬や田中館愛橘や頭山満なども来ましたが、頭山は次郎の前では座布団を敷かなかったといいます(18)。

こう見てくると、南部次郎という人物は、ちょうど幕末・維新期に庄内藩で菅実秀《すげさねひで》と西郷隆盛が果した役割を一人で演じ、しかも菅が庄内藩の守旧派として持っていた御家禄派の嫌みを持たず、その上に、中国に対する壮大なる経綸を持っていました。この人物の前に、息子襄吉の親友として訪れた石原莞爾の感動がどれほどのものであったかは想像に余りあります。

石原自身が父啓介に抱いた畏敬と反発と、襄吉が持っていた父次郎に対する類似した感情が両者の友情のはじまりであったことを考えれば、次郎と石原の出会いは宿命的ですらありました。石原は襄吉に対し「君の親父は話せる」として次郎のところを足繁く訪れようになりました。仙幼校仲間との旧交を温める場所ともなり(19)、山形の生まれながら広島幼年学校を出た斎藤英次郎（元宏）と肝胆相照らす仲になったのもここでした(20)。

卒業を前に兵科と所属部隊の希望を聞かれ、石原は歩兵と東京第一師団を希望しましたが、所属は山形歩兵第三十二連隊に決まりました。卒業席次は十三番で石原は「飛ばされ」の筆頭でした（十二番までは兵科・所属部隊志望達成者で、「飛ばされ」は希望に反して田舎連隊に配属されることの幼年学校生徒間の通用語）(21)。

磯部区隊長は中央幼年学校卒業前の生徒達に、陸軍大学校受験の心得として「再審試験ノ予行」をし、また配属部隊に「入隊後ノ注意」を与えています(22)。磯部の気持ちでは、幼年学校の出身者は大学校を目指すのが当然であり、それには所属部隊での評価も重要であることを教えておきたかったのであろうと思われます。

その磯部中尉の石原評価を聞いておく必要があるでしょう。

「石原は私の区隊では傑出した俊英であった。また純情で辺幅を飾らず、その上気骨あり、小事にコセコセしない男らしい生徒で、同僚も皆彼には一目をおいていた。区隊会などでも彼がくると一座が急に明るくなり、彼は得意とする奇抜な冗談をとばし、同期会では一番の人気者であった。ただ身辺などの小事には無頓着で、服装や態度、身の回り品などの手入れが悪いので、週番士官から通報を受けることが多かった」(23)。

二　俺はそれだから軍人に

山形歩兵第三十二連隊

一九〇七年（明治四十）六月、石原莞爾は士官候補生として横山臣平、谷川幸造、平賀亨二という何れも仙幼校以来の学友と共に山形の歩兵第三十二連隊に配属されました。この連隊には既に中学校出身の士官候補生が三名（安達清作、戸沢盛一、佐藤亀治）配属されていましたが、彼等と一緒に歩兵上等兵に任命され、石原は第七中隊所属となりました。連隊長は森川武（旧四期）歩兵大佐、中隊長は田崎孝三郎大尉、軍事学教官は学科が佐藤三郎（戸山学校教導隊付）中尉、術科が大沼直輔（士官学校生徒隊付）中尉でした。僅か半年ですが兵営生活は、士官候補生たちに兵士から下士官までの実務を体験させると共に、将校生徒に対する初歩的な教育機関の役割も期待されていたのです。

士官候補生たちは、階級は上等兵でも士官に準じる待遇で、昼食は連隊長の前に兵食が並べられて会食し、将校団の宴会などにも参加しました。石原の存在は入隊早々から目立ったようで、見習士官であった第十九期生たちは、全員が中学校出身であったという関係もあり、士官候補生たちの態度が横柄であるとして気分を害したことも多かったということです。石原の人を恐れない態度が周辺に一種の緊張と高揚感を与え、彼の影響を受けた人々に、目上からは横柄と受け取られるような態度を取らせる傾向があったと思われます。

日曜日の外出には先輩将校の私宅を訪問することが恒例になっていました。石原の場合はこうした訪問も単に恒例だからではなく、もっと積極的な意味を持っていたことは幼年学校時代に照らしても分かります。石原たちの最初の訪問先は連隊長宅でしたが、連隊長の一人息子が仙台地方幼年学校に入っていたこともあり、大変なもてなしを受けました。こうした場合、石原がうまく口火を切り、先ずは連隊長夫人を煙にまき、連隊長夫妻は上機嫌だったといいます。

次の日曜からは大隊長、中隊長宅などを順次訪れましたが、どこも堅苦しいだけで学ぶものがなく面白くもないので、やがて余り期の違わない独身の若い将校達の下宿を訪れ無遠慮にご馳走になるようになったということです(24)。

この連隊で石原が最も尊敬した将校は第三大隊長だった佐伯正悌《まさやす》少佐（九期）だったようです。この人は山伏の総本山宝憧寺の宗家の生まれで震え上がるような大声で号令をかけたといわれます。連隊内での声望も高く、特に青年将校の仰慕の的でした。退役後は近衛文麿の後見役であった後輩の志賀直方（十三期で、作家志賀直哉の伯父）の後を継いで近衛の補佐役となりましたが、石原にとってはこの人には心霊現象に理解があるという印象があったようです。一九二七年（昭和二）晩秋に、石原が伊勢神宮で「国威西方に燦然と輝く霊威をうけた」と自覚して、そのことを佐伯中佐に話したら余りいい顔をしなかったので、こんなことは他言すべきことではないと覚ったといいます(25)。佐伯には国府錦と結婚する時にも世話になりました(26)。

ともかく、石原が士官候補生として第三十二連隊にいた時代に、得意満面茶目っ気たっぷりにはしゃぎだした時、「コラ、石原」とその耳を引っ張る事が出来たのは、後にも先にも佐伯少佐だけだったといいます(27)。こうした話がどこまで真相を伝えているか分かりませんが、幼年学校時代についての言い伝えなどに照らしても、若い時分の石原には、多少、軽躁と受け取られるような面が見られたのは事実と思われます。

二ヶ月後の八月には伍長に進級し、内務班長の業務を体験、教練では助教、演習では分隊長を体験することになりました。伍長になると午後の演習の後は外出が自由になります。甘党の石原は士官候補生たちを語らって、しばしば兵隊に人気の高かった池田屋という餅屋の「のれん」をくぐったといわれます。これが士官候補生としての品位を問われる問題となり、外出禁止をくったこともあったようです。

士官候補生としての隊付最後の仕上げの秋季演習は十月末に秋田で行われ、候補生たちは分隊長として参加しました。この演習が終わると士官候補生は軍曹に進級し、陸軍士官学校に派遣されることになりました。

陸軍士官学校―俺はそれだから軍人に―

一九〇七年（明治四十）十二月一日、石原たち山形連隊から派遣された七名の士官候補生は東京・市ヶ谷の陸軍士官学校に入校しました。校長は南部辰丙少将（旧1期）で、石原は第一中隊（生島駿中隊長）第四区隊に所属しました。横山臣平は「石原の機才のひらめきとその奇抜な放言、毒舌、ハッタリなどは、入校当初から有名となり、ここでも名物男として、区隊長、中隊長はもちろんのこと、各教官（戦術、兵器、軍制、築城、地形交通、外国語）などからも注目の的となり、何れも彼の人物、能力を高く評価していた」と云っています。

ただ石原の特色は、むしろ、横山も指摘している次の点にありました。

「学校は、どこでも競争のはげしいものであるが、士官学校も御多分にもれない。しかし試験勉強をしたくとも時間に制限（消灯時間は九時半）があるから、どうにもならないので、日曜の半日は学校で勉強するものが多かった。又ひどいのになると、うまく仮病をつかって練兵休（術科休み）となり、勉強する卑劣漢もいた。

石原の勉強法は、幼年校の部に於て述べた如く、自習時間以外は試験勉強を行わず、日曜、休日は彼に取っては休みではなく最も忙しい研究日であった。これがため彼は乏しい小遣いの中から高価な本を買い求め、又しばしば図書館に通った（当時士官学校には図書館などの設備がなかった。これは忙しくて図書室などで本を読む時間がないからである）」(28)。

士官学校が、施設として図書館を置かず、しかも夜は消灯で生徒を制約した時間帯の中に置き、ひたすら学校が与えた課業の中だけでの競争に追い込んで育成しようとしたところに、陸軍が求めていた士官像というものが見えてきます。将来、出世しようと考えれば陸軍大学校を卒業することが重要でしたが、その受験資格は士官学校の卒業成績と所属連隊長の推薦状によって与えられることになっていました。そして学校側は意図して生徒の課業への勉学意欲を大学校受験で釣っていた形跡があります(29)。従って、限られた時間の中では与えられた課業の習得のみに打ち込んで成績を上げることが将来の立身出世の基本条件でした。

そのシステムの結果として映ってくるのは、立身出世型の、ひたすら上からの命令に忠実に従って軍務に精励する視野の狭い実務家的将校像です。これは若い軍人達が広い政治思想的視野を持つことを恐れた軍当局が意図して作り出したシステムであったと思われます。こうした学校システムの中では、かなり資質に恵まれた青年たちでも、命令には忠実に従うが、独自の判断力を持たぬ視野の狭い人間にならざるを得なかった点もあったと思われます(30)。そうした中では立身出世を度外視した石原莞爾は例外的存在でした。

士官候補生の大半がそのシステムの中で疑問を持つこともなく、与えられた課業の消化に必死で取り組んだであろうことは、一九〇七年（明治四十）十二月に二十一期生として入校した四百四十二名の内、四百十七名が一九〇九年（明治四十二）五月には無事卒業していることで分かります。逆に、この窮屈な教育システムの中では、それに絶望しないまでも、何らかの疑問を持った普通の人間はたちまち落伍者にならざるを得ませんでした。

落伍者にはなりませんでしたが落伍しかかった人間の一人が南部襄吉でした。もともと南部は天職として軍人になりたかったのではなく、経済的理由から父親に勧められて幼年学校を受験したといういきさつがありました。南部は石原の志望動機も同じようなものだったと思いこんでいたようですが(31)、そこは小学生時代から「陸軍大将になる」と云っていた石原とは違います。

ともかく南部は士官学校に入ってから半年過ぎたころ、このまま軍人としての道を歩み続けるかどうかについて深刻な懐疑に囚われました。仙幼校を卒業するまでは、国家としても日露戦争という大目標があり、南部個人としても身近に石原という頼もしい目標があり、与えられた課業もほぼ中等普通教育でした。それから二年半、仙幼校時代の日露戦争体験に踏まえれば、戦争というものは、それを職業として考えるには余りに悲惨でした。その上、中央幼年学校入校直後に眼前に見た日比谷公園での講和反対騒擾事件も衝撃でした。士官学校に進学した頃から南部には、次第に軍人としての未来に明るい期待が持てなくなりました。そうなると学校から与えられた課業も、戦術、兵器、軍制、築城、地形交通というように軍事に専門化しただけそれを修得することが苦痛となりました。軍人になることへの疑惑は南部の心を捉えて、眠りも安らかでない日が続きました。毎夜のように校庭の甲松の下で、沈思黙考するばかりで勉強も怠りがちになり、遂に戦術と兵器の試験に劣等点をとってしまいました。士官学校では劣等点は全員の集まる食堂に貼り出されるのです。南部とは中隊を異にしていた石原もこれを見て、その夕刻、直ぐに南部のところへやってきました。

「どうしたのか、あの成績は?」

と聞いたのです。南部は「日露戦争の結果を見ると、白人と戦えば必ず負けるじゃないか。私は何のために軍人になったかを疑うにいたった。軍人をやめたくなった」

この一言は南部としては、石原にだけ漏らした言葉であって、彼としては石原の鉄拳がとんでくることを覚悟していました。南部の発言は、意図して日露戦争の結果を悲観的に誇張し、本音としての転職希望を正当化しています。植物の育成に並々ならぬ知識と関心を持っていた南部は、本音としては植木屋になりたいと思っていたようです。しかしそうした南部のポテンシャルな転職希望を理解しないとすれば、このような敗北主義的誇張は軍人としては感情的に許されないのが当たり前です。だが、石原の態度は予想と違いました。

「君の心はよく判る。然し、俺はそれだから軍人になっているのだ。俺が任官した暁には、ロシアでもドイツでも皆吹っ飛ばしてやるのだ。君もそれだけの気宇を持たないか」と叱責はしたが、南部に手は加えませんでした。「君の心はよく判る」の一言が南部の心を強く打ち、その気迫に奮起して彼は立ち直りました(32)。仙幼校以来の石原に対する信頼に加えて、父の次郎から「石原は出来ぶつだ。お前はいい友達を持った。あれに見捨てられないようにせい」と繰り返し云われていたことも心の支えになったでしょう。

南部は以前にも増して与えられた課業に精を出しましたが、結局、卒業成績は百番以上も下落しました。南部という人は陸軍大学校を経由しないでも中将にまで昇進した人です。彼が本来の能力を発揮して士官学校で上位の成績を残していれば、必ずや陸軍大学校を経由して陸軍中枢部に進み、石原にとって、陸軍中央における掛け替えのない有力な味方となったのではないかと思われます。

一面、南部の投げかけた日露戦争評価への疑問は、石原が本来抱いていた同様な疑惑を更に深刻化させることになったと思われます。石原が陸軍大学校時代、悩み続けることになる「ロシアがもう少し頑張って抗戦を持続したなら、日本の勝利は危なかった」という疑惑が、結局は彼の究極の革命的な東亜一体化の戦略思想を生み出すことになりました。

石原におけるＫＤ意識の有無

戦前の閉鎖的序列社会を悪い意味で象徴したのが学閥でした。下士官から将校になる道も開かれていたとはいえ、陸軍将校の大多数が陸軍士官学校出身者でしめられていた戦前の日本陸軍の中では、学閥に相当するものがＫＤ（幼年学校出身者）であったとすれば、晩年、軍閥や学閥を目の敵にした石原にＫＤ意識があったかどうかは大いに問題になるところです。その点については最も良い証言があります。

士官学校で石原と同中隊同区隊となり、時には同寝室となった平林盛人は長野県立大町中学出身でした。平林は石原のことを「最初からこれはエラ者だと感心していた」といいますが、しかし中学校出身者としては、当時のＫＤとの対立的な雰囲気の中で、石原に対しても反目の気味すらあって相和せず、親交はなかったといいます。ＫＤの中には、到底、武士の風上におけないようなヤクザ型も少なくなかったといいますから、平林としては、「この石原にしてこの種の振舞あらば一命を屠しても相争はなくてはならぬと、敬意を払いつつも虎視たんたんの気持ちで接していた」ようです。その気持ちが通じていたのでしょう。いよいよ卒業の時、石原は平林の前にやってきて「失礼しました」と挨拶し、平林も同様に挨拶を返して別れたといいます(33)。少なくとも石原には「虎視たんたん」と狙っていても、ＫＤ意識の表れと受け取られるような軽率な行為や発言は見られなかったということであろうと思われます。

この両者にはこれからも幾つかの接点がありまし

た。しかし、二人が本当に胸襟を開いて語り合う仲になるのは退役後です。石原が生涯を通じて最も信頼をおいた人物の一人がこの平林であったことは間違いありませんが、中学校出身者とＫＤという関係が現役中の二人の関係を裂いていたのです。

一九〇九年（明治四十二）五月、第二十一期生四百十七名は士官学校を卒業しました。石原の卒業成績は歩兵三百五十名中第六位で、恩賜の銀時計組（優等生）にはなりませんでした。親しい友人達には石原が銀時計を外れたことは意外でしたが、一面、態度や服装などに欠点も多く、出方によっては区隊長といえども侮辱を与えるような言動もあったので、区隊長の採点する術科と品行点に峻烈さが加えられたのであろうと考えられました(34)。

見習士官

一九〇九年（明治四十二）六月、石原たち七人の士官候補生は原隊の山形歩兵第三十二連隊に帰り、即日、見習士官に任命されました。連隊長は士官候補生時代の森川連隊長から岡沢慶三郎（旧十一期、陸大十二期）連隊長に変わっていました。酒の飲めない石原は将校団の宴席で連隊長から三度飲めと強要され、大声で「飲まん」と怒鳴って以後、連隊長から目をかけて貰うことはなかったといいます。

見習士官は営内居住、兵食、服装は曹長と同じですが、襟に銀の星章をつけ、将校用の指揮刀と剣帯を着けていました。陸上戦闘上の要求から、海軍にくらべ陸軍の服装には、将校と下士官以下の服装との間に著しい差をつけることは出来ませんでしたが、誇りと責任を持たせるための工夫はしてあったのです。毎月、小遣い程度の手当も出たようです。夕食後の余暇は皆と談笑を楽しんだといいますが、大の甘党である石原は当番兵を介して兵営内の売店から菓子を買い求めて茶を飲みながら放談していたということです。

横山臣平とは同じ大隊で、剣術、射撃などでは良き競争相手でしたが、横山が陸軍大学校を受験するため専ら軍事に関する書籍を読むよう勉めていたのに対し、石原は軍事以外の史学や哲学、特に国際情勢に関する研究に意を注いでいたと云います。一面、横山の机上に軍事雑誌などがあれば、それをめくってその要点に着目し、戦術などの懸賞問題などがあれば、その場で答案を書き、横山の答案と一緒に発送し、次回の誌上に発表される講評と出題者の意見を興味深く読んでいたようです(35)。

石原は中央幼年学校時代に患った腸チブスの予後が悪く、この夏に三週間、自宅療養のため鶴岡町最上町の家に帰りました。幼年学校の時以来、石原は休暇にもほとんど家に帰ったことがありませんでしたから、一九〇四年（明治三十七）七月生まれの弟六郎にとっては、これが莞爾との最初の思い出となった出会いでした。六郎の記憶に残っている場面は、帰省していた莞爾が帰隊するというので家の前で人力車に乗り、小さな六郎を誰かから受け取って抱いてくれた時、少しきまりが悪かったことでした。莞爾は真っ白い夏服を着ていたと云いますから、その改まった様子の人に抱かれる晴れがましさが照れくさかったのでしょう。当時は鉄道に乗るには古口まで出なければなりませんでした(36)。

三　会津若松連隊での訓練第一主義

新設の会津若松歩兵第六五連隊

一九〇九年（明治四十二）十二月二十五日に石原たち陸士二十一期生は歩兵少尉に任ぜられたましたが、石原は任官と同時に新設の会津若松歩兵第六十五連隊付となりました。山形連隊で一緒に任官した七名の中では谷川幸造と佐藤亀治の二人が石原と同行しました。山形連隊同期の安達清作などは、石原が「もう型ができてしまっているところより、新しくできるところに出かけて行って思う存分やるのだ」と進んで志願したと云っています(37)。結果的にしろ石原が会津赴任を喜んでいたことは間違いありません。

一面、石原が後年「この連隊は幹部を東北の各連隊の嫌われ者を集めて新設された」(38)と云っていることからは、彼が山形の岡沢慶三郎（旧十一期、陸大十二期）連隊長には嫌われたと受け取っていたことも否定できませんが、人の嫌う新設地のような所にこそ寧ろ生き甲斐を見出すというのも石原の生き方でした。

土井晩翠の「荒城の月」に「垣に残るはただかつら」と詠われた鶴ヶ城址には石原の歴史的嗜好をそそるものがあり、その上、連隊誘致運動に始まる会津若松市民の素朴な軍隊歓迎姿勢は、その後も一々の出動・帰還の送迎や、入営、除隊、軍旗祭、大演習等、連隊行事への積極的参加や協力に一貫して続いていました。その土地柄に、石原は、後に法華経道場の建設をもくろみ、ここを終焉の地とも考えたほど惚れ込みました。

それはともかく、石原が着任早々、この連隊には韓国守備の任務が待っていました。

韓国守備

一九一〇年（明治四十三）四月、第二師団は、熊本第六師団に代わって韓国守備を命ぜられ、歩兵第六十五連隊は四月十一・十二の両日、まるで出征兵士のように盛大な会津市民の見送りを受けて若松停車場を出発、横浜港を経由して釜山に上陸、同月十九・二十日に龍山兵営に到着、同月二十四日から任務に就きました。

連隊創設以来の連隊長飯島亀（旧八期）大佐は韓国守備について間もなく病魔に倒れて内地に送還、七月には連隊長を免ぜられ、後任には熊本第六師団大村第四十六連隊長であった大島新《あらた》（旧九期）大佐が着任しました。石原たちが韓国守備についてから四ヶ月後の一九一〇年（明治四十三）八月に、日本は韓国を併合しました。

駐屯軍の守備は、龍山に司令部を置く第二師団が韓国北半分を、大田に司令部を置く臨時韓国派遣隊が南半分を受け持っていました。独立した警察制度がなく、軍と憲兵が治安警察について全責任を背負っていましたから、連隊は各地に中隊ごとの分駐を余儀なくされました。従って、第三、第五、第七、第十中隊を含めて連隊本部は軍司令部のある龍山の兵営に入りましたが、第一、第二、第四、第六、第八、第九、第十一、第十二の各中隊はそれぞれ、春川、京城、原州、忠州、平昌、金化、水原、抱川に分駐することになりました。石原たちは異民族住民の治安維持に当たりながら兵士の教育を行うことになったのです。

石原が所属する第一中隊は江原道春川に駐屯しましたが、六月には併合に備えて、一時的に龍山に移動、王宮のある京城や、軍事力の要衝としての龍山の治安確保に当たることになりました。軍隊の集中と共に、龍山では各隊間に直接電話を架設し、昼夜いずれを問わず実砲も空砲も発砲を禁止、外出や営外教練も中止して韓国人や外国人を刺激しないよう命ぜられました。同時に韓国各地では各守備隊が示威的行軍を行って民心の動揺を予防することに努めたのです。併合条約は八月二十二日に成立し、二十九日に発表されましたが、京城や龍山を始め韓国内はいずれも平穏、龍山への臨時派遣隊は十月二十四日と十一月八日に原守備地に帰還しました(39)。

石原たちの守備隊が駐屯していた江原道春川は古くから開けた交通の要衝と云われますが、周辺の農村では、日本軍に対する不信感からでしょうか、鶏卵などは買値をつり上げても自給物だと云って売ってくれませんでした。わら屋根にはわせて作っているカボチャを売ってくれと云ったら、そこらに沢山あるにもかかわらず「ない」と云われました。ところが、たまたま分けて貰ったカボチャ一個に一銭を支払ったら、その晩、天幕の外でがやがや騒ぐ声がして、出てみると「カボチャが一個一銭になる」と聞いた大勢の村民がカボチャを持って押しかけてきたのでした。「これではいかん」というので守備隊が中心になって市を作らせたら、五日市、七日市というように、初めは物々交換でしたが、だんだんと金銭でやりとりするようになりました(40)。この時の体験を踏まえて、石原は、後に、満蒙などについても、下級官吏に善良な人物を配置出来るか否かで統治の成否が決まると考えるようになりました(41)。

辛亥革命

一九一一年十月十日に清国で辛亥革命が起こりました。清朝は、従来、財政破綻をまかなうために国家権力の基盤である税権等を次々と国際借款の担保に提供してきましたが、担保物件も尽きてきたので、この年五月、新に鉄道国有令を公布し、その手始めに湖広鉄道を国有とし、これを担保に米英独仏の四国借款団から六百万ポンドの借款を得ようとしました。鉄道は国家経済の動脈で、これを担保物件とすることは先進資本主義国に対する清国の隷属化を更に深刻化します。これが清朝政府に対する漢民族の革命運動を激化させました。四川省で武装蜂起が起こり、これを鎮圧するため清朝政府が十月初め湖北新軍を差し向けようとしますと、革命派の影響下にあった武昌の新軍は十月十日に反旗を翻し、これがたちまち長江以南の各地に波及、南京では黄興を大元帥とする臨時政府が成立、外遊中であった中国革命同盟会総理の孫文が帰国すると、一九一二年元旦、彼を臨時大総統とする革命政府が成立し、国号を中華民国と改めました。

実は、この革命の中核を担った人々は、日本からの帰国留学生、中でも陸軍士官学校の卒業生たちでした(42)。日本陸軍が陸軍士官学校に中国から留学生を受け入れ始めたのは、日清戦後、露仏独の三国干渉の衝撃を受けてからです。三国干渉によって日本が返還させられた遼東半島は、間もなくロシア帝国の軍事基地となり、日本の安全を脅かす存在になりました。三国干渉は日本国民を憤慨させましたが、中でも陸軍、特に参謀本部に改めて日中両民族協力の必要性を痛感させたのです。参謀本部では、参謀次長川上操六や第三部長福島安正等が、俊秀で聞こえた宇都宮太郎大尉を武昌に派遣、湖廣総督張之洞等を口説いて日本の士官学校への留学生派遣を促し、また日本人軍事顧問の雇用を働きかけました。白人帝国主義に対抗するためには、日清協力による清国軍事力の強化が必要と訴えたのです(43)。

こうして一九〇〇年(明治三十三)に始まった陸軍士官学校への中国人留学制度は、日露戦争中こそ一時中断しましたが、日露戦後はロシアに勝利した日本への期待もあって急激に拡大、一九〇七年(明治四十)にピークを迎えました(44)。そのピークが、正に石原たち二十一期と同期の中国人留学生、五期五十七名と六期百九十七名でした。五期と六期は変則的に同時卒業となったため、その計二百五十四名は、辛亥革命勃発までの全中国人陸士卒業生五百九十一名中の四十三%に当たります。この留学生達が帰国して辛亥革命の軍事的中核となりました。石原が武昌蜂起の報を聞いた時に「革命後の中国の前途に対する希望の余りに、教育していた兵隊を引き連れて付近にある山に登り、西方を向いて万歳を叫び中国の前途に心からの慶びを示した」(45)というのも当然でした。石原には明治維新に始まるアジアの覚醒がようやく中国大陸の中心部に達し、やがて白人帝国主義の世界支配を打倒する上での偉大なる前進になるように見えたのです。

この中国革命に対する過大とも云える期待は、石原に限らず中国の独立に関心を抱く日本人の間ではかなり普遍的に抱かれた心情で、やがて官革和平会談の結果として、二月に孫文が大総統の地位を軍閥袁世凱に譲ってしまうと、逆に大きな失望に変わりました。失望の度合いは期待の大きさに反比例するともいえるようで、北一輝などは革命の前半と後半で孫文に対する評価を百八十度転換させた程です(46)。戸部良一防衛大学校教授は日本陸軍にとっては辛亥革命が転機であったと云っています(47)。

連隊旗手

その年に石原は連隊旗手になり連隊本部のある龍山に移りました。旗手の日常は、連隊長の側にいて連隊旗を捧持することですが、当然、儀礼的役割が多く、中隊付きにくらべて時間的余裕があり読書する時間も充分にありました。石原が箕作元八の『西洋史講話』を本格的に読んで、ナポレオンの対英戦争が最も重要な研究対象に成りうると見定めたのもこの時でした(48)。

職務上、連隊長の使者を務めることもありました。浪曲師桃中軒雲右衛門が軍隊慰問のため韓国各地を巡業中、連隊を訪れることとなり龍山駅到着の日時が師団本部から通知されました。大島連隊長はその出迎えを石原に頼みましたが、桃中軒雲右衛門と云えば辛亥革命で活躍した宮崎滔天の浪曲界に於ける師匠でもありました。石原は「連隊長殿、雲右衛門といえば浪曲界では元帥格であります。一少尉の出迎えでは失礼ではないでしょうか」と連隊長自らの出迎えを意見具申し、連隊長もその進言に従ったといいます。官尊民卑が一般的な社会風潮の中では、芸能人の出迎えに連隊長が出向くということは異例のことではなかったかと思われます。この事に限らず、石原は周囲から意見具申狂と見なされるほど憚り無く意見を申し出たようです。石原の王道実践の姿勢から見れば、日本人の朝鮮での無意味な差別的態度には改められるべき事が山ほどあったと思われます。

一九一二年（明治四十五）四月、第二師団は朝鮮での任務を弘前第八師団に引継ぎ、歩兵六十五連隊は弘前歩兵第三十一連隊に任務を交替して内地に帰還しました。しかし、島国であった日本が、従来とは全く異質な大陸国家に一歩足を踏み入れた歴史的瞬間に、末端ながらその最も緊張する局面の警備を担当する任務に就き、その任務を平穏裡に達成したことは、石原の満蒙戦略上ではかなり重要な意味をもっていたと思われます。彼は、後年「満蒙問題の解決」を日韓併合と同様に見なし、もしも国家が本腰を入れて乗り出す場合には「期日定メ彼ノ日韓合併ノ要領ニヨリ満蒙併合ヲ中外ニ宣言スルヲ以テ足レリトス」(49)と云うようになるのです。

内地帰還と明治天皇崩御

一九一二年（明治四十五）四月、会津若松第六十五連隊は朝鮮守備の任務を終わり、同月二十日、二十一日、五月一日の三回に分けて馬山港を出発、青森に上陸、四月二十六、二十七日と五月九日に会津若松に帰着しました。会津市民はそのそれぞれを出迎えていますが、特に四月二十七日の連隊本部と第一、第二大隊本部の帰還は、あたかも凱旋のように盛大に迎えられました。駅頭での軍旗奉迎式に引き続き、大町通りを進む二キロ余の沿道には、近隣町村の学童や老若男女が日の丸の小旗を打ち振り、万歳万歳の歓呼で出迎えていました。

その年五月九日の軍旗祭に、高い壇上で軍旗を捧持していた石原は烈風にあおられて軍旗もろとも地面にたたきつけられました。額に一生残るような傷を負いましたが軍旗は手放さなかったといわれます。

石原は、社会的地位や職業によって人を差別しませんでしたし、観察力が鋭く話題が豊富で、話中に出てくる人物などの物まねが殊更にうまかったので、将校団の宴席などでは酒も飲めないのに芸者連中から大もてでした。芸者達にもてたというので彼が料亭遊びをしたように云う人がいますが、石原にはとてもそのような経済的余裕はなく、彼が芸者に接したのは専ら将校団の宴席でした。しかし芸者たちの人を見る目は肥えています。その芸者達が「イーさん、イーさん」と軍旗祭に群れをなして訪れたのを、彼は晴れがましく営庭中央の軍旗祭壇まで案内し、軍刀を抜いて「最敬礼」とやったといいます。後に、石原が仙台の第四連隊長になった時には、軍旗祭を市民と連隊との交流行事の中心に位置づけました。

連隊の帰還後間もない七月三十日、日清・日露の両戦争を奇跡的勝利に導いたカリスマとしての明治天皇が亡くなりました。御大葬が営まれた九月十三日には、連隊長などと共に石原も連隊旗を捧持して参加しましたが、その日、乃木希典陸軍大将夫妻が古式に則って殉死しました。私宅二階の八畳間に先帝の遺影を奉安し、辞世の歌及び遺書を置き、軍刀を以て割腹し、夫人は第一期の喪服を着し、白鞘の短刀で左胸の心臓部を刺して前方に伏していたといいます。人々は一つの時代の終わりを痛感したのです。

大正政変と欧州大戦勃発

その一九一二年（大正元）の暮れ、朝鮮駐在の二個師団増設という陸軍の面目をかけた問題に端を発する大正政変は、陸軍にとっては長い受難時代のはじまりを意味しました。一面、それは大正デモクラシーの幕開けでもありました。藩閥打倒を名目にしていましたが、明治維新以来、欧米文化の急激な流入によってもたらされた社会的諸矛盾が、カリスマとしての明治天皇の死によって一気に吹き出したものでした。矛先は長州藩閥が代表する陸軍に向かわざるを得ませんでしたが、人々は新しい時代の始まりを期待していたのです。

一九一三年（大正二）二月、桂内閣が倒れた後、薩摩閥の山本権兵衛海軍大将が政友会を背景に内閣を組織しましたが、外交は中国とアメリカに於いてつまずきをみせ、内政は財政的な苦境からとかく政策的な統一を欠き、一九一四年（大正三）の予算編成を見ないうちにシーメンス事件という海軍汚職事件で倒れてしまいます。結局、元老達としても世論受けの良い大隈重信以外に内閣を託す人材がないという有様となりました。

こうした大正初期の政治経済的な閉塞感とは裏腹に、明治天皇の死後に広がった開放的な時代的雰囲気を一気に押し進めたのが欧州大戦（第一次世界大戦）の勃発による国際的圧力の消滅でした。欧州列強の全てが参戦したこの戦争によって日本は対中国外交に初めてフリーハンドを得たと感じたのです。その上、戦争が作り出す需要の拡大は国内に急激に経済的諸矛盾を広げながらも、当面の景気の上昇に目を奪われて、日露戦争以来の閉塞感を急速に解消して行きました。

開放感あふれる会津若松第六五連隊の訓練第一主義

帰還後の若松連隊が開放感に満ちあふれ、とかく師団長、旅団長、連隊長たち上長の威令が行き届きかねる状態になったのにはそうした時代的風潮を受けた面がありました。当然、それは若松連隊に限ったことではなく、第二師団の各連隊一般にみられた風潮でした。山形連隊の横山臣平などはそれを韓国二ヶ年の駐留が招いた結果として、「この韓国二ヶ年間の駐留は、軍隊教育にはマイナスの点が多く、正規の教育は著しく疎外された。ことに各地に中隊、小隊が分散配置されたことは、直属上官の監督、指導を困難にし、軍紀風紀上多くの問題が発生した。検閲などに於ける上司の訓示には、必ず『外地駐留による諸般の弊風いまだその後を絶たず』のきまり文句が一年以上もつづいた」(50)とマイナス面で把握しています。

しかし石原はその状態を決して否定的には評価しませんでした。石原は、後年、この当時のことを「明治の末から大正の初めにかけての会津若松歩兵第六五連隊は、日本の軍隊中に於ても最も緊張した活気に満ちた連隊であった。この連隊は幹部を東北の各連隊の嫌われ者を集めて新設されたのであったが、それが一致団結して訓練第一主義に徹底したのである」(51)とむしろ肯定的に回想しています。

実は、韓国駐留後の連隊の開放感と石原の訓練第一主義とは見事に結びついていたのです。「東北の各連隊の嫌われ者」という言い方には語弊があるにしても、何らかの意味で不本意にこの新設連隊に赴任させられた若い士官達に取っては、その多くが士官学校の卒業成績から陸軍大学校には望み薄の存在でしたが、石原のように抜群の成績上位者で、しかも陸軍大学校受験を意に介さない、むしろ大学校受験を拒否するような革新的人間の存在は、士官学校入校以来の序列社会の鬱陶しい気分からの解放を意味しました。彼の存在そのものが希望の星となって、それが韓国駐留二ヶ年の開放感と結びつき、「一致団結して訓練第一主義に徹底した」のです。

石原は間もなく連隊旗手を他に申し送り第四中隊付となりましたが、彼は連隊青年将校の中心的人物として、上からも下からも非常に人気があり、彼の居室の第四中隊将校室には、勤務の余暇にいつも若い将校が押しかけて、談論風発、放談で賑わっていました(52)。そのことが石原にとってもこの連隊での居心地を良くし、彼はその生涯で最も愉快な時代を過ごすことになったのです。

青年将校達の開放感がどれほどのものであったかは、横山臣平が、石原から聞いた話として伝える脱線将校の例が物語っています。その一人、K大尉が週番司令の時、将校集会所に飼っていた鯉十数尾が全部いなくなりました。連隊長が、K週番指令にそのことを質したところ、平気な顔で「全部食べてしまいました」という答えが返ってきて連隊長を呆れさせたということです。また、検閲時の演習の場面で、師団参謀長から歩兵操典からの逸脱を指摘されたS大尉は「操典の方が間違っております」と自信たっぷりに答えてそのまま指揮を続けたと云います。こうした逸脱行為は下克上につながりかねない気運を孕んでいるとさえ思われますが、彼等は、石原の周辺にいることだけで自ずからそうした高揚感と自信を与えられたのです(53)。

将校団の高揚感は直ちに下士官や兵に浸透して行き、彼等の将校団に対する信頼と、訓練に対する彼等自身の積極性を引き出しました。将校と下士官と兵士達の訓練を通じての信頼と積極性は、双方に心からの親愛の情を育てました。当時の農村の厳しい地主・小作関係の中で、人間としての生活条件をほとんど与えられずに育ってきた多くの下士官や兵士達に取っては、会津若松連隊の将校団は、母親以外の人間に抱いた生まれて初めての感動的出会いを与えてくれたのです。義務として徴兵されてきた軍隊が、米の飯を食べさせてくれる上に、人間としての存在意義まで認めてくれる。彼等がそれに応えようと懸命になる姿はいじらしい程でした。将校団にも自ずから教育に熱気が加わります。

石原は兵の起床時間には連隊に出勤し、夜は消灯ラッパを将校集会所の入浴場で聞くというような勤務ひとすじの生活をしていましたが(54)、朝寝坊の週番士官がぼやぼやしていると、早くも登庁した石原が週番懸章をかけてさっさと点呼を取り知らぬ顔。本職の週番将校が急いで点呼に出掛けると、兵は既に用務に取りかかっているので、とがめると「石原少尉殿の点呼を受けました」という答えに、週番将校の方がドギマギしたと言います。また、後に「兵隊は神様、将校は神主。神様を殴る神主はあるまい」といって鉄拳制裁を封じた石原の立場とは矛盾しますが、「練兵場で私の鉄拳を貰わなかった中隊の兵は一名もありますまい」(55)というほど激しい意気込みで兵の訓練にもあたりました。日露戦争後のロシアの復讐に備えて兵を鍛えるという気持ちの外に、新設の連隊に燃え上がるような訓練第一主義の伝統を作りたかったのです。

機動演習で強行軍を続けさせたため、多くの靴傷が出ましたが、石原の従卒などは石原に心酔のあまり靴傷の痛みを我慢し抜き、三日目に目的地に着いたときには血豆の下にまた血豆が出来、遂に両足の裏の皮がべろりとはげて全く動けなくなっていました。すぐ入院加療させましたが、乗馬していてこのことに気づかなかった石原は、このことへの反省から、以後、靴傷については特に意を用い、行軍のやり方にも工夫を加えるようになったということです(56)。

石原の訓練熱心を語る逸話として「清盛式」という話があります。将校集会所での会食の時、石原の席がたまたま大島連隊長の前でした。暖かい日なのに外套を着ている石原に、連隊長が「どうかしたか」

と聞いたのに対し、石原は「風邪をひきました」と答えました。ところが、連隊長から石原の診察を頼まれた石坂一等軍医が、石原を第四中隊に往診すると、風邪は仮病で、実は、会食の時、銃剣術の最中だった石原が、肩当てだけをはずした上に外套をはおって駆けつけ、理由を聞かれたので風邪と答えたのだということがばれました。まるで鎧の上に法衣を着た清盛だったというので、以後、石原の「清盛式」は将校集会所の流行語となったようです(57)。

石原は何故、陸軍大学校受験を断ったのか

以上のような訓練第一主義が、兵士の教育に絶大の効果を発揮したことは云うまでもありません。しかしそれが同時に連隊の将校団に行き過ぎた開放感を与え、下克上的な脱線将校を生み出していたことも事実です。一九一三年（大正二）八月に赴任してきた山内正生《まさき》（三期）聯隊長としては、こうした青年将校の行き過ぎた熱意を醒ますためにも石原に陸軍大学校受験を勧めざるを得ませんでした。しかし石原は「自分は将来自信ある部隊長として軍人たるの天職に従い、屍を馬革に包む覚悟でありますから、陸大に入学する気持はありません」と云い、受験の意志がないことを鮮明にしたのです。「自信ある部隊長」ということは、逆に言えば、石原は、彼が将来、陸大卒業者としては必然的に歩むことになるであろう軍官僚コースについては一種の嫌悪感を持っていたことを窺わせます。

ただ推薦権を持つ連隊長としては生きのいい青年将校を押さえるにはこの大学校受験制度は大きな武器でした。連隊長は、遂に創設以来一名の合格者も出していない連隊の名誉の為にもと石原を含む四名に受験を命令しました。しかし石原は兵の教育に専念して一向に受験準備をしませんでした。

陸軍大学校の入試は、試験科目が初級戦術、陣中要務、応用戦術、築城、兵器、地形及び交通、軍制、外国語、数学の九課目で、初審と再審がありました。所属師団司令部で行われる初審は、筆記試験で、一課目三時間ないし三時間半の解答時間が与えられ、五日間にわたって行われました。受験者にとって大変な重圧ですが、こんな試験は採点する試験官の方

も大変です。受験者全員が陸士の出身で、ほぼ同じような条件で受験勉強をしてきた者達に、三時間を上回る解答時間を与えての答案を読み比べることがどれほどの労であるかは採点者にしか分からないことです。優秀な参謀を選びだそうとした明治陸軍の大まじめな意気込みが伝わってくる気がします。

初審では採用人数のほぼ二倍が合格とされるのですが、受験者にとっての難関はむしろ東京青山の陸大で行われる再審でした。試験科目は初審と同様ですが、初級戦術、陣中要務、応用戦術については概ね五人の試験官を前にして一人ずつ行われる口述試験で、補助学及び普通学については概ね二名の試験官を前にやはり一人ずつ、併せて九日間かけて行われました。

最終的に選ばれる合格者は受験者の約一割でした。三回くらいの挑戦は普通のことと許容されており、終戦まで一度も負け戦をしなかった事で知られる今村均大将も二回目の挑戦で合格、終戦時の陸相を勤めた阿南惟幾大将などは四回目の挑戦でようやく合格しています。

一九一五年（大正四）四月、石原は会津若松連隊から受験を命ぜられた他の三人と共に仙台の第二師団司令部において初審を受験しました。受験した将校は全国で七百余名、初審で百三十名が採用され、再審でその内六十名が合格しました。会津若松連隊から受験した四名の中で合格は石原だけでした。初審の時、仙台で同一旅館の同室に宿泊することになった横山臣平は、石原に受験者らしい気持ちが無かったため悪影響を受けたと云っていますが、本当の被害者は石原と一緒に大学校受験を命ぜられた会津若松連隊の青年将校たちでした。彼等は本命ともいえる石原が隊務に専念している同じ連隊の中では、到底、まともな受験勉強などは出来ませんでしたし、上述の通り、大学校の試験は普通の人間が受験勉強なしで歯が立つほど甘い試験ではなかったからです。多くの連隊では受験者には多少とも隊務を軽減して受験準備をさせたようですし、連隊長などはそうした行為を通じて自分の人脈を作るのが普通だったのです。

石原が受験勉強を一切しないで陸大へ合格したこ

とは、会津若松ではひとしきり話題となりました。「石原はいつ勉強したか、どうも不思議だ」と、多分、他人の寝静まった後にでも勉強したものと思ったらしいのです。しかし石原が試験勉強をしなかったのは何もこの時に始まったことではありませんでした。「勉強というものを一切しない子供であった」と云われる小学校時代以来、幼年学校においても士官学校においても、石原はおよそ試験勉強とは無縁の存在でした。改めてそのことが問題になるのは、陸軍大学校の入試が格別に難関とされていたからでした。

四　陸軍大学校と身辺の憂鬱

欧州大戦（第一次世界大戦(58)）

石原たちの陸軍大学校（以後、陸大と略称）入校は一九一五年（大正四）十一月で、卒業は大正七年十一月でした。従って、石原の陸大時代はすっぽり欧州大戦（第一次世界大戦　一九一四〜一九一八）期間に収まっています。選りすぐりの軍人としても、また軍の最高学府に学ぶ者としても、先進国の集まりである欧州を主舞台とする戦争ほど軍事学研究に刺激的な時代環境はありませんでした。その上に、大戦は「戦争と革命」という二十世紀最大の政戦略問題を提起していました。

主戦場から遠く離れた日本にとって、参戦理由となり戦場となり最終的には外交の舞台となったのはいうまでもなく中国でした。そして石原が陸大に入った一九一五年（大正四）の一月には、日本はその中国に対し悪名高い対華二十一ヶ条を提出し、四ヶ月に及ぶ交渉を経て妥結に至らず、五月には遂に最後通牒まで出してようやく最低限の要求だけを受諾させせました。ヨーロッパ列強が戦争で身動きのとれない間に、中国との懸案をすべて解決するだけでなく新たな権益も確立しておこうという日本の甘い目論見が、アメリカの反対、それも途中からの反対によって難航し、以後、日本は火事場泥棒の汚名を受けることになりました。

当初、日本の要求に寛容だったアメリカが、急旋回して敵対的となったことについては、ドイツ系アメリカ人公使ラインシュと国務長官ブライアン、それに大統領ウイルソンの三者がからんだ一寸したドラマがありました。ラインシュからの日本の対華要求に関する報告を、ドイツ系公使の悪意による誇張として無視したブライアン国務長官の立場が、ラインシュからの直訴を受けた大統領によって不当と判定されたのです(59)。そしてアメリカの態度の急変を見た袁世凱政権も、受諾に傾いていた態度をにわかに改め日本の要求を拒否しました。日本は最後通牒を突きつけて漸く最低限の要求事項だけを受諾させましたが、欧州列強の影響力が衰える中で、アメリカの影が不気味な暗雲となって日本の前途に広がっていました。

当然、こうした時代背景は石原の理論形成に大きな意味を持ったわけですが、われわれとしては先ずは石原にとって陸軍大学校とはどういう存在であったのかということから考えてみることにしましょう。

陸軍大学校

陸大とはどんな学校だったのでしょうか。驚くべきことに、陸軍の最高学府でありながら、「将帥」教育の殿堂であるより、むしろ「参謀」育成の錬成道場でしかなかったということです(60)。幼年学校や士官学校と違って、教育総監部でなく参謀本部に所属していたこともそうした側面を助長したかも知れませんが、軍人を政治に関与させまいとする明治政府の意図が、選び抜かれたエリートをあくまで「参謀」という枠組みの中に限定して育てあげることにしていたのです。

そういう意味では、陸大はあくまで陸士の延長線上にあり、それ以上のものではありませんでした。陸士の場合に入校前の「士官候補生」と卒業後の「見習士官」という「隊付勤務」期間があったように、陸大にも「隊付勤務」期間を中心とする「校外課業」期間がありました。一九一五年（大正四）と一九一六年の「陸軍大学校業務日割表」(61)によると、石原たちの大学校生活の一年は、十二月十五日から翌年七月十五日までの約三十週に及ぶ「校内授業」期間と、八月一日から十一月二十一日までの「校外課業」期間に二分されていました。

校内授業期間の午前中は、九時から九十分授業が二コマあり、戦術（年間八〇回）、戦史（年間四九回）、参謀要務（年間四九回）、交通（年間二六回）、築城（年間二六回）、兵器（年間二二回）、経理（年間十七回）、衛生（年間十二回）、馬学（年間九回）が課されていました。主要科目の教官は陸大を優秀な成績で出た軍人で、戦術に古荘幹雄、多門二郎、欧州戦史に阿部信行、日露戦史に西尾寿造、支那問題に小磯国昭というような錚々たる人材が配置されていました[62]。

中でも重視されたのは戦術、戦史、参謀要務の三本であったといわれますが[63]、その中心が戦術であったことはいうまでもありません。それも応用戦術を主としたものでした。学生には事前に教官から想定情況が宿題として与えられ、学生から提出された解答案を巡って教官・学生間で討議が行われ、最後に教官からの解答が示されるというやり方でした。その場合、普通の学生は、なるべく教官の案に合致するか近似することを望み、参考文献に当たりながら準備するのが大変だったようです。

しかし石原の場合は、その下宿、渋谷駅前、青山南町七丁目「青雲館」二階の六畳間に机も本棚もなく、軍用行李にブリキ板を置いてテーブル代わりとした簡素生活が示すように、課題に対しても参考書などに頼ることなく、原案が固まると畳に腹這いになり、幼児が「いたずら書き」でもするような格好で、ボール紙を下敷きにして解答を書いていたといいます。そうした様子を見聞していた下宿の女中たちからすれば、これがまともな勉強だとは到底思われず、「石原さん、もっと真面目に勉強なすったら」とたびたび忠告していたといいます[64]。

従って教官の案に合わない場合も少なくなかったようですが、彼の作戦案には幼年学校以来、図書館などで幅広く培った歴史知識を中心とする確固たる根拠があり、論旨が明快で説得力があったと云いますから、付け焼き刃でない天賦の才能は対立的な立場からも認めざるを得なかったということでしょう。

午後は、一時半から六十分授業が二コマで、語学

（年間一五三回）と馬術（年間一四二回）がほぼ毎日のようにあり、その間に一般教養科目としての歴史（一、二年合計四三回）、数学（一、二年合計五五回）、統計学（一年のみ十二回）、国際公法（三年のみ十九回）、国法学（三年のみ二十回）も挟まれていました。中国史の教官にはマスコミでも売れっ子の稲葉岩吉（君山）がいて、石原も熱心に耳を傾け、意見を交わし、意気投合の様子だったといいます。

語学は英仏独露支の五ヶ国語からの選択で、石原の場合はドイツ語でしたが、学生六名に対して教官は日本人が二名、ドイツ人が一名つくというかなり贅沢なものでした。しかし金を使った割には成果は大したものでなく、石原などもドイツ人との会話でドイツ語に詰まると平気で日本語を交えて話していたともいいます(65)。馬術は軍人としての必要性に加えて体育の代わりでもありました。多くの学生がなるべく大人しい馬を選んで乗っていたのに石原は好んで暴れ馬に乗っていたといいます。彼の日常が常在戦場であったことが分かります。

七月十五日までで一応校内授業を終わり、二週間の休暇を経て、石原たちは八月一日から九月二十六日までの約二ヶ月間、隊付勤務につきました。横山臣平『秘録石原莞爾』では石原の配属先を盛岡の騎兵旅団だったように書いていますが(66)、「陸軍大学校業務日割表」によると石原が配属されたのは仙台の第二騎兵聯隊でした。八月一日から始まるものですから夏休み中の行事のように誤解しているむきもあるようですが(67)、隊付勤務は明確に校外課業の中核として位置づけられたものでした。「士官候補生」や「見習士官」の場合と違い、あくまで学生自身の所属する兵科以外ということでしたから、歩兵であった石原は第一学年で騎兵第二連隊、第二学年で高田の野砲兵第十九連隊、第三学年で仙台の第二工兵大隊の隊付となりました。師団参謀として作戦を立案する立場としては、所属以外の各兵科に通暁しておくことが重要と考えられた訳です。しかし石原の場合、隊付勤務期間は特に会津に近くなることもあり、暇をみてはのべつ会津若松第六五連隊に帰り、第四中隊下士官室にたむろして下士官や兵との接触を楽しんでいたようです。

九月末には学校に帰り、十月一日から十四日までの二週間は現地戦術でした。現地戦術は、既に五月初めにも一週間ほど行われていましたが、二週間連続となると気力体力共にその限界近くまで試されました。しかし石原の本領が発揮されるのも、まさにこの春秋二回、年間二十一日に及ぶ現地戦術の場でした。校内での研究と違い、学生は想定情況を受取ると、図上で作戦を立案するのみでなく馬を駆って現地の偵察を行い作戦案を立案するのですが、石原の作戦案には幅広い歴史知識に加えて天才的なひらめきがあり、その上に人の意表をつく独特の天の邪鬼がありました。横山臣平など、二年時に十月五日から十六日まで東京府府中町から埼玉県川越町付近で行われた現地戦術で陣地攻撃にあたり石原一人が敵前渡河を主張した事を「これは石原の横車であった」と云っています(68)。しかし石原の卒業成績が抜群だったことからすれば統裁官側の評価は低くはなかったと思われます。ちなみに、この時の統裁官の一人が後に石原の義兄になる五味為吉中佐でした。

第二学年、第三学年も校内授業期間と校外課業期間という点では第一学年とほぼ同様でしたが、海戦術（二年のみ二二回）、兵要地学（二、三年合計五三回）、経理（一年のみ十七回）、衛生（一年のみ十二回）、兵棋演習という兵棋を使用しての図上戦術（二、三年合計四八回）のように、学年による課業の違いもありました。

第三学年の現地戦術は特に「参謀演習旅行」と称し、十月二十一日から十一月十日までの三週間、大田原、栃木、宇都宮、水戸、石岡付近で行われましたが、統裁官は竹上常三郎少将、外山豊造中佐、森寿中佐、多門二郎中佐で、これが事実上の卒業試験となりました。

第三学年には大正七年四月二十八日から五月二十六日までのほぼ一ヶ月近い校長引率による満州朝鮮旅行がありました(69)。これは陸大の年中行事となっていたもので、本来はこれも「参謀旅行」の意気込みで計画された様ですが(70)、実現したものは単なる物見遊山的旅行だったようです。本格的な「参謀旅行」や日露戦史となれば、進軍限度に触れざるを得ず、これが陸大ではタブー視されていたからだと思われます。石原がこの旅行の報告書に「所見無し」としたのは、そのことへの批判をこめてのことだったのではないかと考えられます。

一九一八年（大正七）十一月二十九日、石原は陸軍大学校を次席で卒業し恩賜の軍刀を拝受しました。中央幼年学校においても、士官学校においても、石原は優等生からは外されていましたから、彼自身は卒業式当日になるまで優等生になるとは全く期待していなかった様です(71)。しかし周辺からは本来なら首席になって当然と期待されていた趣きがあり、彼が次席になったのは御前講演の事前検閲を拒んだからだとか、校長の偏見で採点がやり直されたとかという噂がながれました(72)。しかし、例え次席でも現実に優等生として評価されたことは石原にとっても大きな自負となったことは間違いないと思われます。これから間もない時期に撮影した同期生仲間の集合写真などでは、へそ曲がりの彼にしては珍しく写真の中央正面で威儀を正して映っているものが多いように思われます。

以上が石原たちの受けた陸大教育のあらましですが、その内容は石原にとってもかなりに満足に近い充実したものであったことは間違いありません。後に「戦闘法が幾何学的正確さを以て今日まで進歩してきたこと、即ち戦闘隊形が点から線に、更に面になったことは陸軍大学当時の着想であった」(73)と回想するように、石原の最終戦争論を構成する三本柱の一本がこの時代に形成されたことは大きな収穫でした。

身辺の憂鬱

陸大に入る前からのことであったと思われますが、特に陸大学生の時期、石原には身辺に憂鬱な問題がありました。というのも鶴岡にいる両親が経済的に破産状態に陥っていたからです。石原も毎月の給料から出来る限りの送金をしていたようですが、中尉の給料では到底両親の窮乏を救うに至らず、叔父服部正悌（妻の鉚が父啓介の妹）の世話に頼らざるを得ない状態が続いていました(74)。

石原の結婚話しも、そうした情況の中で両親の側から起こったことでした。近い将来に石原との同居を考え、その環境を整えようと考えてのことであったと思われます。叔父服部の世話で、両親側から求められるままに、学校側の意図にも反して(75)、一度も会ったこともない鶴岡の清水泰子と結婚したのは、石原が大学校第二学年の「校内授業期間」を終え、高田野砲兵第十九連隊の隊付勤務に赴く前、七月後半二週間の休暇中のことでした。新婚僅か数日で石原は高田野砲兵連隊に赴任しますが、鶴岡高町の両親の膝下に残された新妻泰子は姑鉦井の気に入らず、驚いたことに石原は両親からの離別の要望をそのまま受け入れて、結婚から一ヶ月にもならない八月下旬には離婚に踏み切っています(76)。この段階では、石原は、自分の結婚問題を両親との同居を前提として、両親の意向、特に母鉦井の意向に添うことを第一義に考えていることが分かります。

両親の希望に沿った結果とはいえ、結婚後一ヶ月にも満たない期間での離婚は如何にも軽率の感を免れませんが、駄目となれば周囲への思惑などに煩わされることなく是正策を講じるのも石原式と云えるのかもしれません。さすがに学校側でも問題になったようですがそれに伴う処分などは受けないですみました。

母親思いの偽悪者

離婚の話は石原の素早い決意で一応の決着を見たのですが、両親の生活窮乏はその後も続いていました。そうした中で気になるのは、その翌年、石原が叔父服部正悌宛の手紙の中で清水泰子との離婚の本当の理由は自分が窮乏打開策として富豪の娘との持参金目当ての結婚を考えた為だったというようなことを云っていることです。石原莞爾という人物を語るものとしてはかなり重要な問題であると思われますので、その書簡を全文紹介しておきましょう。手紙の日付は、石原が大学校の卒業式を迎える前日の一九一八年（大正七）十一月二十七日です。

拝啓　厳寒の候　ますます御清栄の御事と拝察し奉り候

先日、父よりの来信によれば、物価騰貴の為ますます生計困難、不愉快に過しおるとの事、老いては意志の力ますます衰ふるものに候べく、遂に満足なる生活をなさしめ得ざるにあらずやと心痛の至りに御座候
卒業後、両親を若松へ招致すべきやと考候も、全く親族知人なき地は却って老後を送るには楽しからざるべくとも考へ候。又、小生目下の境遇として、十分金銭上の助力も覚束なく、如何致すべきや、世間知らずの者に候へば自ら決定するに苦しむ次第に御座候
父の意見によれば、当分、借金を致し、両三年後、小生等がこれを処分すべしとの事に候も、両三年にては大尉となる見込さへこれなく、且は軍人は生産力なき職業に候へば、たとえ大尉となるも自己の職責を完うせんとせば急に借金の返却も困難と存じ候。現に僅に数百円の借金の為、苦しめられ、同輩上官の信用を失ひ、あたら才能も用ひかね居る先輩も少なからず見聞致し候。小生が借金くらいにて苦しむは敢て意とする所にこれなく候も、到底、父の予想する如き満足を父に与へ難きは最も苦痛とする所にこれあり候。父母の状態、並びに、将来如何致すべきや（若松へ呼ぶべきや否や）等御意見お示し下されたく願い上げ候
実は父母に満足安心を与ふるには、物質的に解決するを要する儀と考へ、不義理不名誉をも顧みず、且は大恩ある叔父上に対する極端なる無礼を顧みず清水氏との結婚を破約致し、恥を忍びて相当持参金ある女を娶らんとも半決心致し候ひしに（果してかくの如き女ありや甚だ疑問にて、恥の上に恥かく恐甚だ多く候も、徒になさざるより寧ろ一度努力して□□すべく、要すれば結婚後、直ちに六郎を養子とし石原家を継がしめんと考候）、却って父母の心を悩ますにあらずやとの考（勿論一時的と存じ候も）、殊に姉の死去、且は世間知らずの為、決心の固きを得ざりしにより遂に逡巡に終りたる次第に御座候。叔父上にも十分お話し申し上ぐべく存じ候ひしも、何分剣とりては相当に勇気を出すべき身に候も、世間知らずの為、甚臆病にて打ち

すぎ候次第に御座候。

昨年夏、甚だ失礼の態度のみ有之候も、基く所は全く此の如き小生の不決心より来る動作の矛盾に有之候。

遠く離れ、殊に父母の年を考候ては誠に心痛の外これなく候。事情御諒察の上、御高教仰ぎたく懇願し奉り候。　不一（句読点は筆者）

廿七日夜半

莞爾

御叔父上様(77)

翌日の一九一八年十一月二十八日が卒業式であることを考えると、この手紙には面白い点がいくつかあります。

第一に、卒業式前日というこの時点で、石原は自分が優等生で恩賜の軍刀組になるとは全く予測していないと思われる事です。そのことから云えるのは、石原が実際は首席だったが御前講演の検閲を拒んだから次席に落とされたという噂は事実ではないということです。同時に、石原は自分の振舞いが上司の受けを悪くしていることを十分に自覚していて、自分の成績評価とか出世については殊更、否定的に考える傾向があったということです。「両三年にては大尉となる見込みさえこれなく」などというのもその表れです。実際は翌年四月に大尉になっています。


第二に、「叔父上に対する極端なる無礼を顧みず清水氏との結婚を破約致し、恥を忍びて相当持参金ある女を娶らんとも半決心致し候」というのは、離婚の原因を、持参金目当ての結婚を考えた自分にあると主張していることです。およそ金銭に潔癖な石原らしくない考え方で、これは離婚時点で、彼が叔父服部正悌に出した手紙などからしても到底真実だとは考えられません。恐らく彼は離婚騒ぎの後、叔父が彼の両親に対して抱いた憤慨(78)を知り、自らが偽悪者を演じることによって離婚に於ける両親、特に母鉦井の立場を救おうと考えたのではないかと思われます。両親の云うが儘に離婚を決意した事といい、こんな偽悪者を演じた事といい、痛々しいまでの母親思いの気持ちが伝わってくる気がします。

このことは、むしろ逆に、離婚の真因が、正に母鉦井と嫁泰子の嫁姑関係にあったことを物語っています。

第三に、石原は自分の欠点を「世間知らず」という言い方で表現していますが、「世間」が「常識」を意味するとすれば、彼は「世間知らず」という言い方で、常識を打破する革新的自覚を、裏返しながらに表現していたとも受け取れます。

何れにせよ、陸大生時代、石原はその身辺に両親の破産状態という憂鬱を抱えて、それが結婚直後の離婚という不名誉な事態を生み出しました。しかしこの時代の憂鬱も、むしろ次の時代の大きな精神的飛躍に結びついた可能性を否定できません。

華の時代

卒業式はそうした憂鬱な情況を一変させたと思われます。石原ほどの人間にとっても、自分が属する社会からそれ相当の高い評価を受けるということは決して悪い気持ちのものではありませんでした。「果報は寝て待て」ではありませんが期待しなかった時の方が喜びは大きくなるものです。

陸軍大学校を卒業すると彼はすぐに会津若松六五連隊に帰って来ますが、そもそも入学試験が容易でない陸大に受験勉強もしないで入ったばかりか優等卒業生として帰ってきたことは会津の人々には石原神話を造り上げるに十分な大事件でした。一方、石原自身にとっても、「明治の末から大正の初めにかけての会津若松六十五連隊は、日本の軍隊中に於ても最も緊張した活気に満ちた連隊であった」と回想できる雰囲気は、間違いなく彼の人生において最も愉快な年月をつくりだしたのです。大学校在学中も、休みの日には帰ってきて第四中隊の下士室を根城に兵士とともに過ごしたというくらいでしたから、その地に帰任して中隊長代理となり、年が明けて一九一九年（大正八）四月には大尉に昇進し給与も上がり、正式に第四中隊長に任命されてからの三ヶ月は正に石原にとってはその生涯最高の「華の時代」でした。

石原が、会津若松六五連隊に帰って「華の時代」を過ごしていた一九一九年（大正八）前半は、世界的には前年末の大戦終了を受けてパリ講和会議が開かれていました。国内的にはまだ好景気が続いていましたが、三月には朝鮮で三・一万歳事件と呼ばれる独立運動が起こり、五月には中国で五・四運動と云われる排日運動が起こりました。五・四運動は、講和会議が山東省の旧ドイツ権益を日本が継承すると決定したことに対する中国国民の憤激に端を発する排日運動でしたが、中国側の主張が講和会議で認められなかった原因が、日本の要求に「欣然同意」するとした北京政府の戦時中の約束にあったことが暴露されると、北京政府内の親日派はすっかり中国国民の信用を失い、排日運動がそのまま、北京政府に対する革命運動に転化したのでした。戦時中、日本が西原借款などを通じて様々な戦後対策を施してきたことが却って裏目に出たのです。

その七月、石原は教育総監部勤務を命ぜられました。石原は最も昂揚した気分を抱えて、難局に直面する日本陸軍中枢の重苦しい空気を直接吸うことになるのです。

大尉任官記念（1919年4月）

註

（1）戸部良一『逆説の軍隊』（中央公論社、一九九八）によれば、陸軍幼年学校は明治三年の幼年学舎を前身とするが、それは本来は、当時、一般の中等教育が未発達だったことによる。

（2）野邑理栄子『陸軍幼年学校体制の研究』吉川弘文館、二〇〇六

（3）帯剣は一期生以来の宿望であったが、二期生が三年になった時に初めて支給せられた。帯剣して外出するのが嬉しく、意気揚々として市中を闊歩したという（『山紫に水清き』仙幼会、一九七三、四六～七七頁）。

(4) 平林盛人『わが回顧録』三一四頁。松村秀逸『三宅坂』五頁にもほぼ同様の記述があります。
(5) 松沢哲成『日本ファシズムの対外侵略』三一書房、一九八三、四九頁
(6) 南部襄吉「石原兄の思ひ出」(『石原莞爾研究』所収)
(7) 『資料で綴る石原莞爾』石原莞爾全集刊行会、一九八四、二一頁
(8) 前掲『山紫に水清き』一七六頁
(9) 山口白雲『菅臥牛観』不二印刷所、一九四七
(10) 南部襄吉「石原兄の思い出」。横山臣平はこの話を「誇張された噂話」と書いていますが、最初からのいきさつを注視していた南部にとっては決して誇張した話ではありませんでした。南部が横山の本を読んで、横山には遂に石原は分からなかったと批判しているのは、こうしたところからであろうと思われます。事実、仙幼校第五期の首席であった吉田登年弥等が卒業時点で退学になった事例から考えると、石原がこの事件で退学になる可能性は充分にあったと考えられます(前掲『山紫に水清き』一一四～一一六頁、一四八頁参照)。
(11) 前掲『山紫に水清き』一四〇頁。多門二郎『日露戦争日記』芙蓉書房、二〇〇四
(12) 藤本治毅『石原莞爾』時事通信社、一九六四、三〇頁
(13) 前掲多門二郎『日露戦争日記』(二二七頁)は落後する兵隊の様子を生々しく描いています。
(14) 松沢哲成前掲書、二九～三〇頁
(15) 前掲『資料で綴る石原莞爾』、二一頁
(16) 藤本治毅前掲書、三五頁
(17) 五百旗頭真「石原莞爾における支那観の形成」『政経論叢』第二一巻五号
(18) 松沢哲成前掲書、六八頁
(19) 日記の明治四十年一月十三日には「早クヨリ東氏ニ至ル。集ルモノ昔ノ六名」とあります。
(20) 例えば明治三十九年十二月九日の日記には「正午、斎藤ト共ニ東氏ニ行キ夕食シテ五時半帰校」とあります。石原日記で「東」姓が「南部」姓に変わるのは明治四十年三月からです。
(21) 前掲『資料で綴る石原莞爾』二三頁
(22) 石原莞爾『日記　巻之九』明治四十年五月十四日及び巻末
(23) 横山臣平『秘録石原莞爾』芙蓉書房、一九七一、七二頁
(24) 同前、七八～七九頁
(25) 「戦争史大観」『最終戦争論・戦争史大観』中公文庫、一三二頁
(26) 藤本治毅前掲書、六七頁

(27) 同前四三頁
(28) 横山臣平前掲書、八〇頁
(29) 例えば中央幼年学校卒業前の明治四十年五月十四日の石原日記には「区隊長殿ハ生徒ヲ呼ビ大学再審試験ノ予行ヲナス」とあります。
(30) 前掲戸部良一『逆説の軍隊』(九五頁)によれば将校の常識欠如をもたらしたのは、軍の近代化あるいは専門職化であるということです。ただ、幼年学校や士官学校に図書館を設置せず生徒を限られた時間帯の忙しい課業習得に追い込んだ当局の姿勢には、生徒の目を軍事に限定し、危険な政治思想の流入を未然に防ぐ意図が見えるように思われます。
(31) 松沢哲成前掲書、四九頁。南部は、石原の幅広い見識の源泉を、彼が本来、軍人志望ではなかったところにあったと思っていた可能性があります。
(32) 『山紫に水清き』仙幼会、一九七三、一七八頁
(33) 平林盛人『わが回顧録』恵雅堂、一九六七、三一五頁
(34) 横山臣平前掲書、八一頁
(35) 同前八五頁
(36) 石原六郎「兄の思い出」(『石原六郎日記』Ⅳ)昭和二十四年九月起稿
(37) 成沢米三『人間石原莞爾』一九七七、一五頁
(38) 石原莞爾『最終戦争論・戦争史大観』中公文庫、一二七頁
(39) 『歩兵第六十五聯隊史』
(40) 曺寧柱「石原莞爾の人と思想」(仲条立一・菅原一彪編『石原莞爾のすべて』新人物往来社)、曺寧柱「私は驚きもの木にこう語った」(真山文子編『石原莞爾将軍と過ごした日々』)
(41) 大正九年十二月一日付妻錦宛石原莞爾書簡『石原莞爾選集1』二三二頁
(42) 兪辛焞『孫文の革命運動と日本』六興出版、一九八九、一四九頁
(43) 未定稿『支那陸軍学生教育史』
(44) 小林共明「陸軍士官学校と中国人留学生」『季刊ひとりから』六、一九八五年十一月
(45) 角田順『石原莞爾資料—国防論策』九〇頁
(46) 『支那革命外史』五九頁、一四九頁
(47) 戸部良一『日本陸軍と中国』講談社、一九九九、四二頁
(48) 前掲『最終戦争論・戦争史大観』一二六頁
(49) 前掲『石原莞爾資料—国防論策』七八頁
(50) 前掲横山臣平『秘録石原莞爾』八九頁
(51) 前掲『最終戦争論・戦争史大観』一二七頁
(52) 同前九六頁

(53)同前九四～九五頁
(54)同前一二八頁
(55)大正九年十月五日付鉮子宛石原莞爾書簡『石原莞爾選集1』一七五頁
(56)宮本忠孝『人間・石原莞爾片々録』麹町企画、一九七八
(57)藤本治毅前掲書、四九～五一頁
(58)当時のマスコミは第一次世界大戦のことを欧州大戦と呼んでいたし、石原莞爾も彼の「世界最終戦争」と明確に区別するために欧州大戦と呼んでいました。欧州大戦の方が本質を突いていると思います。
(59)北岡伸一「二十一ヵ条再考」『近代日本研究』七、一九八五所収
(60)上法快男編『陸軍大学校』(第六刷、芙蓉書房、一九七七)なども「将帥教育か幕僚教育か」という項目を設けてその点を追求しているが結論は出していません。しかし黒野耐『参謀本部と陸軍大学校』(講談社現代新書、二〇〇四)はそれを「失敗した組織と人材養成」として批判的に見ています。
(61)「参謀本部歴史草案」(防衛研究所戦史部所蔵)所収
(62)五百旗頭真「石原莞爾関係年表」『政経論叢』一九七一年七月号、六九頁
(63)前掲上法快男『陸軍大学校』二二〇頁
(64)前掲横山臣平『秘録石原莞爾』一〇七～一〇八頁
(65)同前、一〇五頁。語学教育についての批判は石原莞爾日記大正九年二月七日に稲葉君山の陸大教育改革案として述べられている(『石原莞爾選集2』二九六頁)。
(66)同前横山臣平『秘録石原莞爾』一一五頁
(67)阿部博行『石原莞爾』法政大学出版局、二〇〇五、六六頁
(68)前掲横山臣平『秘録石原莞爾』一一〇頁
(69)同前横山臣平『秘録石原莞爾』一一三頁によると満鮮見学旅行は二年学生の時となっていますが、前掲上法快男『陸軍大学校』の年表によると第三学年の行事になっています。
(70)『陸軍大将宇都宮太郎日記』明治四十年一月二十二日の記事によると、大学校幹事として宇都宮太郎は満州旅行を参謀旅行として計画していますが、大正三年に実現した時は、単なる修学旅行でした。
(71)後掲する大正七年十一月二十七日(卒業式前日)付服部正悌宛石原莞爾書簡
(72)前掲五百旗頭真「石原莞爾関係年表」六九頁、『資料で綴る石原莞爾』大湊書房、昭和五十九年、一三三頁
(73)『最終戦争論・戦争史大観』中公文庫、一二九頁
(74)この前後の服部正悌宛石原莞爾書簡によれば石原莞

爾はこの時期、送金先を叔父の服部宛にしています。
(75) 大正六年八月二十六日付服部正悌宛石原莞爾書簡には、「学校の意図に反して迎えたる妻を僅か一ヶ月にて離別する如きは私身上に関しても勿論良好ならざる影響これなしとせざる次第……」とあります。
(76) 同前書簡とその二日後の大正六年八月二十八日付服部正悌宛石原莞爾書簡
(77) 大正七年十一月二十七日付服部正悌宛石原莞爾書簡
(78) 同前服部宛石原書簡は石原から離婚の理由を述べた手紙ですが、これには叔父の手になると思われる反論と憤慨の書き込みがあります。

第三章　世界最終戦論の形成

一　国柱会入信と中国赴任

教育総監部

一九一九年（大正八）七月四日、石原は教育総監部付を命ぜられました。陸大卒業生は卒業後半年の隊付勤務を経た後には陸軍省、参謀本部、教育総監部のような中央官庁か、陸軍の諸学校に配属されることになっていたのです。

石原の在籍した陸大三十期は、卒業生六十名中、半数近くの二十六名が参謀本部に、その他が陸軍省、教育総監部、陸軍士官学校、歩兵学校、騎兵学校等に配属されました。必ずしも成績順位によったものではありませんでしたが、誰の目から見ても参謀職に就くために生まれついたようにも見える石原が、しかも最も多数が配属された参謀本部でなく、僅か三名しか配属されなかった教育総監部に配属されたことは、極めて不自然なことでした。同期の菰田康一が五百旗頭真氏に云ったという、上司から使いこなし難い人物と見られた為だろうというのは誰しもが考えるごく自然の推測でした(1)。

この配属について石原自身は特に何も語ってはいませんが、彼と一緒に教育総監部に配属された横山臣平が描く当時の石原の執務ぶりは、当時の彼の心境を語っているようにも見えます。石原と横山が最初にやらされた仕事は、改正諸典範令（操典、要務令、諸教範など）の校正などでしたが、彼は上官に聞こえよがしに、「おい横山、こんなつまらない仕事は陸大出の将校のする仕事でない。少し頭のよい下士官の方が、我々よりはるかに確実ではなかろうか」と、お断りしますと云わんばかりの態度だったということです(2)。

ただ石原のこうした腰の座り方の悪さは、何も教育総監部に配属されたためではなく、中央官庁というものが持っている上意下達的体質に対する石原の反骨的態度の顕れとも見えます。そういう意味からは、彼がもしこの段階で参謀本部に入っていれば、得意な分野だけに、もっと鮮明な形で上司と対決する姿勢を示していたかもしれないと考えられます。

年を越して一九二〇年(大正九)になってからですが、一月二十一日の日記によれば、この日、浅田中佐が主宰して総監部の編成が議論に上った中で、将校団教育を第二課に移すことについて「衆議固より不同意なり。余は兼ての所信により之に賛同し誠心を吐露して論ずる所あり。蓋し我が陸軍の教育を振興せんとするに将校の養成を第二義とするは根本を誤るものなり」と言っています。当時の組織では陸軍砲工学校、陸軍士官学校、幼年学校等は既に第二課の担当となっており、この日記の翻刻が正確であるとすれば議論の意味が分からない所もありますが、組織の編成が往々にして人事や予算の都合で改変されがちなことに対し筋を通せということであろうかと思われます(3)。

また、三月二日、石原は本部長尾野実信中将に随行して栃木の歩兵学校通信学生の現地戦術を見に行きましたが、その日の日記に「初めて上官のお供、いやなもの也。あんなにかまわぬ人でも」(4)と書いています。石原は自己の判断力に対する自信が強く、上司の判断に対しても適当に妥協することが出来ない上に、人の気持ちの動きにも鋭敏でしたから、高官に一対一の随行のような場合には両者共に感情的な調整がスムーズに行かなかったと思われます。石原の方が「いやなもの也」という気持ちで随行していることは、上司から見れば、より以上に不愉快であったに違いありません。

石原は教育総監部着任以来、強く中国行きを希望するようになりました。陸大の優等卒業生には中央の官庁を経験させた後、数年のうちに欧米ないし中国に留学させるというのが不文律のようにもなっていました。ただ、語学で中国語を選んでいれば別ですが、石原のようにドイツ語を専攻した者が、欧米留学の機会を棄てて中国行きを希望するということはそれだけで上司からは懸念されることでした。しかし、排日運動ただならぬ中国革命の現状に強い関心を抱く石原としては、どうしても自分の目で中国の実態を確認したいという願望を抑えられなくなったのです。

上司の懸念を度外視して中国行きを運動することは、石原の使命感に昂揚した緊張感を与えたようです。その昂揚感が年来の日蓮に対する憧憬を増幅し、石原は日蓮の使命感に自己の使命感を重ねることにもなったのです。年末に房州の日蓮遺跡を訪ね、明けて一九二〇年（大正九）の元旦には旭森から初日の出を拝し、日澄寺、日蓮寺、誕生寺に詣で、二日の書初めには「不惜身命」と書きました。

ただ日蓮信仰と云っても、田中智学の国柱会に入会するまでにはなお多少の経緯がありましたが、その国柱会入信と、中国赴任に至るまでの石原の中国研究には、共通して東亜の革命解放の使命感が流れていました。日記からそのことをみてみましょう。

一月、石原は稲葉君山の『清朝全史』を読みながら日記に次のような感想を書きました。八日「康熙帝の雄略、実に敬服の至りである。満州人の気力を有しながら中華の文化には尽く参っているところが面白い」。九日「支那人の形而上の学問は勿論、西洋人のそれと大なる差異あって而も必ずしも之に一歩を譲るものではない。神、儒、仏を統一したる我が日本の使命、実に重大だ」。十日「漢民族の政治的腐敗は遂に自ら治むる能わず。而も今や所謂北方民種の入りて、漢土の主たるべきものなし」。石原が中国を征服した康熙帝に感情移入して読んでいることが分かります。東亜の解放者としての共感でしょう。

次に見る日蓮に関する読書姿勢もこれと同じものです。

一月十日「午後は地図に照して再び『日蓮上人』を読む。伊豆より帰り、信徒共が折伏の危道を捨つべしとの忠告に対し断乎として退くるの所、感無量なり」。これは日蓮の「折伏」姿勢を、社会的には常に少数派に過ぎない「革命家」の覚悟として肯定的に評価していることの表れであると思われます。

しかも、二十世紀の社会革命に対処しようとする日には単純なナショナリズムでは満足出来ませんでした。二月四日「樗牛の日蓮の国家観を見て感ずる所あり。所詮、徒に『日本人』たる私心にとらわれたる精神を以てしては到底、世界統一の天業を全うする能わざるなり。兼ての疑問解決の為、一拠点を得たり」とし、更に八日には「樗牛の日蓮論を読む。其の当否は別として徹底的なることさすがは天才の人なり。日蓮は蒙古を調伏せずと称する所、吾人も亦然りしならんと思う所あり。真理ありての国家にして、国家ありての真理にあらず。徒に我が国体を以て真理の根源の如くに称するは、決して我が国の偉業をなす所以にあらざるべし」といいます。石原の意識においては、日蓮の教義も、日本を含めて東亜の解放者の立場から考えられているのです。

二月に入ると中国赴任はほぼ確定的になりました。一日には銻子夫人から中国赴任準備について聞かれました。この段階まで来ると、石原はこのまま何時までも日蓮の教義研究を続けているわけには行かないと判断したようです。二月九日の日記に「『聖人の教義』を見終らば之を一段落となし、日夜、経及遺文の一部を誦するに止め、時間の主力を支那研究に移転せんとす」と書いています。

この時期、教育総監部の仕事として各師団長の兵士に対する訓辞を読まされたことも、石原を国柱会に走らせる契機につながったと思われます。二月十九日「課長の命により各師団長の訓辞を読みつつ」、皆が「我国体を中心として解決せば新思想との戦、豪も恐るるに足らず」などと書いているのを見ると、思わず「信ありや」の疑念を感ぜざるを得ませんでした。石原はこの「師団長の訓辞」に表れているようなありきたりの国体観念では到底今日の社会主義を含んだ新思想には対応できないことを痛感していたのです。

実は石原自身がロシア革命から深刻な思想的衝撃を受けていました。ただし後述するように、この当時、石原がロシア革命から影響を受けていたのはその社会主義思想ではなく、その革命戦略、特に列強からの干渉戦争を、革命権力維持のための社会的結集力に転化する政治戦略思想でした(5)。しかも、ロシア帝国の崩壊はアメリカ合衆国の東亜に対する影響力を増大させ、中国をはさむ日米抗争の重苦しい雰囲気は否応なく石原に中国研究と共に、対米抗争に耐えうる精神的武装の必要を痛感させたのです。石原はそのことを次のように書いています。

心を悩ますものは、この一身を真に君国に捧げている神の如き兵に、いかにしてその精神の原動力たるべき国体に関する信念感激をたたき込むかであった。私どもは幼年学校以来の教育によって、国体に対する信念は断じて動揺することはないと確信し、みずから安心しているものの、兵に、世人に、更に外国人にまで納得させる自信を得るまでは安心できないのである。一時は筧博士の『古神道大義』という私にはむずかしい本を熱心に読んだことも記憶にあるが、遂に私は日蓮聖人に到達して真の安心を得、大正九年、漢口に赴任する前、国柱会の信行員となったのであった。殊に日蓮聖人の「前代未聞の大闘諍一閻浮提に起るべし」は私の軍事研究に不動の目標を与えたのである(6)。

国柱会は日蓮主義を称えた田中智学（一八六一〜一九三九）が創始した教団です。田中智学の教学の特色は、田中が『日本書紀』の言葉から採って造語した「八紘一宇」という一種の選民思想を建国理念とした国体論と、日蓮の「前代未聞の大闘諍一閻浮提に起るべし」という終末論的教義を結びつけたところにあります。

この国体論の魅力は偏狭なナショナリズムからはある程度解放されていたことで、五四運動などの排日運動に対しても一定の理解を示していました。天皇の統治権の説明なども結局は神話に基づく家産制国家論に過ぎないものでしたが、日本人にはなじみ深い仏教用語で潤色されているため、当時流布されていた難解な共産主義の教義などには十分対抗できると考えられたのです。石原自身としては、その国体論も高山樗牛のように「真理ありての国家にして、国家ありての真理にあらず」というくらい国家を捨象し、もっと普遍化した立場に魅力を感じていたようですが、当時の一般的な思想状況の中では到底説得力を持ち得ないと考えると、結局、選択の対象は田中智学の国柱会しかなかったのです。

石原にとって何より国柱会の魅力ある特色は、その終末論的教義にあり、それが石原の軍事的見通しと一致していることでした。石原は「前代未聞の大闘諍一閻浮提に起るべし」を日蓮の言葉として聞いたとき、その「軍事研究に不動の目標」を与えられて真の安心を得たのでした。

結婚の条件

その八月六日、石原は国府銻と結婚しました。一刻も早く家庭を造って年老いた両親を安心させる為であったと思われますが、一面で、昨年の失敗に懲りた彼は、今度は殊更に両親との直接の関係を避け、先ずは彼自身の軍人としての主体性で選ぶことにしたようです。軍人として最も尊敬していた佐伯正悌中佐に相談し、仲人には陸大戦術教官の馬淵直逸中佐夫妻を頼み、式にも田舎の両親の出席を求めず、僅か一年前に結婚していた同期生の樋口季一郎夫妻を親代わりとして出席させて済ませました。

新妻の銻は、一八九六年（明治二十九）九月二日生まれの二十二歳で莞爾とは七歳違いでしたが、軍人の遺児であったばかりでなく、姉が石原の陸大時代の戦術教官、五味為吉中佐に嫁いでいましたから、軍人の家庭生活については理解が十分可能というわけでした(7)。

注目すべきは、石原が結婚の条件として妻になる人に求めたことが、夫の立身出世を期待しないことと、簡素質素の生活に甘んじること、鶴岡の両親の借財返済の三点であったと思われることです(8)。これは石原が、単に軍人としての使命観の外に、革命的戦略家としての自分の社会的使命観を明確に意識していた為と考えられます。

国柱会入信と中国赴任

石原が田中智学の国柱会に入信したのは一九二〇年（大正九）四月下旬、東京鶯谷の国柱会館で開かれた日蓮主義春期講習会に参加した時でした。既に四月九日には中支那派遣隊司令部付が発令され五月初旬には出発することが決まっていました。石原にとって、国柱会入信と中国赴任とは単に時間的連続を意味するものではなく、両者に内面的なつながりがあり、石原に国柱会入信を決断させたのは差し迫った中国赴任でした。入信は一種の出陣式であったと思われます。

一九二〇年（大正九）四月九日、石原は中支那派遣隊司令部付を命ぜられ、五月十四日に漢口に着任しました。それでは、この東亜解放の使命感に燃えた日蓮主義者の目に、排日運動の地鳴りただならぬ中国の政情はどのように映ったのでしょうか。幸いなことに石原は東京に残してきた新妻銻子に連日、熱烈なラブレターを送っていて、当時の石原の日常生活と心情の経緯についてはかなり詳しく分かります。書簡内容の多くは信仰に関することですが、その間に含まれた石原の中国社会や世界情勢に対する観察姿勢は彼のその後の活動方向の基盤を窺わせるに足るものです。

国柱会入信の頃の石原

石原の目に映った漢口社会と派遣軍司令部

揚子江流域は本来イギリスの勢力圏で、漢口は上海に次ぐ第二の貿易港でした。イギリスのみならずロシア、フランス、ドイツ、日本が専管租界を持ち、外交団組織もかなりしっかりしていましたが、辛亥革命勃発の地となりその兵火にかかったことと、一九一四年から一九一八年まで続いた第一次大戦によって欧州列強の勢力が後退し、特に戦後にはドイツ租界やロシア租界も中国に返還される中で、独り日本人の進出が目立ちながら情況は著しく流動的となっていました。

石原が着任した頃、既に三月に始まっていた日本内地の戦後恐慌の波は漢口の日本人社会にも打ち寄せていました。大戦が始まるまでは五、六百人位しかいなかった日本人は(9)、大戦中急激に膨れあがり三千人位にまでなっていました。しかしその日本人達は、石原の目から見ると、皆浮き足だっていました。夏の暑気がはげしく凌ぎにくい事は、台湾は勿論、南洋より甚だしく、大抵の日本人は一日も早く日本に帰りたがっているようでした。この気分が花柳界発展の原因をなしているようにも見え、失敗の多い日本人商人の中では、逆に料理屋で成功しないものはないといわれる程で、立派なのは料理屋ばかり、僅か三千人の日本人社会に芸者が百人以上もいる様な状態でした。そうした風潮の中で不景気のもたらした打撃は驚くべきものでした。毎日の船は内地引き揚げの人々で満員という悲惨な有様でした(10)。

こうした浮き足だった情況は派遣軍においても同様でした。司令部の人々は司令官宮地久寿馬大佐以下、皆大変な酒飲みばかりで、酒の飲めない石原の目から見れば、朝から酒、夜はほとんど一日も欠かさず出かけて十二時前に帰る事は珍しいくらいにも見えました。着任早々の五月二十日の夕方、石原は歩哨の立っている目の前の大隊将校宿舎に花柳界の女性が入って行くのを目撃して憤慨しました。彼はその日の日記に「全部（司令官から末端士官に至るまで）神経衰弱なるが如し。少なくも幕僚だけは根底的にゆっくり腰を落ち着けさすことが肝要だ。司令官自ら軍紀を振粛せずんば昨日の説教は何等の効がない」(11)と書いています。

日蓮主義的生活の実践

そうした雰囲気の中で石原は彼自身の理解による日蓮主義的生活を実践します。酷暑に負けず、生活を律するために、彼は毎日、寝た時間と司令部に勤務した時間と勉強した時間を一目で分かるように記録する簡単な表を作りました。七時に起床、勤行、八時から十二時までは司令部に勤務、午後は午睡と勉強、テニスと散歩、夜は勤行の後、七時から十時くらいまで勉強、十一時前後に就寝という生活です。石原自身の七月中の統計によると、睡眠時間が一日平均七・八二時間（内午睡〇・五五時間）、読書時間が一日平均三・八五時間（司令部に出勤時間中は含まず）、妻銻子への発信九回、銻子からの来信六回でした(12)。酷暑の中という条件を考えると、これは殆ど苦行僧にも等しい生活でした。しかも石原の仕事の中には当然、中国の軍事情勢・治安情況の把握ということが入っていますから、何か起これば偵察に出かけます。七月一日も海軍からの電報で、湖南の督軍であった張敬尭が、部下の信望をつなぐことが出来ず、省城の長沙を追われ嘉魚に落ちのびていたのが、更に嘉魚を出発したというので司令部が持っている白鷹という小蒸気船で偵察に出掛けています。敗残の軍隊が逃げてくるのは治安上の大問題というわけでしたが、この時は軍隊は途中で止まって、張敬尭が単身で逃れて来たことがわかり安心しています(13)。

安直戦争

既に六月段階から安直戦争の先触れのような様相が表れていました。初めの間は、石原は今度の争いも中国の統一を完結することは出来そうもないから、結局、列国の国際管理ということに落ちつくのではないかと見ていましたが(14)、七月中旬になって本格的に安直戦争が始まると、日本に支持されていた安徽派は、五四運動で受けた打撃のため、米英に支援された直隷派にいとも簡単に打ち破られてしまいます。

石原はこの段階で、単純な武力解決論も時代遅れとして否定していますが、一面、いわゆる有識者の主張する日中経済提携論も破綻したと見ています。ただし石原にとっても、まだ「支那問題は実に困難極まる問題」というわけでした(15)。

日支両国人は全く同胞

八月初旬になると石原を勇気づける出来事が続いて起こります。一つは石原と陸大同期の首席で当時参謀本部員だった鈴木率道が情況視察にやってきたことでした。漢口では石原は国家の前途に関して「心から談じてくれる人が一人もない」状態でした。「そこに我が敬慕する鈴木君が来られたのですから誠に愉快でなりませんでした。今日は一日気焔を上げました。丸で糞づまりの時に下剤をかけた様でした」(16)。

石原はこの鈴木を大冶の鉄山に案内して五日の夜は西沢博士の家に泊まりました。「西沢博士は此の大冶に来られてから二十数年になられ、当時生まれた支那人の子供が結婚する様になったと笑って居られます。昨夜宴会等は支那人の主なる者四五名と、それに日本人三名計りでしたが誠に和気アイアイたるものです。過去十数年間の日支外交史を省み、又乏しいながら私の今まで目撃した所から今日まで実に日支親善等ということは空論空想に止まっていないかと思って居ました。只この前申し上げた通り精神的解決によりてのみ其の実を挙げうる理屈だと私は信じたいと思っていたのです。而もこれすら我が日本人に可能かどうかを時として疑はざるを得なかったのですが、此の宴会にのぞみ大冶の有様を見ては思わず快哉を叫ばざるを得ませんでした。日支両国人は全く同胞の感があります。排日等は昔から薬にしたくともないとの事、現にかの大隈内閣の日支交渉の時等、各地の在留日本人は皆引き上げの準備をしたのですが、此処計りは支那人がどうしても引き上げ等する必要はないとてきかなかったとの事です」(17)。

銻子の国柱会入信

八月九日に今一つ石原にとっては大きな喜びがありました。それは東京の留守宅にいた新妻銻子から国柱会入会の手紙がきたことでした。漢口に来て以来、石原は手紙の度ごとに、遠慮がちながら入信のことを頼んでいました。「こんな精神上の問題で決して無理を申すべきものだと思いませぬ。貴女に無理強いをしたところで致し方ないこと位は知っています」と云いながら、「然しほんとうの事を打ち明けましたならば、夫婦揃って日夜同じ本仏を拝み、同じ祈願をかけて居れたなら、こんなうれしいこんな楽しい事はないだろうと、毎日毎夜空想を続けて居る次第です」(18)というような手紙を連日のように書いていたのです。彼の口説き方はなかなか大したものです。「肉体を持っている私共としては、小さな切ない悲しみや淋しさは止むを得ない事です……ですけれども、これらは細かく小さく見た時のことで、二人がほんとに同じ信仰に入れましたならば千里や二千里は何でもない事です」(19)。

三ヶ月に及ぶこうした手紙のやり取りの結果として鉄子から入信の手紙を受け取ったのです。彼はこの喜びを次のように表現しました。「間もなく夕べの勤行が始まりますが今日の御手紙は早速仏前に供えます。実は今日まで銻ちゃんの御手紙は未だ一度も仏前に供えたことはなかったのです。供えたかったのです。供えたかったのです。私は今日まで恐らく銻ちゃんも思い及ばない（失礼ですが）待ち遠しさを以て今日来るのを待っていました。私は供えたかったのです。今までの御手紙でも再三供えようと思いましたこともありましたが、とうとう今日まで待ちこらえました。今日こそ大元気で御本尊へ銻ちゃんの入会を報告するのです」(20)。

夫婦で信仰を共にすることは最も根底における革命の同志の獲得でした。

両親の借金返済の目途

石原にとって、更に大きな心の弾みになった出来事は、ここの所で両親の借金返済の目途がついたことでした。父啓介夫妻の家計が破産状態であったことは陸大時代以来の大きな悩みの種であり、それは彼が結婚して家督を相続した時に借財として彼が引き受けることになったと思われますが、その返済に具体的な目途がついたことが年来の鬱屈した思いを解消したのだと思われます。七月五日の銻子宛の手紙で石原は月三十円の国許への送金を頼んでいますが、七月十一日付の手紙では、弟二郎にもその行賞を提供するよう頼んだこと、彼自身も倹約すれば年三百円以上残る見通しが立ったこと、とすれば二年も経てばあらかた片付くという見通しが立ったと云っています。七月二十九日の手紙では、二郎からの返事として行賞は五六百円はありそうで、それを全部提供すると云ってきました。彼自身も八月から来年四月までには五百円くらいは残せるから、二郎の行賞を併せると父啓介の借金はなくなるのです。これが如何に大きな精神的ゆとりを生んだかということは、彼がここで初めて会津若松に法華経道場（国柱会支局の予定）を建てる計画を述べていることでも分かるように思われます。

対米持久戦争の覚悟表明

以上見てきたような気分の高揚が、石原に初めて将来における対米持久戦争の覚悟を表明させました。八月十四日の銻子宛の手紙で彼はそのことを次のように述べています。

どうも日本は益々孤立になって来る様ではありませぬか。米国のやり方等は中々猛烈な様です。成金気分の米国は、日本成金が半可通の骨董をいじくると同じ心理状態で、不徹底な正義・人道とかを看板にし、彼等が本心の利益問題とからまって、或は日本に戦を強いる様なことがないとも限らないと思います。そうなったら支那は勿論、恐く英国も露西亜迄も其の味方となり、日本は全世界を敵としなければならない様になりましょう。私がそんな事をいうと、人は皆、そんな戦は日本が出来るものかと本気で受け付けませぬ。誠に憤慨に堪えないのです。天下の勢いは滔々として其の戦争の方に向かっていると思わなければなりませぬ。少なくも日本としては強いられたなら此の困難極まる戦でも決して恐れない度胸を定めなければ一日も速やかに米国に降参するのがよい訳です。それがいやならどうしても大決心が必要です。到底、今日の武力や金力だけではどうしても見込がありませぬ。国の為なら家も身も何も入らないという全国民の本当の愛国心だけが最後の頼りになるのです。国民全体が壮烈無比なる（真に壮烈無比です。人間世界で今日までこんな壮観は夢にもなかったのです）大決心をなし、当局が雄大な考えで徹底せる計画を立てたなら、常識では見込みのない此の戦争も、必ず必ず勝利疑いないことを確信致しますここには満州事変直前の一九三一年（昭和六）四月段階で石原が書くことになる「満蒙問題解決ノ為ノ戦争計画大綱（対米戦争計画大綱）」(21)に表明される石原の対米対決姿勢が明白に表れています。しかしこの時点では、まだ、石原の姿勢を支えていたのは日蓮主義の信仰を軸とした漠然としたアジアの革命的統一のみでした。

大山郁夫の「迷信流行」論に憤慨

『中央公論』九月秋季増大号に大山郁夫の「社会問題として見たる最近に於ける迷信流行の傾向」という論文が載りました。これはこの年（一九二〇年）八月五日に内務省が大本教の取締りを全国の警察に指示したのを受けてマスコミがひとしきり大本教の問題を連日にわたって取り上げていたのに関連する論文でした。大山の論旨は大本教を、大戦後世界的に大流行している迷信の一例として取り上げ、迷信が流行するのは言論の自由がないからであるとして、むしろ当局の言論取締姿勢を批判したものでした。

しかし問題は大山の論述のやり方にありました。その論述は大山の反軍思想を反映して軍人に対しては意図的に辛辣な書き方をしている上に、日蓮主義など大本教にも勝る狂信と切り捨てていました。

各種の迷信と縁の近いのが通り相場になっている高級軍人の仲間に於て、この大本教が可なりの勢力を持っている（低い等級の軍人の仲間に於いても矢っ張りそうだろうが）ということであるが、これだけのことならば、まだまだ別に不思議がる程のことではない。かの日蓮主義の如き、我々の眼には狂気じみた軍国主義の福音位にしか映じない教義すら、高級軍人の仲間に於いて若干の熱心なる渇仰者を持っているという始末だから、それとは多くの点に於いて似よったところのある大本教が、矢張りこの同じ圏内に多数の信者を得たからといって、それは別に怪しむに足らないことである(22)

当然のことながらこの論文に石原は強く反発しま

した。石原は九月十五日付の錦子宛書簡で「実に驚き入らざるを得ませぬ。もし宗教そのものを否認しようとするなら、全く別問題ですが、そうでもない様です。そうして此の如く無用なる論断を我が妙宗に加えるのです。研究して確実な根拠から来ているなら、よし誤りにせよ恕することも出来ましょうが恐らく彼大山なる人物は法華教も御遺文も目を通したことが全くないのでしょう。実にいわゆる学者なる者の良心を疑わざるを得ませぬ」と憤慨を述べました。

石原が大山の議論に反発したのは勿論、日蓮主義を「狂気じみた軍国主義の福音」として一刀両断に切って捨てられたからですが、石原の立場からすれば大山の議論で最も我慢出来ない点は、何らの論証なしに日蓮主義を迷信として排除されたことでした。大山は、宗教は否定してはいませんが、当時の左翼の唯物論的思想傾向を反映して宗教と迷信を明確に区別しませんでした。勢い、その論述は人類の精神的発達を科学の領域の拡大による迷信の駆逐という形で宗教そのものの否定にならざるをえません。石原が、その最晩年、死の直前に『日蓮教入門』という宗教的信仰弁護論を書いた目的の一つはこの大山のような宗教否定への反論であったと思われます。

司令官と派遣隊の交代

八月に司令官の交代が発令され、九月三日に新任の奥平俊蔵少将が着任しました。出迎えが大騒ぎで、石原は「軍隊の全部並ぶのは勿論、奥様連中まで皆波止場に御出迎え、上流夫人様方がキャッキャッお騒ぎになる有様、大いに恐縮致しました。これが所謂社交的な進歩した女なものでしょうか。昨日北京から来た友人の話では北京に居る外交官とかの夫人連の社交が大変なもので、虚栄の競争。武官等には金の為め困難している人も少なくない様です」とこうした殊更に華美な出迎えや社交に批判的な姿勢を示しています。

漢口の派遣隊の規模は歩兵一大隊と機関銃一中隊でしたが、毎年九月末には内地の隊と交代することになっていました。九月末、久留米第十六師団の部隊が派遣されて来るのにともない、熊本第六師団の兵は帰国することになりました。従卒は三ヶ月交代ですから、石原はこれまでに二人の従卒の世話になりました。二十五日、石原は同宿の加藤中尉と共に彼等が今まで世話になった四人の従卒を連れ、中華料理でお別れの宴を開いています。

石原は、徴兵制度で招集されてきた兵を将校の私的な雑用に使う従卒制度には反対で、出来るだけ従卒に仕事を頼まないようにする一面、彼等に私恩を売ることにも慎重でした。しかし中国に一年も勤務しながらその名物料理を一度も食べなかったというのでは気の毒と考え、大奮発で今までありついた事もない位上等なものをご馳走したのでした。

石原の対米観

十月初旬の東京新聞に大隈重信が中野正剛を参謀として、対米問題について世論喚起の運動を始めるという記事が掲載されました。石原は勿論、大賛成でしたが、一面、大隈のような老人で、しかも名士の太鼓でなければ動かないような国民の気合いでは、到底、その結果として予想される恐るべき日米戦争に勝てる見込みは立たないとも考えました。石原がこの件について銻子宛の手紙で述べている次のような対米観は石原思想を理解するうえでは重要なものです。

アメリカは中々ロシアの様なトンマな国ではありませぬ。彼の国の歴史を読めばすぐ判ります。日本人等の中には米人は臆病の民の様に考えている方もありますが、中々中々恐らく世界中、一番冒険好きな勇敢な民でしょう。近頃、彼等のしきりとやる飛行曲芸等は明らかに彼等の性質を示して居ます。此の間の欧州大戦に於ける米兵、勿論、戦いは下手でした。然し驚くばかり放胆だったのも事実です。まるで戦を遊技ぐらいに考えている彼等の態度は見上げたものでした。個人個人としては其の通り勇敢なのに、国は非常に新進気鋭、国富充実、鬱勃たる勇気、何処かに向かって破裂しなければならないのです。其の勢いが日本に向かい、而も、山東問題、

シベリヤ問題、朝鮮問題等から日本に対抗することを正義と信じているのです(23)

後に、石原が本格的に対米戦争を構想するにあたって『最終戦争論』のような大げさな議論を必要としたのはそれだけアメリカを強大と考えたからです。

無形上には相当の収穫

十月二十五日から十二月二十五日まで、石原は通訳一人を連れて二ヶ月に亘る揚子江下流域内陸部の実地踏査旅行にでています。揚子江を下り、江西省の九江を拠点に省都南昌周辺を探索、更に南京を経由して上海に至り、再び南京に引き返し、そこから鉄道で北上し、江蘇省の徐州から西へ進み、河南省の鄭州から南下して漢口に帰着する旅行でした。この中国中原の地を巡る実地踏査については「形の上では得る所、大したものもありませんでしたが、無形上には相当の収穫を得たと信じて居ます」(24)という自己採点をしていますが、このことはこの旅行を通じて従来抱いていた中国認識を再確認したことを意味すると考えられます。

一九二一年(大正十)二月には妻銻子が漢口にやってきて石原の単身生活も終わるわけですが、これで我々も石原からの詳細にわたる日常生活についての報告を聞く手だてを失います。七月二十日に石原は陸大教官に転補され、同月二十五日漢口を出発、帰国しました。

石原自身はこの漢口時代を次のように回想しています。

ロシア帝国の崩壊は日本の在来の対露中心の研究に大変化をもたらした。それは実に日本陸軍に至大の影響を及ぼし、様々に形を変えて今日まで、すこぶる大きな作用を為している。ロシアは崩壊したが同時に米国の東亜に対する関心は増大した。日米抗争の重苦しい空気は日に月に甚だしくなり、結局は東亜の問題を解決するためには対米戦争の準備が根底をなすべきなりとの判断の下に、この持続的戦争に対する思索

に漢口時代の大部分を費やしたのであった(25)

中国自体については、石原は、かつて稲葉君山『清朝全史』を読みながら、彼が感じていた「漢民族は遂に自ら治むる能わず、神、儒、仏を統一したる我が日本の使命、実に重大」という中国認識に基づく使命感を再確認するに止まったと思われます。正に「形の上では得る所、大したものもありませんでしたが、無形上には相当の収穫」というわけでした。

二　ドイツ留学（一九二三～一九二五）と世界最終戦論の形成

雄大な里見岸雄の外遊・布教活動計画

本来、石原にはヨーロッパに留学する気などありませんでした。士官学校卒業以後は、ドイツ語など全く放棄していましたし、大学校の受験勉強も全然しませんでした。大学校に入ってからも課業以外でドイツ語の習得に努力した形跡は見当たりません。むしろ石原は陸軍大学校教育の中で語学に時間と金をかけることには批判的ですらありました(26)。

そんな石原が人並みにヨーロッパに留学する気になったのは、田中智学の息子の里見岸雄の雄大なヨーロッパ遊学計画を聞き、その壮図に感激したからです。里見の外遊計画は、単にヨーロッパから学んでくるのではなく、ヨーロッパに、いな全世界に日蓮主義の布教活動をしてこようというものだったのです。

里見岸雄（一八九七～一九七四）は田中智学の三男ですが、長男顕一（芳谷）や次男沢二とちがい、後妻泰子の子であるというばかりでなく、智学の方針でかなり変わったエリート教育を受けました。小学校を卒業すると中学に進学したいという本人の願いを無視して、智学は彼を自分の手許で育てるべく三保の最勝閣に入れました。ここは国柱会の本拠で、その教学や出版事業の中心でしたから、関係者の子弟も少数ながら学童として机をならべ書籍の出し入れなどを手伝いながら勉強していたのです。岸雄はここで一年を過ごしますが、智学教学の牙城だけあって、父の絶対的権威の許に岸雄はその後継者の一人としてのエリート教育を受けました。それがやや尊大な反面、気宇壮大とも云える岸雄の性格を育てたように思われます。ただ、岸雄としては普通の中学への進学希望も黙しがたく、一年後、遂に最勝閣の学頭であった山川智応の助けも借りて智学を説得し、日本済美中学校という全寮制中学へ入りました。しかし智学の息子として傲岸な側面を持つ彼は僅か半年で教師とトラブルを起し一週間の停学処分を受けました。ところが智学は、むしろこの処分を待ちかねていたかのように、この機を捉えて岸雄を退学させただけでなく、彼を鎌倉要山の香風園という国柱会施設の「風呂炊き」とし、一切の読書を禁止し、その監督に香風園長であった十三歳年上の長男顕一を充て、その手許に預けました。智学はある意味で岸雄の長短を見据えていたと思われます。そのことが岸雄を発憤させ、ほぼ一年後にある意味では父智学の気宇をも超えた世界布教活動への志を立てさせることになりました。

岸雄はその後、智学の命で神田神保町の祐善堂という国柱会の出版物取り扱い店で小僧代わりに使われる事になりますが、そこで彼は正則英語学校に学び英語力を身につけると共に日蓮教学の習得にも励んだといいます。やがて彼は早稲田中学講義録を受講し、一九一六年（大正五）にはその卒業試験を受けて早稲田大学の予科に入り、翌大正六年、早稲田大学哲学科に入学、在学中に『日蓮主義の新研究』を出版、これを卒業論文として一九二〇年（大正九）早稲田大学哲学科を首席で卒業しました。在学中の大正七年、彼は岐阜の親族里見千代子と結婚、里見家を継いだので、以後、里見姓を名乗ることになりました。後に千代子とは離婚しますが、里見姓で世に出たため里見姓を捨てませんでした。父から独立したかったのかも知れません。

卒業したときに、里見は父智学に洋行の意図を告げ、その賛意を取り付けたのですが、その時、智学は協力はするが洋行費用は自分で稼げという態度をとりました。日本の経済力が飛躍的に発展した今日と違い、大正時代の洋行は、当時の日本と欧米との生活水準の違いから、単に往復費用の工面だけでなく、滞在中の生活費も日本の十倍程度のものを準備しなければなりませんでした。里見はこれを京都を基盤にして、国柱会京阪神三支局の後援を得てではありますが、一年余り、連日にわたる講演会の講演料と地方新聞などへの寄稿原稿料などの積み立てで稼ぎ出したのです。彼の活動は京阪神に於ける国柱会組織の拡充に止まらず、新しく天業青年団という外郭組織をも生み出していました(27)。里見の活動は国柱会の機関紙である天業民報を通じて石原莞爾の知るところとなったと思われます。

外遊資金の見通しのついた里見は、一九二二年(大正十一)四月二十八日に横浜港を出帆予定の箱根丸に乗船すると決め、四月二日に国柱会館で青年部主催の講演を行いました。この時、里見は石原から初めて挨拶を受け、石原が里見の影響でドイツ留学の決意をしたことを聞きました。石原は「私はこれまでに何度も陸軍から欧州に行けといわれたのですが、余り必要を感じないので断ってきました。しかし、今回先生が御渡欧なさることを知り、急に行きたくなりましたので、来年までには必ず独逸に参るつもりで居りますから、その節はよろしく御願いします」と云ったといいます。里見の出帆は日本郵船の都合で五月三日に延び、五月二日に東京駅から横浜に向かいましたが、発車に際しては、参謀肩章を付けた軍服姿の石原が万歳の発唱をつとめました。

里見は五十七日の航海の後に無事ロンドンに着き、国柱会会員で三菱商事ロンドン支店に勤務していた梶武雄に迎えられ、梶の住むロンドン郊外のハロウ・オン・ザ・ヒルに居を構えました。彼はそこで語学研修に励むのですが、驚いたことに約半年後には英文の『日本文明、その意義と実現』という菊判二百四十頁ばかりの著書の出版を達成するのです。

石原、両親を東京に迎える

一方、石原莞爾は里見を見送ってから三ヶ月後の七月にはドイツ出張の辞令を受けています。それから約半年の留学準備期間中に石原がやったことは、ドイツ語の学習、日蓮主義の研究の外、懸案の鶴岡の両親を東京に迎えることでした。

莞爾より十五歳年下で、従来一緒の家に住んだことのない末弟の六郎が、初めて莞爾夫妻との共同生

両親、弟、銻子夫人と石原（前列右）

活体験をもったのもこの時でした。六郎はこの年の四月に仙台の旧制第二高等学校に入学していて、夏休みは鶴岡の両親の許に帰省したのでしたが、冬休みは東京府世田谷村世田谷十四番地の兄莞爾の家で過ごすことになりました。両親が莞爾の家に同居することになったからです。

玉川電車の下高井戸線が出来るより前のことで、三軒茶屋から埃っぽい道を二十分も歩いたといいます。東と北を竹藪に囲まれ、南と西には樫の木があって陽当たりはあまりよくない家でした。西隣には福さんという小さな農家があり、向かいに吉原という代議士の赤瓦の家がありましたが、あとは大体畑で春のほこりはひどいものだったといいます(28)。

石原は自分の留守中の三年間、初めてこの家に両親を迎えて銻子の世話に託したのです。

香取丸にて

一九二三年（大正十二）一月十八日、石原は大勢の国柱会員に見送られ日本郵船の香取丸で横浜港を出帆しました(29)。この日は石原の誕生日でもありました。十九日午後、神戸に着くと、直ちに和歌山の藤井重郎少佐を訪問、二十日の午前二時まで話し合って遂に国柱会入会を決意させました。藤井は十六期で五期先輩ながら、会津若松連隊時代に石原に傾倒した一人でした。その日の午後七時に帰船した石原は藤井の帰正（日蓮正宗では入信のことを帰正と云います）を得たことの感激を「藤井少佐の入信は会津教勢の為、真に百万の味方を得し心地して愉快極まりなし」と書いています。藤井はその後、里見岸雄との関係でかなり重要な役割を演ずる人物です。その日、石原は改めて「立正の春を迎え日蓮大聖の教勢に根本的大進展を見んとするに当り、此大歓喜にひたりつつ出発出来ること」に今回の渡欧の意義と感激を見いだしています。

船中では専ら日蓮教義の研究をしました。国柱会に入信して三年近く、教義に関する識見の広まるにつれ教書から受ける感銘の度合いも格段に深くなっていました。船中で山川智応の『聖伝十講』を読みながら、彼はかつて山川に抱いていた単なる理論家としてのイメージを、人に感動を与えうる優れた布教者と改めました。これは「実に天下の名著だ。我等妙宗の一兵卒はこれの一巻を反復熟読するだけで十分なり」とまで絶賛しています(30)。

二月五日にシンガポールに着き、初めて異国に来たことを実感しました。「見るもの、聞くもの凡て美しい。何となし気が勇み立つ」感じで、自動車を走らせて市内、植物園、博物館、数里離れたゴム園まで見物、その夜は国柱会支局で会員達を前に、立正の春における日蓮教徒としての抱負を語りました。石原がシンガポールの戦略的価値を論じて、イギリスは遠からず此処を要塞化するに違いないと予言したのはこの時です。

二月十三日、船はセイロン島のコロンボに着きました。自動車を雇って市中見物をしましたが、主な店には日本語の看板があり、店内には皇太子殿下の写真が掲げてありました。土地の人達が日本人に好意を持っていることは明らかで、殊に和服を着ていた石原は至る所で大歓迎を受けました。案内をしてくれた土地の人間が「早晩この付近も日本のものとなるだろう」という話を聞き、一日も早くこの可憐なる民族を解放してやりたいものだが、残念なことにインド人は宗教上から多くの階級に分かれて相争い、そこをイギリス人に巧みに利用されている。一日も速やかに我が教徒によるインド宗教の統一が急務だが、このセイロンこそ大半が仏教徒であるけれども、他の大部分はイスラム教徒とバラモン教徒という中で、これは真に至難な事業だと嘆じ、しかしながら此の事業の完成しない間はインドの統一も独立も全く空想と云わざるをえないと云っています。

二月二十五日に船がスエズ運河を通過する時、上陸して汽車でカイロに向かいピラミッドを見学し、欧州文明揺籃の地、ナポレオン遠征の地、英仏覇権相克の地としてのエジプトを現実に見て、慌ただしい日程の中にも特別の感慨を抱きました。

三月三日にマルセーユに上陸、一ヶ月半に及んだ船旅も終わりました。パリ周辺の見物に二週間を費やしますが、会う日本人毎に「西洋人恐るるに足らず」と云うのを聞いて(31)、改めて今日までの日本人にとっての西洋人への恐怖を痛感しました。大戦中、フランス軍従軍武官であった園部和一郎少佐を案内に頼んで戦跡見学をしましたが、その生々しい惨害の跡を見て、その惨害の間に生まれ育った人々の脳裏から敵愾心を去るのは尋常一様の手段や、十年二十年の歳月でなし得るものではないことを実感したといいます。

石原の見たドイツの惨状

三月十七日、日本を出発してから丁度二ヶ月目にベルリンに到着しました。オランダ経由でドイツに入ったのは夜中でした。税関の官吏が賄賂を要求するために通関に手間取り、辛うじて検査を終わり荷物を携えて列車に帰ってみると石原が乗っていた車両は切り取られて影もなく、やむなく適宜の車両に乗り込みましたが、一等の切符を持ちながら座席がないため寒い廊下で一夜を過ごすことになりました。午前八時にベルリンに到着し、駐在員数名に迎えられてホテルに落ち着きますが、寒かった車中がたたって風邪を引き到着後一週間は寝込むことになりました。

石原が着いた頃、ドイツ経済は最悪の状態になっていました。賠償金の支払い停滞に対する制裁措置として、その年の一月にフランス・ベルギー連合軍がルール地方を占領したことからドイツ経済は急激に悪化、インフレで一円が一万マルクにもなっていました。インフレはその後も進行して八月には遂に一円が百数十万マルクにもなりました。石原も「ドイツ人の困難目も当てられず」と云っていますが、しかもドイツでは「精神労働者と肉体労働者の争い盛にして中々一致して資本家に当るべくもあらず。此処が資本家の狙い場所」で、ドイツの革命は「百年前の仏国革命の如く、一の権力階級を排除したるのみにて、依然、資本家全盛の時代、資本家の横暴は、到底、日本等にて見らるる図にあらず」(32)と見ています。街にはシュトラーセンメッチェン（街娼）があふれ、僅かパン半切れのために貞操を売るありさまは敗戦国の惨状を最も露骨に示していました。

軍事研究の開始

石原は後に留学中の研究を「欧州大戦が殲滅戦略から消耗戦略に変転するところに興味をもって研究した」(33)と要約していますが、四月九日にベルリンのホテルを引き払いポツダムの下宿に移ってからは、下宿の婆さんから「大尉殿は少し勉強過ぎるにあらずや」(34)といわれるほど集中的に勉強に精出しています。四月三十日には「近来着々勉強の進むに従い研究の計画も追々精密に立てうるようになれり。それによれば今日まで買い求めたるものは十分此の滞在中に読みこなし得る見込み」が立ったと云っています。五月一日には下宿の婆さんの紹介でシュリーフェン元帥の孫を訪問、「軍事上、無数の貴重なる図書を」自由に閲覧して良いとの好意を寄せられました。五月四日には「今日を以て三週間ばかり引き続き読み居りしルーデンドルフ将軍の回顧録を」読み終わったといいます。

石原の研究の特色は、戦略戦術の研究としては当然のことながら必ず地図を参照していることです。五月六日には壁に一間半ばかりの地図を貼り、「天下の形勢一目の中にあり」と得意になっていますが、九日にはベルリンまで地図を買いに行き、部屋の壁一面に地図を貼り付け、自分でも「地図の中に生きている有様」という状態になりました。

こうして整えた下宿環境も、六月末には引き払い、ベルリン郊外のシュラハテンゼーに転居しています。下宿の婆さんが親切過ぎて世話を焼きすぎるのが煩わしかったためもありますが、ポツダムへの移住を希望していたドレスデンの友人がこの下宿を気に入ったことも契機となったようです(35)。

母鉦井の病気入院のこと

両親の啓介夫妻は莞爾がドイツに出発前に郷里の鶴岡を引き払って東京世田谷の莞爾の家に同居したのですが、莞爾が出発後、間もなく母鉦井の目の具合が悪くなりました。鉦井は既に十数年前に白内障で左目の視力を失っていましたが、上京したころから見える方の右目も涙腺がつまり、悩んだ末に入院しての手術ということになりました。この手術の時は、かなり長い間、両眼を覆ったまま寝かせられていたために歩くことも困難となり、ひどい神経衰弱にかかりました。そのためでしょうか、感情の抑制力を失い、若い頃の不平不満を一気にしゃべり出したといいます。夫の啓介が薄給の身で子供が多いのに、碁将棋や釣りに凝って毎日のように飲み食いの客を家に連れてきた上、女遊びにもうつつをぬかし女郎を家に連れてきたことまであったというような昔話を一度に話し始めたのでした。こんなことは昔のことで、知っている人もなくなっていて、六郎なども自分の出生前の家の状況など、それによって初めて知ったといいます。啓介は鉦井に謝りました。しかし強いヒステリーにかかった鉦井は毎日毎日、日に幾度も、又、夜中にも、一字一句同じ言葉で昔の不平を啓介にぶっつけたといいます。こうした状態が数ヶ月続いたようです(36)。

莞爾は母の入院のことは五月三日付の鉾子からの手紙で初めて知ったのですが、何もかも包み隠さず知らすことを求める莞爾の要求に鉾子がどこまで応えていたのかは分かりません(37)。ただ、六月二十一日付の莞爾の手紙には「母上様の御病気は誠に困ったもの」として女の生理的な側面についての問題点を仏教経典上の「女人不成仏」と関係づけて解説している所から見ると、鉦井のヒステリー状態についてもかなり正確に知らせていたのでしょう。銻子にすれば義母の不満が義父の啓介に向かっている限り扱い方は楽だったわけで、考えようによっては、同居を始めたばかりの義理の両親との関係がそれによって救われた面があったとも考えられます。

里見岸雄の入独

元来、里見自身にもドイツ訪問の意志はあったようですが、里見の訪独は石原が強く望んだことでもありました。里見の事業に対しては石原に特別の思い入れがあったのです。田中智学の血筋というだけでなく、欧州にも布教を広げようという気宇の広大さが気にいっていたのです。里見がベルリンに着いたのは七月五日でした。里見から五日到着の電報を受け取ると早速、駅まで出迎えに出ていますが、その夜は里見の泊まったホテルに同宿しています。夕食のテーブルの前に坐り、十二時近くまで今後の計画等を話し「愉快極まりなし」と大いに盛り上がりましたが、極めて石原らしいと思われるのは、それ程思い入れのある里見に対しても、その人間性についてはいささかの幻想も持ってはいなかったということです。彼はその日辞去する前に、突然、「先生、若し女が御必要でしたら、唯今のベルリンはまだ危険ですから、私がお伴してまいります」と云って起立、合掌して帰っていったといいます(38)。国柱会の御曹司に不体裁な間違いを起こさせてはならないという配慮でしょう。この時、里見は二十六歳、石原は三十四歳でした。

リギ山頂の誓い

里見の下宿の選定や語学教師雇傭等には皆、石原が積極的に協力しましたが、それは全て里見の出版事業への準備につながることでした。七月中にそうした準備を整えた上で、里見と石原は八月三日からスイスへ一週間の旅をしました。途中、ミュンヘンで一泊、翌日、上月大尉の案内で同市を見物、その日はドイツ・オーストリア・スイス三国の国境をなすボーデン湖畔で一泊、翌日、湖をわたってスイスに入り、チューリッヒ郊外に里見の旧知を訪ね、そこから登山電車でリギ山頂に昇りました。

足のすくむような断崖上のホテルから見下ろす紺青のルセルン湖には真っ白い船が浮かび、その眺望は二人を満足させました。二人が五階のバルコニーで話し合っていると、ホテル玄関前の広場には数十名の軍楽隊が現れ、西山に傾く夕陽を背景にやがて勇壮な演奏となりました。二人の語らいも急激に高まりをみせ、来る十一月三日を期して、日本の国体を世界に宣示する事業を決行しようと誓い合ったのでした。翌日、山を下る列車でも、ルセルン湖を渡る船の中でも、昨日の軍楽隊が一緒で、絶えず奏楽して楽しませてくれたと云います。まるで天が彼等の事業を祝福してくれているかの様だったといいます(39)。

独文「古代日本の理想主義とその発達」の出版

スイス旅行から帰ってきてからはいよいよ国体宣言の著書出版となるのですが、里見はドイツ語はほとんど駄目、石原も国体論の翻訳と云うことでは自信がないということで、石原の監督の下で、日本語の出来るドイツ人を雇って翻訳させることとなりました。

新聞募集で雇ったドイツ人は日本歴五年の男で、日本語は流暢で、里見には気にいったようですが、石原は「ずべらそうな人間」と見てあまり信用しませんでした。原文はタイプライターで打った僅か五十枚の小冊子なのですが、内容が田中智学の日本建国理念を述べたもので、外国人には分かりにくいため一時間に一枚も進まないという有様でした。翻訳は八月二十一日午後一時半から始めたのですが、あまり長時間やったのでは翻訳が粗末になるというので初日は四時半には打ち切り、二日目は翻訳者が酒気をおびていたので一時間程で打ち切りました。この調子では翻訳に二週間かかるが、それでは十一月三日までに間に合わなくなるというので、石原は大奮発を要すと覚悟しました。それでも八月三十日(木曜)には、翻訳は今週で終わり九月中旬までには印刷も完了できるという見通しが立ち、石原は「日蓮運動史上特筆大書すべき仕事」と自画自賛しています。仕事の進捗を図るため、八月三十一日には石原は遂に里見の下宿の近くに居を移しました。

翻訳の仕事が始まった時、石原は鎵子に「ドイツに来た御陰で此の如き有意義な大事業に参与し得しことを」喜んでくれと申し送りましたが(40)、印刷製本代も石原が支払ったようですし、原文作製こそ里見の仕事としても、翻訳出版はほとんど石原の仕事であったといってもよいと思われます。こうして出来上がったのが里見の独文『古代日本の理想主義とその発達』でした。

翻訳の仕事が意外にうまく進捗しそうな様子を見た里見は法華経の独訳まで計画しようとして石原にたしなめられ機嫌を悪くしたと云います。里見にこうした自惚れが起こるのは、一面、石原の罪でもあるのです。石原には側にいるだけで人に高揚感を与え、何か壮大な仕事が出来るのではないかと錯覚を起こさせるところがあるのです。里見にも半年で英文著作を出版出来るだけの力量はありましたが、独文ということとなれば話しは別です。まして法華経となればその困難は目に見えています。石原は自分が果たしている役割の大きさを人に見せませんから、里見もつい自分の力量に錯覚を持ってしまったのです。

関東大震災

翻訳が片づき、これで一気に出版・頒布まで進むと思われたのですが、そこに突然、起こったのが関東大震災でした。これは降ってわいた災難ですが、故国を離れた留学中にこうした巨大な災害を、誇張した形で聞かされたことも石原の最終戦争論の形成に一定の役割を果たしたのではないかと思われます。鎵子宛の手紙では内しょだと断りながらも、「この度の地震は地湧の大菩薩、再び世に出現し給ふべき兆なり、其の御出現の地は東京。換言すれば、本門戒壇建立、世界大戦争（真の意味に於る）はいよいよ二三十年後に切迫したるを示す」(41)などと云っていますし、もっと率直に「地震誠に国家の大損害なるも、此の機を利用して、禍を福とせざるべからず」(42)とも云っています。石原にとっては地震や災害も本門戒壇建立、最終戦争に収斂せざるを得ないのです。

この地震に際して、甘粕正彦憲兵大尉が無政府主義者大杉栄を殺害した事件については「大杉栄は目下日本に於ける偉大なる人物と思ふ小生は、彼を殺すことに同意し難きも、然し口に憤慨しながら実行の意気なき者どもの集合しある今日、甘粕の行為は賛嘆に値す」(43)として、甘粕の思想の是非は別としてその実践力を評価しています。

問題は大震災に際して起こった朝鮮人殺害事件ですが、これを聞いた当初、石原はデマ情報として信じなかったらしいのですが、十二月に日本から鈴木宗作大尉等がやってきたことによって地震関連の詳報がもたらされ、真相を知らされました。この情報は日本人の資質を高く評価していた石原にとっては相当な衝撃だったようです。彼は「要するに、日本人は大地震にて一時失神状態となりしものと見るを至当とするものと考えらる」と日本人の狂気を弁明しています(44)。

軍事研究の本格化

九月十日に里見関係の翻訳がひとまず終わったので、九月十一日からは本務である軍事研究に取りかかることにしました。石原の軍事研究が本格化したのには、ベルリン大学のデルブリュック教授とドイツ参謀本部のルーデンドルフとの論争情報を安田武雄工兵大尉から聞いたこともあずかって力があったと思われます。かねてから日露戦争の戦争指導に疑問を持っていた石原にはこの論争は耳寄りなものでした。例によって地図を部屋に貼り付けることから勉強を始めたら、内気でまだ一度も口をきいたことのなかった女中が「ああ、全世界が部屋の中に集まった」と云ったといいます(45)。

石原は大戦中の話を聞くために、日本から同じ香取丸でやってきた北野憲造大尉(二十二期)と共同で、ドイツ参謀本部戦史課のオットー中佐を雇うことにしました。下宿の女主人の紹介でした。十月八日にこの参謀中佐から初めて話しを聞いていますが、最初から「やりこめてやったりして、面白く」時間を過ごしたといいます。現役の参謀将校としては機密にわたることは隠しておこうとしたのでしょうが、石原に鋭く突っ込まれて困却している様子が窺われます。オットー中佐の話はその後、十二、十五、

十九、二十二、二十六、二十九日と続くのですが、特に十九日と二十六日などは散々に問いつめ「苦しめてやれり。先生頭の悪いこと甚だしく閉口の体也。然し相当参考とすることを得て甚だ便利なり」、「今日は散々問いつめてやる。先生、脂汗を流して奮戦せるは気の毒なりき」というような有様だったといいます。

重要なのはその結果です。石原がオットー中佐を散々問いつめて知り得た結論は、大戦前の参謀総長モルトケ大将が、大戦勃発時の参謀総長シュリーフェンの立案した作戦案を捨てたのは、アントワープ、ナムールの隘路などの為めではなく、シュリーフェン案が前提としていたオランダの中立蹂躙によってオランダを連合国側に立たせることになることを避けるためであったということでした。そのことはモルトケ大将の戦争指導が、はっきり自覚しないままにシュリーフェンの決戦戦争的作戦指導から後退し、持久戦争を指向する時代的要請に添うものに変わっていたことを意味するということでした。石原はそのことをモルトケ大将夫人が一九二二年に出版した『思い出、書簡、公文書』からも裏付けました(46)。

世界で一番エライのはレーニンとチガク・タナカ

石原は十一月十四日から二十二日まで里見の案内でイギリスを旅行しました。旅行中のある夕方、イギリス人との会食で、話が世界の人物論に及び、イギリス人が石原にドイツ語で「現代の世界的偉人は誰々と思うか」と質問したら、石原は「世界で一番エライのはレーニンとチガク・タナカだ」と云ったといいます。イギリス人がその理由を聞くと盛んにその理由を述べ立てましたが、イギリス人が「ロイド・ジョージはどうですか」と水を向けたのに対しては、待っていましたとばかりにロイド・ジョージを散々に罵倒しました。驚いた里見が舵をとって早々にその場を引き上げたといいます(47)。

二人の関係

年齢からいえば八歳も若い里見に対して、石原は国柱会の先達に対する敬虔さをもって「先生」と呼びかけていましたが、一面、まるで親友並みと思われるほどうち解けた親密さをもってつきあっているように思われます。里見の方も「石原君」とほとんど友達か弟子扱いの態度です。一体、二人の関係はどうだったのかを改めて考えてみることが必要のように思われます。

石原のドイツ留学の契機になったのが里見の欧州留学であったことは既に見たとおりです。そして里見の留学目的というのがヨーロッパから学ぶというのではなく、むしろヨーロッパに日蓮主義の布教をする為であったという点から考えると、石原と里見の共感の頂点は、リギ山頂での感動と誓いであり、その結果としての『古代日本の理想主義とその発達』の出版・頒布でした。

反面、里見と石原の間には、著しく見解が対立した問題がありました。それは本門戒壇建立まで何年かかるかという問題でした。本門戒壇建立を最終戦争と直結させて考える石原の立場から云えば、それは最終戦争まで何年という意味でもあります。散歩の途中で、たまたまその話しになり、石原があと三十年くらいでと云ったのに対して里見は「そんな急には出来まい」と言い、それでは幾年後かという石原の反問に「まあ考えたことはないが、二三百年くらいは」と答えたというのです。石原は、他のことと違いその点については絶対に賛成しがたいと云っています(48)。両者の違いは、石原が軍事的視点、特に最終戦争兵器出現の時期と中国を巡る日米対決の時期の切迫から見ているのに対して、里見にはその視点がなかったということにあるのではないかと思われます。今日の歴史の後智恵から云えば、原爆やI・C・B・Mのような最終戦争兵器の出現の時期の予言という点では石原の方が正確であり、それが直ちに本門戒壇建立や最終戦争・永久平和には結びつかなかったという点では里見の方が当たっていたと云えなくはないでしょう。

今一つ、両者の相違点で、しかも里見が石原から大きな影響を受けたのはマルキシズムに対する視点でした。里見がベルリンにいた期間、石原は里見の下宿を尋ねた時は、きまって話題を日蓮、国体、国柱会に誘導し、その場合、話の主役は里見になるのでした。然し他の場所に出かけると石原は話題を広げたようです。石原は二言目には「私は兵隊で無学でございますけれども」と云っていましたが、里見の見るところ、政治でも歴史でも経済でも風俗でも何でも知っていました。そして、お経の古典的解釈しか出来ないような日蓮主義者を罵倒しながら、「どうしてもマルクスを料理しなければいけない」ということも盛んに主張し、里見はその発言に大いに心を動かされたと云います(49)。里見は後に『プロレタリアと天皇』などを書くようになりました。

語学力の不足は痛恨の極み

　九月一日の大震災の報以来、十一月末まで家信が無く心配していましたが、「多分の官金を頂戴し遙かに欧州まで来り、家郷の心配の為、勉強をさまたげられるが如きは大不忠」と思い至り、「今後は家信なき限りは一切此方よりも発信せざることに定めたり」と宣言して、研究に専念することにしたのです。妙なもので、石原がそう決心すると間もなく、三十日には家信も届き安心しています。

　十二月十五日に里見がパリに向かって出立してから以後、石原は本務の軍事研究に専念することにしました。一九二四年（大正十三）になるとますます研究に油がのって来たようです。そうなると石原にしても語学力の不足は痛恨の極みでした。銻子宛の手紙にも、弟の康敬君に「もし将来、外国語で研究するつもりがあれば、全力を尽くして語学を勉強するように、殊に卒業後の中絶は絶対に駄目」と伝言してくれと頼んでいます(50)。

　里見は一九二四年（大正十三）にも、二月末の一週間と、五月中旬から七月七日までの約二ヵ月、ドイツを再訪、再々訪しました。再々訪の時にも里見は独文の小冊子「東方よりの新しき光・日蓮主義」を出版し、世界各国各界の名士宛に送付しています。この時も、石原の尽力はなまなかなものではなかったようです。里見が出発した後は一時に疲れが出てふらふらになったと書いています(51)。

　こうして最終的に里見を見送った後、石原の軍事研究もいよいよ本格化しました。彼としても来るべき日米戦争に備える為には、どうしてもそれに間に合わせて彼の戦略を完成させねばなりませんでした。そうして石原は帰国するまでに対米戦略としての世界最終戦論・戦争史大観の骨子を作り上げたのです。

三　ロシア革命の影響と理論の第一次完成

内外諸矛盾の顕在化

第一次世界大戦（一九一四〜一九一八）は、日本資本主義の飛躍的発展をもたらしましたが、同時に社会的諸矛盾を激化させました。第一に、経済格差が拡がる中で政治が急速に腐敗しました。買収が大がかりに行われ始めたのは、一九一五年（大正四）三月の大隈内閣の総選挙以来のことです。選挙ブローカーが目立って活動を始めたのもこの頃からで、選挙の金を着服して家を建てたの、妾宅を構えたのというような噂が起こったのもこの頃からでした。候補者の側ではみすみすブローカーの奸策と知りながら、勝敗の前には躊躇しないで大金をなげうって当選を確保しようとしました。当選してからの汚職も当然と思われるほど選挙に金がかかることになり、金がなければ立候補出来ないということになりました(52)。

石原が政治家というものに徹底した不信感を持つようになったのもそうした社会風潮を反映したものでした。後に弁護士になる太田金次郎がドイツ留学中に石原から将来何になるつもりかと聞かれ、「僕は代議士になって大臣になる」と答えたら、石原から「代議士等になるものではない。時代は必ず変わる。職業政治家くらい世を毒するものはない。代議士専制の弊は甚だしいものがある。太田君はそんな職業政治家たることは止めた方がよい。それより君は法科を出たのだから弁護士になった方が良い」と云われたといいます(53)。

しかし、軍人である石原にとって何よりの問題は対外関係で、中でも対米関係の緊張の増大でした。日露戦後、中国をめぐる日米の対立は、大戦中の日本の対華要求問題、シベリヤ出兵問題、パリ講和会議、ワシントン会議等を通じて絶えず重圧感を増し続けていましたが、その緊張を一気に高めたのが一九二四年五月にアメリカ議会で成立した排日移民法でした。

この法案が成立しそうになった時、『改造』はこの問題について特集を組み各界代表者の見解を聞きました(54)。結果を憂えたのはアメリカに好意的立場の人間でした。美濃部達吉などは「事のここに至ったのは、政府の罪でもなければ、外交官が悪いのでもない。詰まりは国力の相違である。情けないかな。日本は国力に於いて、少なくも経済力に於いて、絶対にアメリカの敵ではない。如何に侮蔑せられても、如何に無礼を加えられても、黙して隠忍するの外、対策あるを知らぬ」と云っています。また渋沢栄一なども、アメリカにおける排日気運を作りだしたそもそもの原因は、ルーズベルトの斡旋した日露戦争の講和条件に日本人が不満を持って当たり散らすなどしたためである。「唯一の残された対策としては、米国民に訴えて、その失われつつある正義人道を取り戻して貰うことである。道理正しいことは遂には勝つ。善は年久しうして必ず蘇生ってくるものであるということを、私は神とは云わぬ、天に対して信じておる」という以外ありませんでした。

一面、移民法は、その問題だけ単独に考えれば、水野廣徳の様に「移民法は米国に取りては純然たる内政問題」と切り捨てることも可能でした。しかし、堀江帰一などのように、我が国の面目がこれほどまでに蹂躙されても我が国の実力ではどうにもすることが出来ないことが国際間で明瞭になった場合に、我が国の中国に対する威信はどうなるかと懸念する識者もありました。

その点、「支那問題・満蒙問題ハ対支問題ニ非スシテ対米問題ナリ」(55)と考える石原にとって、この結果は極めて鮮明でした。アメリカにおける排日移民法の成立は、即座に中国における排日運動にはね返る問題であったのです。一九二〇年代後半に、満蒙問題が日本にとって厳しくなるのは正にそのことを物語っていますが、最も露骨にその効果を示したのが、満州事変前の張学良の態度でした。石原が解決しなければならなかったのはこれに対する日本の態度でした。

石原の最終戦争論の形成過程におけるロシア革命の影響

それにしても、石原にとっては、どうして「世界で一番エライのはレーニンとチガク・タナカ」だったのでしょうか。実は、石原はロシア革命におけるレーニンの祖国防衛戦争の成功に深い感銘を受けていたのです。

石原が本格的に対米持久戦争の構想を組み立て始めたのは彼の漢口時代（一九二〇～一九二二）でした。そして、この時期こそ、正にロシア革命が世界列強の革命干渉戦争を見事に乗り切ってソ連政権を確立してゆく過程でもあったのです。

第一次大戦は総力戦でしたから、弱体国家の国防を担わねばならぬ石原としての悩みは深刻でした。「もし百万の軍を動かさざるべからずとせば日本は破産の外なく、またもし勝利を得たりとするも戦後立つべからざる苦境に陥る」(56)であろうことは、日露戦争の悲惨な体験から石原には明白でした。アメリカ相手となれば持久戦争とならざるを得ませんが、「そもそも持久戦争は大体互角の戦争力を有する相手の間に於てのみ行われるもの」(57)と考える石原にとって、総力戦をつきつめてゆけば対米持久戦争の可能性などなくなってしまいます。しかも、建国以来、一度も敗れたことのない成金気分のアメリカ人気質は、何時「日本に戦を強いる様なことがないとも限らない」(58)のです。石原としては、対米持久戦争に耐えられる戦略を編み出す可能性をあきらめきれず、総力戦克服の可能性を必死で追求していった時、彼にはロシア革命が次のように見えてきたのです。

ソ連革命でさえも、その成功の最重要要素は、マルクスの理論ではない。レーニンがあの革命をやった時に、資本主義国家が若しも「レーニン君確かりやれ」という調子で、煙草でも吹かしながらゆっくり見物しておったならば、恐らくソビエト革命は人民の反抗を受けて、レーニンは失敗したのではないかと考える。ソ連にとって幸いなことは、資本主義の国家がソ連革命にびっくりして、ソビエト・ロシアを潰してしまえと、武力で押しかけて来たことであった。イギリスやフランスは勿論のこと、日本もアメリカ合衆国も共同して、殆ど全世界を挙げてレーニンの革命に反対したのである。これをレーニンが巧みに利用した。ロシアの大衆は何のことかまるきり解らないが、しかし外国人が自分の祖国を攻めて来るというので、主義の如何を問わず、これを防衛した。レーニンはこの資本主義国家の圧迫ということをうまく利用して、とにかく一億数千万の民心をつかみ、広大なロシアを統一したのである(59)

石原の対米持久戦争の骨格が、この「ロシア革命」を同一時代背景の対米戦略モデルとして構想されたことはほぼ間違いないでしょう。ロシア革命は戦略的に次のように高く評価されています。

石原は「最初から方針を確立し一挙に迅速に決戦を求める」会戦のやり方を第一線決戦主義と名付け、「最初は先ず敵を傷める事に努力し機を見て決戦を行なう」会戦のやり方を第二線決戦主義と名付けていますが(60)、そうした戦略論の定義からはロシア革命は次のように意義づけられます。

ソ連邦革命は人類歴史上未曾有の事が多い。特にマルクスの理論が百年近くも多数の学者によって研究発展し、その理論は階級闘争として無数の犠牲を払いながら実験せられ、革命の原理、方法間然するところ無きまでに細部の計画成立した後、第一次欧州大戦を利用してツァー帝国を崩壊せしめ、後に天才レーニンを指導者として実演したのである。第一線決戦主義の真に徹底せる模範と言わねばならぬ。しかし人智は儚いものである。あれだけの準備計画があっても、やって見ると容易に思うように行かない。詳しい事は研究した事もないから私には判らないが、列国が放任して置いたらあの革命も不成功に終ったのではなかろうか。少なくもその恐れはあっろうと想像せられる。資本主義諸列強の攻撃がレーニンを救ったとも見ることが出来るのではないか。資本主義国家の圧迫が、レーニンをしていわゆる「国防国家建設」への明確な目標を与え大衆を掌握せしめた(61)。

このようにロシア革命を「第一線決戦主義の真に徹底せる模範と言わねばならぬ」と評価したことは、当然、彼の「国防国家建設」の大枠のモデルとなったのです。要するに、石原は、毛沢東が中国共産党を率いて行った中国の解放闘争を日本軍の手で行い、返す刀で日本国内の昭和維新を遂行してアジアを統一し、欧米勢力と対峙しようと考えたのです。そのことは何よりも第一次欧州戦争以後の世界を「大きな革命の進行中にある」とし、後にここを「昭和維新」の起点とする見方に表れています(62)。

ただ、「ソ連革命でさえも、その成功の最重要要素は、マルクスの理論ではない」と言っているように、石原はソ連革命をモデルとするに当たって、マルキシズム、特に、唯物論は排除しました。石原が田中智学の国柱会に入ったのは、その思想的欠落を補充するためでした。言い換えれば、石原の日蓮主義入信は、ロシア革命を日本＝アジアの「国防国家建設」モデルとして受け入れるための精神的条件作りだったともいえるのです。

それに、石原は「列国が放任して置いたらあの革命も不成功におわった」といっていることにも表れているように、当初、国家体制としてはソ連をそれほど高くは評価していませんでした。そのことはソ連軍事力の復活に対する彼の誤算ともつながったと思われますが、遠からずソ連崩壊の可能性すら見ていました。「ソ連は非常に勉強して、自由主義から統制主義に飛躍する時代に、率先して幾多の犠牲を払い幾百万の血を流して、今でも国民に驚くべき大犠牲を強制しつつ、スターリンは全力を尽しておりますけれども、どうもこれは瀬戸物のようではないか。堅いけれども落とすと割れそうだ。スターリンに、もしものことがあるならば、内部から崩壊してしまうのではなかろうか」(63)と云っています。

直接のモデルとしてのフランス革命

このようなソ連観のもとに、中国軍閥を相手に満蒙問題の解決を図ろうとした石原が、直接のモデルをナポレオンに求めたのは自然のことでした。彼には太平洋を隔てて対峙するアメリカ合衆国が、ドーヴァー海峡を隔ててナポレオンに対峙したイギリス帝国と二重写しに見えたのです。そのことはヨーロッパ大陸を統一することによってイギリス帝国と対峙しようとしたナポレオンの大陸封鎖が、正に満蒙問題や中国問題の解決を迫られる日本の立場に類似して見えることでもありました。

この石原の対米戦略については、五百旗頭真教授が「対英戦争に敗れたナポレオンの戦略をもとに、日本の対米戦争の成算は立つのであろうか」と疑問を出しています。石原の、最後にして未完に終わった課題がナポレオンの対英戦争論でしたが、「ナポレオンの対英封鎖すら失敗するのであれば、日本の対米戦争は全く成算の立ちようがないのである」(64)というわけです。

また、一九三五年（昭和十）十二月からほぼ一年半にわたって参謀本部作戦課において直属の部下として石原に仕え、戦後も日本陸軍の戦略を幅広く研究した井本熊男（三十七期）は「二百年前の欧州の一角における歴史を世界的に国際関係の複雑な現代の状況に当てはめたところに大きな齟齬があったと思う」(65)と批判しています。

こうした批判は、確かに一面の真理を突いているようにも思われますが、先にも述べたように、石原が、本来、その満蒙問題解決のモデルとして考えていたのがロシア革命に於けるレーニンの祖国防衛戦争であったとすれば、そうした批判は必ずしも当たらないように思われます。そのことは、特に、石原が一九三五年（昭和十）に参謀本部に入って、ソ連の軍備復活を認識してからの急速な戦略転換を理解する上では欠かせない視点です。

然しそのことはひとまず先のこととして、石原の「世界最終戦争論」が社会的に明確な形をとって表れたのはドイツ留学からの帰国途上のことでした。

ハルピンでの帰国第一声

一九二五年（大正十四）九月、石原はシベリヤ経由で帰国途中、ハルピンで国柱会同志の盛大な出迎えを受け、ここで公開講演を行いました。この席上で石原は、「大震災により破壊した東京に十億の大金をかけることは愚の至りである。世界統一のための最終戦争が近いのだから、それまでの数十年はバラックの生活をし戦争終結後、世界の人々の献金により世界の首都を再建すべきだ」(66)という破天荒な話をして聴衆をびっくりさせました。震災後、首都東京の再建に汲々としていた当時の日本人に、数十年後の世界帝国を目論んだ桁外れにスケール壮大な話がどれだけ理解出来たかは分かりませんが、彼にはその時、既に「最終戦争論」の基本構想が完成していたことがわかります。

伊勢神宮に参拝し「国威西方に燦然と輝く霊威」を受ける

以上のように、石原の理論構想がほぼ出来上がったのはベルリン時代ですが、それが全面的に姿を表わすのは陸大教官時代です。一九二六年(大正十五)初夏、筒井正雄大佐から来年度の三年次学生に欧州古戦史を受け持てと言われ、夏間、会津の川上温泉に立てこもって準備をし、その年の暮れから翌一九二七年(昭和二)三月三十一日まで十六回の講義で学生の前に示されました。ギリシャ、ローマに始まり、中世の傭兵制度を経て、フリードリッヒ大王からナポレオン、モルトケからシュリーフェン、更に第一次大戦に至る「戦争史大観」と、最終戦争を経て世界統一を達成する日本の使命を述べたものです。当然、直接的モデルとしてのナポレオンが詳しくなりました。その時、「近世戦争進化景況一覧表」も作製されており、時代によって戦争性質が持久戦争と決戦戦争に変わることが表として明示されたのです。

これは更にこの年五月三十日から十一月にわたる二年次学生に対する三十五回の講義において整理補修されました。従って、石原が、ナポレオンの大陸封鎖を残しながらも、一応、自分の理論を完成したと考えたのは一九二七年(昭和二)の晩秋でした。石原はその結論としての満蒙領有構想案を胸奥に伊勢神宮に参拝し、「国威西方に燦然と輝く霊威」を受けたのです。石原はこれで神意による許しを受けたと信じ、帰京後、そのことを彼が軍人として最も尊敬していた佐伯正悌中佐に話したところ、余りいい顔をされなかったので、このような話は他言すべきではないと考えたといいます(67)。

しかし神意を信じた石原は、この年十二月二十九日から三十日にかけて伊豆の伊東でその「結論」を書き上げました。これが「現在及将来に於ける日本の国防」で、次に見るように、永久平和達成上における日本の使命として満蒙領有の絶対的必要を述べたものでした。

永久平和達成上に於ける日本の使命（満蒙領有の絶対的必要性）

その冒頭に於いて、戦争は文明革新（革命）の代償として意義づけられます。戦争は人類の為め最も悲惨で最も憎むべきものですが、憐れむべき不完全な人類は、重大な革新（革命）の前にはこれに相当する代償を必要とするというのです。そこで「戦争は文明を破壊しつつも而も文明の母たりしなり」という、後日、日本陸軍の標語の基にもなる言葉が語られています。当然、「最終戦争」は文明の統一・永久平和の代償として意義づけられ、その中核を担うのが日本の使命ということになります。

その「最終戦争」は「西洋文化が米国に集中を完了すると、日本が日本文化を大成すると、両国戦争に必要なる武器を製作するとは恐く殆ど時を同じくして顕はれんとしつつある」として予告されますが、しかも、これは単なる「偶然にあらずして神意なり」として、日蓮の予言「前代未聞の大闘諍」も、「マルクス」主義の「人類歴史の前期の終了」もこれによるというのです。

石原の議論の特色は、論理が逆説的に展開していることです。「元来、日本の有せる枝葉の文明は頗る貧弱」だが、これこそ「あらゆる文明を生みこれを保有し且つこれを溶解し化合する国家の最も合理的なるもの」としての「日本国体」の特色を示すものです。それを生かし「あらゆる文明を綜合し」、人類が憧憬する「絶対平和」をもたらすのが「日本の使命」であるというのです。

次に、戦争の進化は人類一般文化のそれと歩調を同じくするものであるから、我々は現下の国防にも全力で当たらねばならないが、徒に現況のみに拘泥することなく大局を達観して大変局に対する根本的準備に努力しなければならないというのです。「将来戦に於ては、其核心をなすべき戦闘は、恐らく個人を単位とする立体的活動、即ち飛行機により行わるるに至る」と予想されますが、「而も、将来、空中戦行はるるものとせば、直接攻撃に参加するものは欧州大戦の如く多数ならず」としても、攻撃目標とされるのは「老若男女山川草木を問はず真に全国民全国家」となるであろうと予告されます。これは、後の第二次世界大戦の具体的様相の極めて的確な見通しとなっています。

日本が戦争を避けられなくなるのは、中国の政情不安が原因ですが、特に日本の力で開発された満蒙は日本の勢力による治安維持によってはじめて発展出来るのですから、万一、日本の勢力が後退することになれば、中国人唯一の安住の地である満州も中国本土と同様の政情不安に陥ると見ています。従って、満蒙を領有しなければならないのは絶対的条件ですが、しかも米英の前には日本外交の無力を看破した中国人は、今や事毎に日本の施設を妨害しつつあり、日本の為にも中国民衆の為にも遠からず断固たる処置を取らざるを得なくなると予想されますが、その時は中国のみならず欧米諸国をも共に敵とするものと覚悟しなければならないというのです。

これから起こる持久戦争は、目下フランスなどが準備しつつある総動員態勢などと違い、ナポレオンの時と同様「戦争により戦争を養う」を本旨としなければならないと云います。この持久戦争において最も重要なのは、膨大な占領地域と日本の経済ですが、中国軍閥を掃討し、土匪を一掃して治安を維持すれば、廉潔な我が軍隊はたちまち住民の信服を得ることが出来るであろうと楽観して見ています。

最も重大なのは国民思想の統一で、「日本国体の大精神を了解せしむるは目下国家最大の重大事」だが、これは頗る難事で、これが完成しない間に中国問題を中心とする持久戦争の勃発する恐れがあるが、一方から見れば、戦争によって全国民の自覚・思想の統一がもたらされるのではないかとも云います。

最後に、将来の国防対策としては、攻撃兵器、特に飛行機の研究に全力を注ぐ必要があるが、一方に於いて、防御能力増進の為には国民に自覚を与え、敵機襲来に備えて、将来戦の惨状に耐えられる団体的訓練が必要であるとも云っています(68)。

以上、石原理論の「結論」は、「永久平和の代償」としての「最終戦争」の意義づけと、それを担う日本の使命としての満蒙領有の絶対的必要性を語るものでした。

ここで、石原理論としての「最終戦争論」についての一応の評価をしておきましょう。

「最終戦争論」を形成したとされる三つの因子

石原自身の言明によれば、「最終戦争論」は次の三つの因子から形成されました。

一　日蓮聖人によって示された世界統一のための大戦争

二　戦争性質の二傾向（決戦戦争と持久戦争）が交互作用をなすこと

三　戦闘隊形は点から線に、更に面に進んだ。次に体となること(69)

信仰としての使命感を第一に挙げた理由

「最終戦争論」形成の因子として信仰が第一に挙げられていることには石原がマルキシズムへの反撃を何より優先したことが表れているように思われます。唯物論＝無神論に正面から対抗するには信仰しかないからです。石原は、その最晩年、『日蓮教入門』を著した中で、マルキシズムにも科学と信仰の両面があると言っていますが、彼自身が、最も歴史科学的立証の上に組立てた理論を発表するに当たって、敢えて信仰の立場を第一に掲げて強調したことに、かえってロシア革命から受けた衝撃の強さが表れていると思われるのです。

「戦争史大観」・「最終戦争論」の軍事科学としての正確さ

だが、石原の「最終戦争論」を特色づけ、彼に正確な未来予測を立てさせたのは軍事史の科学的分析でした。石原自身の挙げる「最終戦争論」形成に関わった三因子中、第二の「戦争性質の二傾向が交互作用をなす」と、第三の「戦闘隊形は点から線に、更に面に、次に体となる」という指摘は、そのそれぞれが素晴らしい軍事戦略上の発見ですが、それら両戦略の歴史的変化を組合わせた「戦争史大観」は、西洋戦争史の更に美事な科学的要約でした。石原はこの「戦争史大観」に基づいて「最終戦争」の起こる時期を一九二〇年から二、三十年後と、ほぼ正確に予測したのです。歴史の後智恵として、今日、原爆やＩＣＢＭの出現を知っている者の目から見ても、そのような兵器の出現を二、三十年も前にほぼ正確に予測し得たということは、彼の軍事理論の正しさと彼自身の天才を立証しているように思われます。そして、その最終兵器出現以後は全面戦争が不可能になるという基本認識についても彼の見通しは妥当なものだったといえるでしょう。

石原の弟の六郎は、私が兄の墓碑銘を作るとすればとして、「石原莞爾は一九二五年（大正十四）最終戦争論を発表し、一九四九年（昭和二十四）に死ぬまでの彼の一切の思想・行動は、この歴史観に基づいていた」(70)と云っています。確かに「最終戦争論」は石原思想の中核をなすものですし、それは未来の決戦戦争と永久平和に対する素晴らしい見通しを語るものでした。

しかし「最終戦争論」を過大評価するのは禁物

マーク・Ｒ・ピーティ教授は、石原が「最終戦争論」を「人類の戦争を完璧に説明する理論であると自称」したと前提して批判を展開しています(71)。元来、「軍事学」についても「戦争を学術的に討究するの学にあらずして戦争に於て勝利を獲得し得る如く精神を修養し統帥能力を訓練するの道なり」(72)と定義するほど実務的な石原が、自分の理論を「人類の戦争を完璧に説明する理論である」などと言うわけがないのですが、こういう前提で行われたピーティ教授の批判は、かなり的外れな議論となっています。

第一に、彼は石原が議論の対象からアジアの戦史を外したことをもって、石原の議論が「非常に貧弱な歴史的根拠に基づいていた」と批判しています。石原は、本来、中国の歴史にもかなり詳しいのですが、理論的整理上、敢えて戦争のことは「戦争の本場の西洋の歴史で」考えると断っているのです。第二に、彼は、石原の議論にはシーパワーの役割への言及が無いと批判しています。石原は日本陸軍の中では海軍派と見られていたくらいですから、シーパワーを考えなかったわけではありません。ただ、国家の経済力の差が歴然と表れるシーパワーについては「軍艦のように太平洋をのろのろと十日も二十日もかかっては問題になりません」と切り捨てる以外なかったのです。第三に、彼は、石原の議論は現代戦争への詳細な分析を欠いていると批判していますす。これも確かに石原理論の欠陥のようにも見えるのですが、石原としては日米の経済力格差を考えての事でした。物量戦となれば日本は破産の外はないからです。

ピーティ教授が、石原の理論で致命的な欠陥と指摘しているのは石原の認識の「島国的閉鎖性」についてです。中国のナショナリズムを軽視し、アメリカの工業力を把握していなかったというのですが、実はこの問題に対する石原のリアルな認識こそ、他の多くの日本人と石原とを隔てる決定的な点であるということを考えると、失礼ながらピーティ教授には石原の最も肝腎な所が分かっていなかったと云わざるを得ないのです。

石原の場合、満州事変の時には明らかに中国のナショナリズムを軽く見ていました。そして彼の予想は見事に当たり、石原は中国側の殆ど抵抗らしい抵抗を受けることなく満州国を成立させることが出来たのです。しかも、石原は、日中戦争の時には明白に中国のナショナリズムの力を認識していました。彼は、西安事件以後の第二次国共合作の意義をしっかり理解したのです。従って日中戦争の勃発に際しては石原はその拡大を必死で食い止めようとしました。

また、アメリカの工業力というか経済力の巨大さを認識していなかったという批判もかなり見当違いの批判です。石原はアメリカ経済の巨大さを認識したからこそ「最終戦争論」を組み立てたのです。アメリカとは最終兵器以外に本格的な戦争は出来ないと考えたことが、どうしてアメリカの工業力や経済力や組織力の巨大さを知らないことになるのでしょうか。

ただ、この誤解については石原の側にも罪なしとしないところがあります。というのは石原は自分と他の日本人の間に於ける認識の差について敢えて目をつぶっているからです。いや、単に目をつぶっていたのではなく、彼はその認識の違いは天皇の統帥権によって埋められると信じていたと思われますし、それでもなお埋めきれない落差については、日蓮主義の普及によって埋めようと考えたのでした。

何よりも、石原の「最終戦争論」はあくまで日中問題解決のために考えられた極めて実務的な議論でしたから、決して完璧に仕上げられた理論であるとは云えないのです。歴史的にも、「最終戦争」は現実には起こりませんでしたから、「全面戦争の不可能」という状況が直ちに「世界の統一・永久平和」には結びつきませんでした(73)。それに人間社会の選択は常に科学的に行われている訳ではありませんから、その見通しの外れは軍事科学者としての石原にとって決して不名誉なことではありませんが、彼の「最終戦争論」にも見落としがあったという事実は認めておかねばなりません。

結論として、石原の初期の理論はあくまで「満州事変」を準備するための実務的な議論でした。従って、これに対する過大評価はむしろ石原理論の本旨をゆがめ、その褒め殺しになりかねないということです。事実、この時の見通しは一九三〇年代後半になると、第一には、日本国内で昭和維新運動が潰れたこと、第二には、ソ連軍事力の復活の速さ、第三には、西安事件を契機とする中国の本格的なナショナリズムの台頭によって大幅な修正を余儀なくされることになるのです。

陸大教官時代の家庭生活

ここで石原の家庭生活にも少し触れておきましょう。陸大教官時代の日常については弟の六郎が「兄の思い出」として書いています(74)。六郎は一九二五年(大正十四)三月に仙台の旧制第二高等学校を卒業して上京し、両親と兄嫁銻子のいた世田谷の家に同居し、そこから東京帝国大学へ通学したのです。

この家は震災の時、屋根瓦が全部落ちる程の被害があったので、松陰神社の正南方に住む地主、鈴木家の屋敷にあった空き家を借りて急場をしのぎ、修理が出来るのを待って大正十三年の春、元の家に戻ったのでした。莞爾が帰国した時に入ったのはこの家でした。

六郎は、大学には、一年間在籍しただけで授業も殆ど受けず、二年になると退学してしまいます。六郎が「退学したい」と言うと、莞爾は何の反対もせず、その後、六郎がぶらぶら遊んでばかりいても何一つ小言を云わなかったといいます。「私が学校をやめてぶらぶらしているのを全く放任して置いた考えはどんなものだったろう」と六郎は書いています。

震災でやられた家は具合が良くないので、前記の地主、鈴木家から同家の前の畑に建てて貰った新しい貸家に移ったのは大正の終わりも間近い十五年の秋でした。前の家からそれほど離れていないところで、その頃には既に玉川電車が開通しており、その松陰神社前停留所と世田谷停留所の中間の北側五十メートルくらいの所でした。しかし、将校が馬に乗るのを面倒くさがるのは良くないと言って、陸大から馬と馬丁を借り、馬丁は震災の時に借りて急場をしのいだ古い家に住まわせ、馬は鈴木家の小屋に飼わせて貰い、自分は馬を乗りまわし、陸大への出勤も馬で行くことが多かったといいます。

ドイツで買い集めた書物が届いたのは、この新しい家だったようですが、荷物の到着が遅くなったのはシベリヤ経由だったからだろうと六郎は想像しています。既に大学を中退していた六郎は、庭でその頑丈な木箱を開き、板を買ってきて棚を作り、それを玄関の三畳や、そのすぐ右にある八畳の客間兼書斎の壁に立てかけて本を整理しました。家では石原は書斎に籠もっていることが多かったようですが、疲れると両親の部屋に来てバカ話をしたり菓子をつまんだりし、また夕方になると父や六郎を道連れにして、付近の田舎道を散歩し、時には下高井戸まで足をのばすこともありました。そうした時には大てい カメラを肩にかけていたといいます。酒もタバコも全然やりませんでしたが、およそ「謹厳」というような堅苦しいところはなく、冗談を飛ばすことが得意で、道楽気も豊富でした。しかし実際に石原が手がけた道楽は写真だけでした。ドイツからは大小数個のカメラを持ち帰ったといいますが、自慢はライカだったようです。

両親が郷里の湯田川温泉に行って留守の時、莞爾夫妻と六郎とが小田急の向ヶ丘遊園地に遊んだことがありました。開園後間もない頃で、遊園地とは名ばかりの何の設備もない雑木の山に過ぎなかったといいます。莞爾は手札の折りたたみのレフを肩にし、六郎はキャビネの組立カメラを背負っていたといいます。正に出張写真屋という風情だったと思われます。若い婦人が女中と子供二人を連れて歩いていましたが、女中に何か言いつけると、女中が六郎のところに来て、「写真屋さん、写してもらえませんか」と云いました。あっけにとられている六郎を見て、ニヤリとした莞爾は、「へい、有難うございます。今日が開業ですから、お安く致しましょう」と云ったといいます。錦子と六郎が笑ったので女中も気が付いたと見えて顔を赤くして走って行き、婦人も子供の手を引いて去って行ったようです。石原の写真は腕も器械も十分に玄人として通用するものでしたが、こうした場面で瞬時に冗談を飛ばして笑いのめすことでも彼は達人でした。

註

(1) 五百旗頭真「石原莞爾関係年表」『政経論叢』一九七一年七月号

(2) 横山臣平『秘録石原莞爾』芙蓉書房、一九七一、一二一頁。

(3) この日記は石原六郎が翻刻したものですが、所々に意味不明な箇所があります。

(4) 大正九年三月二日の石原日記（『石原莞爾選集2』所収

(5) 拙稿「石原莞爾の満州事変」『再考・満州事変』錦正社、二〇〇一所収

(6) 『最終戦争論・戦争史大観』中公文庫、一二八～九頁

(7) 樋口季一郎『陸軍中将樋口季一郎回想録』芙蓉書房、一九九九、二六三頁、青木利津子「石原莞爾を支えた妻錦の生涯」吉見女性史研究会紀要一・二、二〇〇三、二〇〇五、前掲阿部博行『石原莞爾』七四頁

(8) 夫の将来に出世を期待しないことと簡素生活に耐えることという二条件は、清水泰子との結婚の際につ

けていた条件ですが、今度は、結婚と同時に家督を相続したことによって、両親の借金引受けも条件としていたと思われます。清水泰子への条件は叔父服部宛の手紙にはっきり書いてありますが、鉾子への条件は結婚後、漢口から鉾子宛の手紙から推測できます。両親の借金支払いについては大正九年七月五日、十一日、十二日、二十九日付の手紙、立身出世が出来ないというのは八月十九日の手紙に書いてあります。

(9) 五六百人位というのは石原が鉾子宛書簡で述べている数字ですが、日清汽船が大正三年に出した「漢口事情」によれば日本人は一三八〇名で、外国人総数二〇〇〇人の中では圧倒的に多いようですが、ここでは敢えて石原の認識に従っておきます。

(10) 六月二十日付鉾子宛石原莞爾書簡（酒田市立光丘文庫所蔵）

(11) 『石原莞爾選集2』三〇九頁ではコンマンにわざわざ士官学校序列最上位グループという注をつけているが、ここではコンマンは司令官の意です。

(12) 八月一日付鉾子宛石原莞爾書簡

(13) 七月一日付同前

(14) 六月十二日付同前

(15) 七月十七日付同前

(16) 八月三日付同前

(17) 八月六日付同前

(18) 五月二十三日付同前

(19) 六月十日付同前

(20) 八月九日付同前

(21) 『石原莞爾資料―国防論策』七〇頁

(22) 石原は鉾子宛書簡に多少省略して引用していますが、筆者は『中央公論』誌から省略部分を補って引用し、仮名遣いは現代に改めました。

(23) 十月九日付鉾子宛書簡

(24) 十二月二十四日付鉾子宛書簡

(25) 『最終戦争論・戦争史大観』中公文庫、一九九三、一二五頁

(26) 大正九年二月七日の日記では稲葉君山と大学校の改革案を話した中で「語学に時間と金力を費やすの愚を論ずること切」であったと記しています（『石原莞爾選集2』二九六頁）。

(27) 以上、里見の伝記は里見岸雄『闘魂風雪七十年』錦正社昭和四十年に依ります。

(28) 石原六郎「兄の思い出」『石原六郎日記』Ⅳ、鶴岡郷土資料館蔵

(29) 大正十二年一月十八日付鉾子宛石原莞爾書簡（『石原莞爾選集』2）、以下の記述は多くこの鉾子宛石原莞

爾書簡に依りますが、本文中の記述で日付の分かるところは注記を省きます。
(30) 二月一日付鎌子宛石原莞爾書簡
(31) 三月五日付同前
(32) 七月一日付同前
(33) 「戦争史大観の由来記」『最終戦争論・戦争史大観』一二六頁
(34) 四月二十四日付鎌子宛石原莞爾書簡
(35) 六月六日付同前
(36) 六郎はこうした情況が一年近くも続いたように書いていますが、震災前には大分よくなっていたとも書いていますから、最大限とって見ても半年以上は続いていません。聞くことの辛さがその期間を長く感じさせたのだろうと思われます。
(37) 六月三日付鎌子宛石原莞爾書簡
(38) 前掲里見岸雄『闘魂風雪七十年』一八二頁
(39) 同前一八四～一八六頁
(40) 八月二十一日付鎌子宛石原莞爾書簡
(41) 九月十四日付同前
(42) 九月二十二日付同前
(43) 十月三日付同前
(44) 十二月十六日付同前
(45) 九月十一日付同前
(46) 『最終戦争論・戦争史大観』二二三～二二四
(47) 里見岸雄「伯林時代の石原莞爾」『石原莞爾研究』一九五〇
(48) 十一月一日付鎌子宛石原莞爾書簡
(49) 前掲里見岸雄「伯林時代の石原莞爾」九～一〇頁
(50) 大正十三年二月一日付鎌子宛石原莞爾書簡
(51) 大正十三年七月八日付同前
(52) 石上良平『原敬没後』中央公論社、一九六〇、一〇頁
(53) 太田金次郎「思ひ出は尽きず」『石原莞爾研究』一九五〇、八四～五頁
(54) 『改造』一九二四年五月号
(55) 「満蒙問題私見」『石原莞爾資料』七八頁
(56) 石原莞爾『最終戦争論・戦争史大観』中公文庫、一三六頁
(57) 同前、三一頁
(58) 大正九年八月十四日付鎌子宛石原莞爾書簡、『石原莞爾選集』1、九六頁の翻刻では「日本に我慢を強いる様なことがないとも限らない」となっていますが、これは翻刻の間違いです。
(59) 『国防論』(『石原莞爾全集』第一巻所収)四四～四五頁
(60) 『最終戦争論・戦争史大観』二三〇頁

(61) 同前、二四六～二四七頁
(62) 同前、四七頁
(63) 同前、四三頁
(64) 同前、三一六頁
(65) 井本熊男「国防の基本問題を考え戦時中の経験を語る」『偕行』一九九三年五月号
(66) 『最終戦争論・戦争史大観』一三〇頁
(67) 同前、一三二頁
(68) 『石原莞爾資料』戦争史論篇、四二二～四三二頁
(69) 『最終戦争論・戦争史大観』一二九～一三〇頁
(70) 石原六郎「石原莞爾の思想と人」『最終戦争論』経済往来社、一九七二、一九二頁
(71) マーク・R・ピーティ『日米対決と石原莞爾』たまいらぼ、一九九二、七三頁
(72) 『石原莞爾資料―戦争史論篇』原書房、一九六八、五頁
(73) 五百旗頭真教授は『最終戦争論・戦争史大観』中公文庫、三一四頁で「石原の軍事手段の発展の展望は意外に正確」と指摘した上で、この「巨大なグレイゾーン」状況を石原の見落としとして指摘しています。
(74) 六郎は莞爾の没後間もなく自分の日記に兄の思い出を書き始めています（『石原六郎日記Ⅳ』）。角田順の『石原莞爾資料』に掲載されている「兄の憶い出」はこれをもとにして書いたものです。

第四章　昭和維新としての満州事変

一　昭和維新としての満州事変

表裏四人の主役

石原中心に絞り込んで考えると、満州事変には表裏四人の主役がいます。表はもちろん石原自身と板垣征四郎ですが、裏の主役は張学良と今村均です。表の主役が石原と板垣ということに文句はないとしても、裏の主役には文句があるかも知れません。張学良はただの無抵抗将軍だったのではないか、また今村均を裏の主役とは失礼な、と思われるかも知れませんが、この両者の存在が影ながら満州事変に決定的な意味づけを与えていることは見落とすことの出来ない重要な点です。張学良が無能な人物でなかったことは、後に西安事件という国共合作劇を演じたことからもわかるのですが、満州事変でも彼の徹底した無抵抗は、意外に効果的な役割を演じているのです。また軍中央に於ける参謀本部作戦課長としての今村の徹底して執拗な統制は、関東軍の中央に対する反逆姿勢を顕在化させました。

今日の日本では、満州事変は、一九三七年（昭和十二）に始まる日中戦争と一続きに十五年戦争として理解されていますが、両戦争の間には時間的な途切れのみならず、質的な変化があり、その変化を作りだしたのが外ならず西安事件でした。満州事変では関東軍の中心になって戦争を推進した石原が、日中戦争の勃発時には軍中央にいて身を挺して反対したのも、ソ連軍事力の復活に対する認識を基本に据えながらも、西安事件の意義を理解したからでした。

満州事変を引き起こした石原莞爾が、日中戦争に反対したことの意義は、少なくとも歴史の可能性として再検討してみる価値のあることだと思われます。満州事変は表裏二面から見ることで初めてその本質が見えてくるのです。

生涯一度の猟官運動

石原莞爾が自分一生の仕事として本格的に満蒙問題の解決を決意したのは一九二八年（昭和三）四月のことです。既に、前年の晩秋に伊勢神宮を参拝した時、「国威西方に燦然として輝く霊威」を受け、年末には、伊豆で彼独自の軍事史の結論として、「現在及将来ニ於ケル日本ノ国防」（満蒙領有の絶対的必要論）を書き上げてもいました。なお彼個人の理想としては、その実践に乗り出す前にナポレオンの大陸封鎖を書き上げて置きたかったようですが、いよいよ執筆に取りかかろうとした時、風邪を引いたり中耳炎にかかったりで、理論の完成など諦めざるを得なくなったのです。ナポレオンの大陸封鎖などにこだわるより、現実の満蒙問題に切実に差し迫った解決を求められていたのです。ところで、彼は三月中旬から中耳炎が悪化、四月八日には正式に三週間の休業届けを出し、五月八日には終に軍医学校に入院することになり、七月三十日に退院するまで三ヶ月近く入院生活を送ることになりました。

この時期、自らに求めることの薄かった石原が、生涯に一度だけ、自分の官職を得るための運動をしました。四月二十一日に菰田康一が病気見舞いに来たのに対して関東軍への移動を頼んだのに引き続き、二十六日には同じく病気見舞いにきた飯村穣にもこの移動についての口利きを頼みました。菰田も飯村も陸士の同期で心安かった上に、同じ陸大の教官ということでしたし、特に飯村は五月から学生を引率して満州・朝鮮の見学旅行を控えていました。その効果は即座に表れて、五月十二日には飯村は旅順から現地での感触を有望と伝えてきました。引き続き、飯村からは六月八日には「関東軍の件」が成立したとも告げられています。この件では石原は、大学校の上司に対しても依頼することをはばかりませんでした。しかし本当に関東軍人事が固まったのは七月に入ってからで、病院に見舞いに来た陸大幹事・多門二郎少将から「いよいよ決定」と聞いたのは七月四日、学校から正式に決定の通知を受け取ったのは十日のことでした(1)。満州事変では石原と決定的に対立することになる今村均も、当時は軍務局にいて、阿部信行次官に石原の関東軍希望を取り次いだといっています。この件では石原は親しい友人達には誰彼を問わず頼んでいたと思われます。

北伐以後の中国東北部（満州）と張学良

統一政府樹立を目的とした蔣介石による北伐は、一九二八年六月八日に北伐軍が北京に入城したことによって、一応、完了が宣言されました。この段階では北伐軍には満州まで進出する予定はなかったのです(2)。しかし、その北伐軍に北京を追われて奉天に逃げ帰った張作霖が、六月四日早朝、関東軍の高級参謀河本大作によって爆殺されたことで事態が変わりました。

張作霖の乗車した列車が奉天近くの京奉線と満鉄線とのクロス点で爆破されたことは、その日の内に北京にいた張学良に伝えられました。その日は、丁度、彼の満二十七歳の誕生パーティーが予定されていて、事件の通報にもかかわらずパーティーは開かれました。彼はその後、華北省の灤州に行き軍隊を撤退させる任務を遂行しています。張学良が父の死を知ったのは一週間後のようですが、その後の振舞いは冷静なものでした。変装して日本軍の目をくらまし、奉天に帰ってからは密かに父に成り代わって次々と命令を下し、十分に父の後継者となる布石を打った上で、六月十九日、彼の名前で父の死を発表したのです。日本側は張作霖死去の情報がつかめなかったので有効な手だてを打つ機会を失ったと云われています(3)。

七月一日には張学良は黒竜江・吉林・奉天の東三省保安総司令に就任し、張作霖の後継者として強大な奉天軍閥の軍権を掌握したことを内外に明らかにしました。後継者としての地歩が固まってくるにつれ、日本と中国の双方から彼に対する働きかけが盛んに行われました。日本側が恐れたのは張学良が父を殺された事への怨念から満州を国民政府統治下に帰属させることでしたし、中国側が望んでいたのも正にそのことでした。

基本姿勢はかなり早くから決まっていたと思われるのですが(4)、張学良は直前になるまで態度を表明せず、説得に来た人物のそれぞれに対して適当に話を合わせていたようです。応対した日本人に彼がかなり余裕のある態度で接していた事は、同じ王道論で説得に来た人物に対しても、軍人の土肥原賢二と学者の大川周明に対して、その対応にかなりの違いを見せているところにも表れています。また政治家等に対しても、日本の政界で政権奪取の可能性を持ち、少なくともキャスティング・ボートを握る可能性のあった床次竹二郎には五十万元の政治資金の提供までしているのです。満州事変の後で、この張学良からの資金提供のことが暴露されて床次は苦境に立たされました。思想には思想で、金の必要な人間には金で対応するなど、二十歳代の若者とは思われない老獪さを窺わせるものがありました(5)。

張学良が正体を見せたのは年末でした。僅か三日間の準備で満州全域に一斉に国民党の青天白日旗を掲げさせ、国民政府への帰属を鮮明にしたのです。いわゆる「易幟《えきし》」ですが、その手並みは見事としか云いようのないものでした。単に旗が変わったに過ぎず、現実の満州は張学良の個人的地盤のままであったにも関わらず、このことはその後の彼の放胆な排日政策と結びついて日本の在満権益にとっては重大な脅威となりました。

一九二九年一月、張学良は親日派と見られていた二人の重臣、楊宇霆と常蔭槐を粛清し、以後、着々と在満諸外国の権益回収策を推し進めたのです。本来、中国における権益回収熱が高まりを見せたのは、第一次大戦中、列強の圧力が弱まる中で、アメリカ大統領ウイルソンの民族自決の呼びかけが植民地諸国民に解放の希望を与え、戦後も、ヴェルサイユ条約から九国条約、パリ不戦条約と進むかに見えた戦争違法化の流れが軍事力を使っての帝国主義的権益保持を困難にしていたからです(6)。従って中国における権益回収の動きは何も張学良が始めた訳ではありませんが、彼の行った「易幟《えきし》」はその流れを公然と満州に波及させたのです。

中国側は日本の満州における権益の中核である南満州鉄道に対抗し、これと並行する中国鉄道を建設

郵便はがき

料金受取人払郵便

麴町支店承認

8827

差出有効期限
平成26年8月
24日まで

102-879(

10

東京都千代田区飯田橋4-4-8
東京中央ビル406

株式会社 同成社

読者カード係 行

ご購読ありがとうございます。このハガキをお送りくださった方には今後小社の出版案内を差し上げます。また、出版案内の送付を希望されない場合は右記□欄にチェックを入れてご返送ください。 □

お名前《ふりがな》 歳 男・女

〒 TEL

ご住所

ご職業

お読みになっている新聞・雑誌名

〔新聞名〕 〔雑誌名〕

お買上げ書店名

〔市町村〕 〔書店名〕

愛読者カード

買上の
イトル

書の出版を何でお知りになりましたか？

イ. 書店で　　　ロ. 新聞・雑誌の広告で（誌名　　　　　）
ハ. 人に勧められて　　　ニ. 書評・紹介記事をみて（誌名　　　　　）
ホ. その他（　　　　　）

の本についてのご感想・ご意見をお書き下さい。

注文書

年　　月　　日

書　名	税込価格	冊　数

★お支払いは代金引き替えの着払いでお願いいたします。また、注文書籍の合計金額（税込価格）が10,000円未満のときは荷造送料として380円をご負担いただき、10,000円を越える場合は無料です。

し、その権益を実質的に有名無実にする政策をとっていました。これは満鉄に対する平行線を禁止した一九〇五年（明治三十八）の日清善後協約付属秘密議定書に違反するものでしたから日本側は抗議を続けていたのですが、中国側はそれを無視して建設を強行したのです。満鉄の東側に吉敦線（吉林―敦化）、吉海線（吉林―海竜）、瀋海線（瀋陽―海竜）、西側に斉克線（チチハル―克山）、洮昂線（洮南―昂昂渓）、四洮線（四平街―洮南）、打通線（打虎山―通遼）を建設し、これらを北寧線（北平―瀋陽）につなげ、更にこれらを大連に対抗して新に築港される葫蘆《コロ》島につなげる計画で、一九三〇年十月には吉林、瀋陽（奉天）、北平（北京）間に直通列車が運転されるに至りました(7)。

中国側の権益回収策は日本にのみ向けられたものではありませんでした。易幟《えきし》後、南京国民政府の反共政策の影響もあって、張学良は一九二九年五月にハルピンのソ連領事館を強制捜索し、「中国赤化宣伝」の証拠品を押収、それを口実に中東鉄道電信局を接収しました。この強硬措置は、中国側、特に張学良にとっては大きな誤算で、その結果ソ連とは国交断絶となり、十一月には遂に武力衝突をもたらし、満州里からハイラルまで軍事占領されました。以後、外交交渉を通じて、形の上では中東鉄道の原状回復をもたらしたのですが、最終的な決着はつかず、張学良には大きな失点となり、対外的軍事行動に対する慎重さをもたらしました。

一九三〇年になると、今一つ張学良に対外的軍事冒険を控えさせる事件が起こりました。「中原大戦」と呼ばれる中国の内戦です。北伐後、中国は名目的には国民政府による国民党の独裁体制になっていましたが、実体は、張学良がその一典型であるように、広州の李済深、武漢の李宗仁、開封の馮玉祥、太原の閻錫山のような地方軍閥の支配下には中央政府の威令は届かず、南京の国民政府はそれら軍閥の連合政権に過ぎませんでした。そのことは、一九二九年一月の国民政府財政部長宋子文による財政報告があからさまに語っているように、「中央財政権はわずかに江西、浙江、安徽、江蘇に及ぶだけで、このうち安徽、江西の収入は中央に入ってこない」というような有様でした(8)。

そこで国民政府主席の蒋介石は、国民党政権を強化して統一の実をあげるために、地方軍閥の軍隊を整理し、指揮権をすべて中央に集中しようとしたのです。しかし、これは地方軍閥の存立を脅かすことになるため、彼等の頑強な抵抗にあうことになりました。蒋介石の政治手法が強引に過ぎ、国民党が分裂したことも反蒋の動きに勢いをつけました。それは一九三〇年、遂に蒋介石擁護派と反蒋派との内戦に発展したのですが、中国の中心部にある各省の間で行われたため「中原大戦」と呼ばれました。戦争の規模は北伐を超えるもので、民国建国以来最大のものと云われました。六ヶ月間続き、膠着状態に陥ったこの内戦の勝敗を決したのは張学良の参戦でした。九月、張学良は南京政府擁護を宣言して出兵したため、反蒋介石軍は瓦解し、蒋介石が勝利を収めました。勝利に貢献した張学良は陸海軍副司令官に任命され、国民政府において蒋介石に次ぐ実力者の地位を得ることになりました。張学良の影響力は満州に止まらず、関内の河北省にまで拡大され、彼は長期に亘って北京に滞在することとなったのです(9)。対外戦争では無力であっても内戦では顕著な成果を挙げたことは、張学良の軍事姿勢を決定的に内向きにしたのです。

満蒙問題の険悪化

張学良は軍事手段による権益回収を阻まれただけ、他のあらゆる政治手段による権益回収を急いだように思われます。鉄道に併行して中国側の権益回収対象となったのは鉱業権でした。一九三〇年五月に公布され十二月に実施された中国の新鉱業法は明確に鉱業権回収方針を打ち出していたのです。これは撫順や鞍山などの日本の既得権益を直ちに全面否定するものではありませんでしたが、様々な形で新たな圧迫が加わることになりました。課税問題も鉱業権を脅かしていました(10)。

満鉄にとっては、一九二九年(昭和四)十月以降の世界恐慌の影響も深刻でした。大連港の輸出入貨物は激減し、満鉄の輸送収入を悪化させました。その上に、一九三〇年(昭和五)に入ってからの銀塊相場の暴落は銀建運賃を取る中国鉄道に対して金建運賃の満鉄を決定的に不利にしました。そうした中で、在満日本人二十二万八千人の大半は満鉄の付属地に住み、直接間接を問わず満鉄とその関連会社に依存した生計を営んでいましたから、満鉄の経営危機は直接的に在留日本人の生存を脅かしていたのです。

一九三一年になると、日中両国民の対立的な民族意識を刺激する事件が立て続けに起こりました。この頃には、事件そのものよりも日中両国のマスコミ報道の民族主義的過熱が事態をより深刻にしていました。満州事変の直接的原因のようにも云われる万宝山事件もそうした雰囲気の中で発生したのです。

万宝山は長春の南約一八マイルの一小村で伊通河に沿った低湿地でした。この地に中国人の仲介業者が中国人地主から広大な土地を借り、それを朝鮮人農民に又貸ししたのです。朝鮮人たちはこの地を水田にするため数マイルにわたる灌漑溝の開鑿を始めたのですが、その灌漑溝が他の中国人の土地を横切ったためトラブルになり、七月に入ると、遂に中国側警察官と長春日本領事館警察官を巻き込んだ発砲事件に発展しました。これについては双方で誇張した報道合戦が行われたため、今度は朝鮮各地で在留中国人に対する報復暴動が起こり、平壌では中国人側に百名を超える死者が出るほどの惨事を引き起こしました。これが更に中国各地での排日運動を呼び起こすことになり、日中間では両国民の体面を争う外交問題にもなったのです。

関東軍参謀着任当時の軍中央に対する石原莞爾の細心の配慮

話しを石原に戻しましょう。

数十年後の対米決戦戦争（世界最終戦争）の見通しまでたてた石原莞爾にとっては、眼前の日中紛争の行きつくところは手の内を見るように明らかでした。このままでは日中両国の戦争は不可避であると見たのです。赴任に先立って、一九二八年（昭和三）十月十六日、石原は兵庫県西宮の里見岸雄の研究所を訪れ「近代戦争ニ就テ」という話をしていますが(11)、その際、里見宅に泊まり「在任中に必ず満州をゴッソリ頂戴して見せる」と予告しています(12)。石原にとってはこれは決して大言壮語ではありませんでした。彼は張学良には日本軍に対する本格的な戦意はないと読み切っていました。それに、張学良の軍隊は何十万いようが、その実態が軍閥(私兵)である限り、兵力としては問題にならないとも見ていたのです。彼は関東軍に着任後、何度か参謀旅行をしていますが、それは関東軍参謀達に自分の「戦争史大観」を聞かせるためか、ソ連との紛争に備えるためでした。

石原がこの段階で怖れていたのは、軍中央と関東軍の意志が分裂することでした。事変が始まり、軍中央との対立が鮮明になってからの断固たる態度に照らすと信じがたいほど、この時期、彼は軍中央と関東軍との意志の疎通に細心の配慮を示していました。

一九二九年(昭和四)二月に石原は内地出張をしましたが、それは主として易幟《えきし》後の満州の状況に照らして、今後の作戦計画等を軍中枢と調整するためでした。二月二十二日の日記には「作戦計画ヲ訂正」とあり、同日の記事に「荒木将軍訪問、後、小磯荒木両将軍ノ会見アリシ筈」などとあり、翌二十三日には「小磯、東條、岡村ニ会シ方針ヲ決定」とあるところなどを見ると、この段階では、彼が軍中央の意志に従って作戦計画も見直し、軍中央の主要メンバーとは戦略的対立を生じないよう慎重に努めていたことが分かります(13)。

石原の回想では、一九二九年(昭和四)五月、関東軍司令部に各地の特務機関長を集めて開かれた情報会議が特別に重要な意義を持つことになりました。何よりも、満州事変の表側主役の二人、即ち石原と板垣が揃ってから初めて開かれた情報会議でした。その結果、七月に板垣大佐を統裁官にしたハルピン、チチハル、ハイラル、満州里方面への参謀旅行が計画・実施されました。この参謀旅行については、大江志乃夫が「現地戦術のための参謀旅行というより、石原の満州軍事占領計画を参謀たちに徹底させるための合宿旅行であった」と要約しているのが的を射ているでしょう(14)。しかし、この旅行の決定的意義は、これによって石原・板垣という類い希な固い友情と信頼の絆が結ばれたことでした。板垣はこの時、石原の「戦争史大観」に感激して眠れず、夜中にノートをまとめており、便所に起きてそのことに気付いた石原が、これまた板垣の真摯な姿勢に感動し、その刹那に両者には生涯に亘る友情と信頼が生まれたのでした。満州事変はこの両者の揺るぎない信頼関係によって初めて遂行されたのです(15)。

三月事件

一九二九年（昭和四）七月に田中義一内閣が倒れ、浜口雄幸民政党内閣が出来て幣原外交が復活し軍縮による協調外交を採り始めると、軍中央に変化が生じました。先ず最初に、政府の方針に反発して国家改造を目論む動きがあり、やがて政府の方針に従って情勢判断を見直すという逆向き二つの変化です。

一九三〇年（昭和五）年に参謀本部は、恒例によって「情勢判断」を作製しましたが、その中には「積極的に満蒙問題を解決せんとせば必然的に国家の改造を先行条件とせざるを得ず」という一項が書き加えられました。そして九月には参謀本部の橋本欣五郎（二十三期）を中心に、中佐以下の現役将校でもって「桜会」が結成され、「必要ならば武力使用も辞せず」として会員の拡大強化を図ることになりましたが、これには石原の同期で親交もある樋口季一郎も発起人に名を連ねていました(16)。

一九三一年（昭和六）二月三日、第五十九帝国議会では衆議院予算総会で、幣原首相代理は政友会中島知久平への答弁で、ロンドン条約は既に「御批准になっている」のだから「此のロンドン条約が国防を危うくするものでないという事は明らかでありま す」と失言し、流血の大乱闘を引き起こしました。議会の審議が中断する中で、議会政治に対する世論の批判がつよくなりました。この頃、宇垣陸相が田中義一の後を追って政党に入るという噂があり、小磯軍務局長や建川第二部長等は、宇垣陸相の腹を探る役を大川周明に依頼しました。ところが本来、国家改造の志を持った大川が仲介したことで、これは軍上層部の宇垣陸相を担ぐクーデター計画に発展しました(17)。三月事件と云われるもので、クーデターそのものは最終的に宇垣が降りたため未発に終わりましたが、満蒙問題解決の前提として計画されたものであっただけに、これがつぶれると軍中央には満蒙問題解決まで先送りする意向が強くなりました。

軍中央の変心

六月、軍中央は、建川美次参謀本部第二部長を委員長として、省部五課長が検討し省部五局部長会で決裁した「満蒙問題解決方策の大綱」(18)を作製しましたが、これが正に軍中央の変心を端的に示していました。これも張学良政権の「排日行動の発展を見ることになれば、遂に軍事行動の已むなきに到ることがある」ことは認めていましたが、この文書の核心は次の三点にありました。

一、満蒙問題の解決には、内外の理解を得ることが絶対に必要である。陸軍大臣が閣議を通じ、現地の状況を各大臣に知悉せしめることに努力する

一、陸軍省軍務局と参謀本部情報部とは、緊密に外務省関係局課と連絡の上、関係列国に満州で行われている排日行動の実際を承知させ、万一にもわが軍事行動を必要とする事態にはいったときは列国をして日本の決意を諒とし、不当の反対圧迫の挙に出でしめないよう事前に周到な工作案を立て、予め上司の決裁を得ておき、その実行を順当ならしめる

一、関東軍首脳部に、中央の方針意図を熟知させ、来る一年間は隠忍自重の上、排日行動から生ずる紛争にまきこまれることを避け、万一に紛争が生じたときは、局部的に処置することに留め、範囲を拡大せしめないことに努めさせる

こうした「満蒙問題の解決には、内外の理解を得ることが絶対に必要」という立場は、石原の認識とは決定的に対立します。「満蒙問題ハ対支問題ニ非スシテ対米問題ナリ」と考える石原にとっては、中国の排日と米国の排日は同一コインの表裏として考えるべき問題でした。従って、中国の排日運動を、日本人が受け止めるような意味でアメリカ人に理解

させるなどということは不可能なことでした。そして幣原外相の率いる日本外交が最も重視するのがアメリカの意向であることを考えれば、日本外務省の理解を得ることも不可能となります。従って軍中央がここで打ち出した「内外の理解を得ることが絶対に必要」という立場からは、軍事的には何もやらないし、やれないということになるのでした。

はたして七月に起こった中村震太郎大尉殺害事件に対して、軍中央は解決を外務省の手に委ねるという立場をとったのでした。中村は兵用地誌調査を目的として興安嶺の縦断中に殺害されたのですが、石原はこれを張学良政権に対する軍事的威圧の下に解決しようとして軍中央から拒絶されたのです。石原はこの時、永田軍事課長に対して、このような事件の解決は第一線の人間に任せるべきだと云い、「第一線ノ人物ヲ信頼シ難キ時ハ速ニ適当ノ人物ヲ配置セラルルコト満蒙ノ形勢上目下第一ノ急務ト存シ候

生等徒ラニ現位置ニ恋々タルモノニ御座無ク候」(19)と抗議しています。

こうして石原は、軍中央と対決することを辞さない関東軍による「回天ノ偉業」(昭和維新)に乗り出すことになったのです(20)。

石原莞爾、独断専行に舵を切る

石原は軍人が政治に関与して行くことには決定的に反対でした。命をかけての命令遵守を絶対的条件とする軍隊にあっては政治的言論は本質的になじまないと考えたからです。しかし、軍中央が政党政治の影響を受けることが避けられないのを見た石原は、先ず東久邇宮稔彦王による軍中央の立て直しを考えるようになりました。

丁度、その頃、陸大同期の安田銕之助が、一九三〇年(昭和五)八月に陸軍を退職し東久邇宮家の家令となったことが軍の上層部では一寸した美談として伝えられていたのです(21)。安田は上原派の重鎮、福田雅太郎大将の娘婿となった英才ですが、駐仏時代に東久邇宮稔彦王付武官となり、以来、とかく謀反気の多い稔彦王と宮内省や外務省とのトラブルの処理に奔走、帰国後も稔彦王の志を生かすために奮闘を続け、遂に陸軍を退役するに至ったのです。一

九三一年（昭和六）一月二日、石原は安田宛に次ぎのような手紙を書きました。

国内の不景気　思想の動揺　等凡ては対外問題即ち満蒙問題の解決によりてのみ救はるるものと確信致し居り候……中略……明治維新後に於ける此重大時期に於て真に回天の偉業を全うし満蒙問題の根本的解決をなすへき力は殿下以外には今や何人も所持せさる事いよいよ明かに相成申候就きては　殿下か最近の機会に於て　参謀本部第一部長の職に就かれ我国防方針を根本より改変せらるること目下我国に於ける第一の急務と確信致し候（22）

要するに軍中央の方針のぐらつきを東久邇宮稔彦殿下の力で防ごうとした訳ですが、この案は永田鉄山軍事課長その他に相談した段階で到底無理だということになりました。

しかし、石原は、国内改造を満蒙問題の前提条件とは考えませんでした。彼は一九三〇年（昭和五）五月の段階で「先ツ国内ヲ統一スヘシトノ論ハ歴史ノ大勢ヲ知ラサルモノナリ」と云い、現在は明治維新にもまさる急角度での国家変革の時期だから、このような場合には先ず「武力的大成功」が必要なのだと云い、武力的に大成功すれば国内世論はついてくると見ていました（23）。当然、短期的には、政府や軍中央と関東軍の意志が異なる期間もあり得る訳ですが、その期間を石原は軍司令官の独断専行権で乗り切れると考えたのです。

一九三一年（昭和六）五月には、石原は「満蒙問題私見」の中で、満蒙問題の解決など、政府が決断する場合には、「期日定メ彼ノ日韓合併ノ要領ニヨリ満蒙併合ヲ宣言スルヲ以テ足レリトス」と見ていましたが、幣原外交のもとではそれは起こり得ないことでした。

そこで彼としては、政府と陸軍の方針が異なった場合と、軍中央と関東軍の意志が異なった場合との二つの場面を想定しなければなりませんでした。

［政府と軍部の対立の場合］

軍部ニシテ団結シ戦争計画ノ大綱ヲ樹テ得ルニ於テハ謀略ニヨリ機会ヲ作製シ軍部主導トナリ国家ヲ強引スルコト必スシモ困難ニアラス
[軍中央と関東軍の対立の場合]
好機来ルニ於テハ関東軍ノ主動的行動ニ依リ回天ノ偉業ヲナシ得ル望絶無ト称シ難シ(24)

陸軍が団結すれば満蒙問題の解決に国家を強引することは困難ではないと云うわけですが、万一、軍中央が腰砕けになったとしても、関東軍の主動で「回天の偉業（昭和維新）ヲナシ得ル望」が絶無ではないと考えるまでになったのです。事実、この「回天の偉業」という立場が満州事変における関東軍の立場になったのですが、これが軍令違反でなく可能となる条件は極めて微妙で、軍司令官の独断専行によってのみ可能となるものでした。そしてこの軍司令官の独断専行に立ちふさがったのが今村均作戦課長だったのです。

今村均の登場

軍務局徴募課長だった今村均（一九期）が小磯国昭軍務局長から参謀本部作戦課長への移動を内示されたのは、一九三一年（昭和六）七月中旬のことでした。この時の人事局長は中村孝太郎、補任課長は岡村寧次でしたが、軍中央としては、少なくともここ一年間は軍事力を使用しないと決めた段階で、関東軍との直接の窓口になるこのポストは極めて困難な役割を担うことになることが予想されました。

今村は、小磯局長からこの人事の内示をうけた時には言葉を尽くして辞退を懇願しましたが許されず、これは永田軍事課長の熱望であると伝えられ、また永田自身も直接やってきて「満州問題はそれこそ命懸けの仕事だ。難局を避けるのは、卑怯にもなる。君も進んで難局に当ってくれないか」と真剣に説かれ、やむなく引き受けることになったと云っています。しかし、今村の本心を忖度すると、存外、自分以外の者にはこの任務は務まらないという自負もあったのではないかと思われます。今村という人物は、思考の周到さと同時に、板垣や石原とは取り分け親密な間柄で、お互いの長所欠点をも知り合った関係だったことから考えれば、確かにこの役職に今村以上の人物を考えることは不可能でした。

今村が作戦部長の建川少将から、省部の局部長の合同会議でまとまった方針として「満蒙問題解決方策の大綱」を手渡されたのは、作戦課長として初めて参謀本部に出頭した八月一日でした。この方針が石原の立場とは全く相容れないものであったことは前述した通りですが、今村はこれを受け取ったとき、「上司の人々の慎重な態度に敬服し、これならやれないことはあるまい」と感じたといいます。

今村はこの「大綱」を如何に具体化するかをほぼ一ヶ月かけて作戦課で検討し、万一の場合に応ずる用兵計画を建て、建川部長や二宮次長、金谷参謀総長の同意を得、南陸相、杉山次官達の同意も取り付け、いよいよ関東軍と協議に入ろうとしていた矢先に満州事変が勃発したのでした。今村が、この用兵計画立案に当たって最も意を用いたのはソ連の軍事力に対する準備であり、ソ連の介入を予防する為にも列国との諒解を絶対に必要と考えたのでした(25)。

柳条湖事件

九月十八日午後十時二十分頃、奉天駅の北八キロメートルの柳条湖で満鉄線が爆破され、これを契機に満州事変が起こりました。これが計画的な謀略事件であったことは今日ではよく知られており、また石原がこの謀略に深く関与していたことも彼自身の日記などから明白です。ただ、軍中央の意に反して、関東軍主導で事を起こすには謀略以外に方法がないことも自明でした。

中山優は一九三八年(昭和十三)、新京建国大学教授に赴任した当時、石原自身の口から、柳条湖事件が日本側の謀略であった事を認める言質を引き出したと云います。その時、石原が言い添えたという「私の最も苦慮したのは、関東軍の行動が天皇の御徳を傷つけぬ様にするには如何すべきかという一点でした」という言葉が最もこの問題に関する石原の苦衷の核心をついているでしょう(26)。

関東軍が、政府や軍中央の意に背いて軍事行動を引き起こそうとする場合、対峙する相手は張学良軍であるよりも日本政府と軍中央でした。元来、石原は張学良の軍事力を問題にしていませんでしたが、事変の前後を通じて、張学良や蒋介石を初めとして中国側が、馬占山を例外として、軍事的には徹底して無抵抗主義を貫いたために、その事はより鮮明になりました。

旅順の関東軍司令部へ奉天特務機関から事変の第一報が届いたのは、十八日の午後十一時過ぎでした。奉天の板垣参謀から日中両軍衝突と、独断による駐劄軍の出動が報告されたのです。直ちに本庄繁軍司令官、三宅光治参謀長、石原中佐以下の各幕僚が軍司令部に参集し、中国軍攻撃の方針を決定しました。

十九日午前一時半から二時の間に、奉天への兵力集中、奉天以外の要地への攻撃、占領等の命令が次々と発せられると共に、朝鮮軍への増援依頼の電報が打たれ、奉天の軍事衝突は一挙に南満州鉄道全域にわたる軍事占領に拡大されました。軍司令部は奉天に移されることになり、軍司令官は午前三時半、旅順発の臨時列車に乗り、幕僚と共に歩兵第三十連隊を率いて旅順を出発しました。そして軍司令官が奉天に到着した十九日正午までには長春を除く南満州鉄道沿線の主要都市は全て占領を終わっていました。長春には奉天に次いで多数の中国軍が駐屯しており、日本軍の攻撃に多少の抵抗を見せたため、旅順から連れてこられた歩兵第三十連隊も投入され、死傷者百四十五名を出す戦闘が行われましたが、同日中には占領を終えました。従って、関東軍は一日にして南満州の奉天、安東、営口、長春等主要都市を全て占領したのです。

軍中央の対応

今村均作戦課長を含めて軍中央が事件の発生を知ったのは九月十九日の未明でした。けたたましい電話のベルに起こされ、今村が受話器を取ると梅津美治郎総務部長の声で「昨夜、奉天近くで鉄道が爆破され関東軍が出動したらしい。僕はすぐ役所に行き電報を確かめるつもりだ。君のところにも、すぐ自動車を差し向けるよう宿直将校に電話しておいた。詳しいことは役所で打ち合わせしよう」ということでした。今村が参謀本部へ向かう車中で考えたのは、「何とか事態を局部的に収めねばならない」ということでした。列国はもちろん、日本国民の大部分も、まだ満州問題の真相を承知していないこの段階で、万一事が大きくなった時の挙国一致の態勢はとても無理だと考えたからでした。作戦部長建川美次少将は、事件発生の直前から密命を帯びて現地入りしており、事実上の軍中央の対応如何は全て今村の肩に掛かっていました。

十九日午前七時から参謀本部で省部首脳会議が開かれ対策が協議されました。出席したのは、陸軍省から杉山次官、小磯軍務局長、永田軍事課長、参謀本部から二宮次長、梅津総務部長、橋本第二部長、第一部長代理としての今村第二課長でした。席上、軍務局長は「関東軍今回の行動は全部至当の事なり」といい、参謀次長から兵力増援の必要性が説かれ、全員の意見一致を見たといいます(27)。

朝鮮軍増援をめぐる攻防

関東軍と軍中央、特に今村との間に間隙が生じたのは朝鮮軍の増援を巡る問題からでした。

午前八時半に朝鮮軍司令官から、独断により、既に飛行隊二中隊を関東軍増援に出動させたこと、引き続き混成一旅団を奉天方面に出動準備中であると報告してきました。そこで今村作戦課長が課員を集めて朝鮮軍に対する奉勅命令の允裁手続き等の処置を討議している最中に、再び朝鮮軍からは、出動部隊の輸送を開始するという報告をしてきました。今村から見ればこれはおかしな話です。軍司令官が独断越境するというのに、なぜ軍中央に事前に通知してくるのか。今村はそのことに不自然な動機を直感しました。

実は、朝鮮軍では林銑十郎軍司令官の方が独断専行に積極的で、部下の参謀の方がそれに抵抗するという常識とは逆の事態が起こっていたのです。林の独断専行に疑義をもった第二十師団参謀長森五六大佐がなかなか軍司令官の命令に応じなかったため、独断専行でありながら事前に軍中央に打電するという中途半端な折衷策をとることになったのでした(28)。

この時、第二（作戦）課員の多くは、このまま朝鮮軍の行動は実行させておき、速やかに大命降下を仰ぐよう処置したらという意見でしたが、今村は、朝鮮軍司令官の処置は妥当を欠くとし、参謀総長に進言して朝鮮軍の行動開始を見合わせるよう処置しました。その際、今村は単に軍司令官に打電しただけでなく、直接、歩兵第三十九旅団長や、国境である新義州の守備隊長宛にも打電して部隊の越境を阻止するという三重の念入りな処置を取りました。

今村としても閣議承認を取り付ければ、奉勅命令の允裁を得て朝鮮軍の出動という手順を考えていたと云いますが、午前十時から開かれた閣議で南陸相は朝鮮軍の出動を提議出来ませんでした。事前に奉天の林総領事から今回の事件は軍部が計画的に引き起こしたものという情報を得ていた幣原外相から、軍の謀略を仄めかされ、事変の不拡大を提起された時に増援の必要性を主張できなかったのです。

午後二時から三時の間に開かれた陸軍三長官会議（陸相、参謀総長、教育総監）で南陸相は不拡大方針を受け入れたことを語り、金谷参謀総長もその後の部長会議で「事ここに至れるは已むを得ざる所なるも速に事件を処理して旧態に復するの必要あり」と明確に原状復帰の必要を述べました。

しかしこれに対しては今村が反対で、「矢は既に弦を放れたるものなり、之を中途に抑えて旧態に復せんとすれば軍隊の士気上に及ぼす影響大にして国軍の為由々しき大事なりと信ず、この際万難を排し国家国軍の威信を保持し大目的の達成に懸命の努力を要す」と主張し、結局、関東軍司令官に対しては「事件発生以来の中国側の態度等（無抵抗主義）に鑑み、事件処理に関しては必要の度を超えないこと」という電報が打たれました(29)。主旨が不拡大方針であることは分かるものの、原状復帰を明確にした総長案よりも、日中間の紛争原因の除去という目的達成を優先しようとする今村の主張の通った電文は現地軍に解釈上の余地を残したものでした。

しかし朝鮮軍の増援が得られない限り満州全域の占領という石原構想が実現出来ないのは勿論のこと、遠からず原状回復・付属地帰還という事態になることは目に見えています。関東軍としては事態は振り出しに戻ったも同然でした。そこで石原・板垣等が取ったのが吉林への出兵でした。吉林は長春から百二十七キロも離れた人口十九万の都市で、ここには一万八千人の日本人居留民がおり、この地の居留民会長に情勢の緊迫と現地保護の要請を関東軍司令官宛に打電させることにしたのです。ここへ出兵すれば、関東軍は、本務としての満鉄沿線の警備が手薄になり、兵力の不足が歴然とするからです。しかしこの出兵計画には、さすがに本庄軍司令官もにわかに賛成はしませんでした。これが軍中央の「必要の度を超えないこと」という訓令への違反であることは明らかでした。二十日の深夜から二十一日午前三時までの、板垣・石原を先頭とした幕僚たちと本庄との息づまるやり取りは、この事変での関東軍内部における最大の山場とも云えるものでした(30)。最後は板垣との根比べに本庄が屈したかの感がありますが、一面から云えば、本庄が直面していたのは板垣・石原等が背景としている在満日本人居留民社会の事変への熱狂的支持だったと思われます。

はたして吉林出兵は呼び水となり、林朝鮮軍司令官はこれで出兵条件が整ったとして、独断専行の越境に踏み切ったのでした。従来のいきさつにもかかわらず、この朝鮮軍司令官の独断越境については今村はこれを大権干犯とは見なさず、参謀総長上奏の手続きをとりました。二十二日の閣議も朝鮮軍の出動という事実は認めざるを得ず、これに対する経費の支出を認めたことで、政府の不拡大方針は堤防の一郭を崩されたのでした。

もちろん日本政府がこれで不拡大方針をあきらめたわけではありません。幣原外交に対しては、欧米列強からの期待が強く、国際社会での孤立を避けるためには何としてでも不拡大方針を堅持して列強の信頼を繋ぎたいと考えていたからです。欧米列強にも、関東軍の軍事行動が政府の方針でないことは良く分かっており、日本を追いつめることで幣原外交を崩壊させることは望まなかったのです。問題はどこまで政府が関東軍を抑えられるかにかかっていました。

満蒙独立政権樹立運動

九月二十四日、政府は「満州事変に関する政府（第一次）声明」を出して、今回の日本軍の行動が列国協調の枠組みの中にあること、現在、付属地外に出ている軍隊も、占領を目的としたものではなく、同地方に居住する国民の不安を取り除くための措置であることを強調しました。これは対外的には今回の日本軍の行動を弁護したものですが、対内的には軍部に対して列国との協調体制の枠内の止まることを強く求めたものでした(31)。軍中央もこれに応じて、たとえハルピンや間島などの状況が急変するようなことがあっても、また、いかなる危機の突発に際しても、現地保護のための独断出兵はしないで、在留民の引き揚げを行えというまでの強い制止命令を発したのでした。これは全く解釈の余地を残さない不拡大方針の厳命でした。

九月二十八日、関東軍は「占領案は不可能なるを以て先づ新たなる支那政権を樹立するより外策なかるべく」と明確に満蒙新政権樹立構想を固めるに到りました(32)。その決意が十月四日の関東軍司令官の声明に表れるのです。「今ヤ政権樹立ノ運動各所ニ発生シ庶民斉シク皇軍ノ威容ヲ謳歌スルモ旧頭首ヲ推戴セントスルノ風微塵モ無シ」と旧秩序を全面的に否定し、「満蒙在住三千万民衆ノ為共存共栄ノ楽土ヲ速ニ実現センコトハ衷心熱望シテ已マサル所」と公然と新政権樹立運動への支持を表明したのです(33)。

それでも、さすがに関東軍としては、新政権樹立運動を直接、軍自体の手で行うことは出来ませんでした。ここに在満日本人や朝鮮民族、満州民族、蒙古民族、漢民族などによる建国運動が展開されることになるのです。従って満州青年連盟が、「満蒙自由国建設案」を自分達の発意のように考えているのは間違いではないものの、関東軍参謀達の演出に乗せられた結果であることも確かです(34)。

一方において関東軍は軍事的にも原状復帰のつもりのないことを明らかにしました。十月八日に錦州を爆撃したのです(35)。錦州は奉天を追われて以後の張学良政権の所在地であったというばかりでなく、鉄道付属地からも百数十マイルも離れていました。これが十月四日の関東軍司令官の声明とともに、日本政府の不拡大方針と原状回復の声明の権威と誠意を疑わせ、以後、国際連盟における日本の立場を失わせることになりました。

十月事件と白川大将一行の現地視察（今村の回想）

十月十三日の夜分九時頃、役所から帰り遅い夕食をとっていた今村のところへ、元部下の池田純久少佐と桜会の田中清大尉が訪ねてきました。彼等の内部告発で暴露されたのが十月事件と云われるクーデター計画でした。この事件そのものは、その中心にいた橋本欣五郎中佐以下十二名が、十七日に憲兵隊に拘束されたことによって片づけられましたが(36)、この時、軍中央にもたらされた憲兵情報によれば、この事件には関東軍も関係しており、関東軍では、もしも政府の妨害で満州事変の遂行が妨げられる様であれば、関東軍は一時、日本国から離脱し、独立軍として行動してでも目的を貫徹することに決しているということでした。これに驚いた軍中央では元陸相の白川義則大将を派遣して本庄軍司令官以下関東軍首脳の真意を確かめ軽挙を戒めることとなり、白川に同伴して今村も現地視察に出張させられることになりました。

十八日に東京を発った一行は三日目、二十一日の朝奉天に着き、一応ヤマトホテルに落ちつき、午前九時に関東軍司令部を訪ねました。そこで白川大将は本庄軍司令官と、今村は板垣・石原と会見し懇談しました。今村は軍中央の方針を伝え、両参謀から爾後の見通しを聴き、又、橋本一派の策謀とこれに対する軍中央の処置を述べ、ほとんど正午近くまで語り合ったといいます。午後は板垣が要務があるというので、夕食後、再び会談することになり、今村はホテルに帰りました。

その夜、今村は関東軍の迎えの車で裏通りの料亭に案内され、座敷に通ると板垣、石原以下関東軍の参謀が酒を酌んでいたといいます。今村が挨拶して席に座ると、いきなり石原が、

「何と言うことです。中央の腰の抜け方は……」

と詰問し、今村が

「抜けているか抜けていないか、冷静な眼で見ないと分かりますまい」というと、

「腰抜けの中央に頼っていては、満州問題は解決なんか出来ない」とやり返し、再び今村が

「国家の軍隊を動かすようになった一大事を出先だけの随意のやり方で成し遂げられるものではあり

ません。全国民一致の力を必要とします……」と説得を始めると、石原はいきなり大声を出し、

「ああ眠くなった」と云ってごろっと後に寝ころびました。

今村は不快の念を押し隠すことが出来ず、板垣に向かい

「折角のお招きでしたが、国家の興廃に関する重大なとき、とくに陛下の赤子、父老の愛児が刻々戦闘に倒れている時に、このような料亭で機密の事柄を語り合いますことは私の良心が許しません。大佐殿に対しては礼儀を欠き恐れ入りますが、これでおいとま致します」と一礼して辞し去ったのでした。

今村はホテルに帰った後、石原の「腰抜けの中央には頼れない」の放言と、「関東軍独立」の流言には何等かの関連があるのではないか、もし彼がそんな思想を持っているなら、それこそ断乎、峻厳な処置を必要とすると考え、一時は悲壮な決意を固めたといいます。しかし、間もなくホテルに片倉衷大尉が追いかけてきて、率直に所信を述べ中央の協力を求めました。片倉が自分の意志で来たのか、板垣の示唆を受けて来たのかは分かりませんでしたが、今村が「関東軍独立」の流言についてただしたのに対しても、その流言の責任を河本大作に帰し、そんなことは板垣、石原とは無関係であるが、万一の場合「片倉は、ほんの末席につらなる若輩ですが、大義親を滅する気魄は、決して失ってはおりません」と保証すると、今村はその言葉に真実安心したというのです。

片倉が帰った後、今村は白川大将に片倉の言を伝え、「片倉のような純直の者は、万一にも、道にちがったことを企てるような者に対しては、それこそ大義親を滅する気魄を発揮いたしましょう。その言は絶対に信じられます」と断言し、白川も「そんな立派な青年参謀もいるのかね。午前の本庄君の言をまさに裏書きするものだ。ついてはすぐに陸相、総長に打電し、流言に心配することの無用を報じよう」と応じ、今村はその通り白川大将の報告を暗号で無電発信したといいます(37)。

白川が「そんな立派な青年参謀もいるのかね」と云ったのは、今村が保証した片倉の人格評を全面的

に信用したわけではないことを示しているでしょうが、今村にしても、石原との全面的対決を避けるとすれば、片倉を信じるより仕方がなかったのだと思われます。

しかし、今村はその翌日、今一度石原に会い、二時間ほど真剣に話し合いましたが、遂に石原の事変処理の理念を理解できず、これからの関東軍統制の困難を思わぬ訳にはいかなかったと云います。この時の白川大将一行の現地視察は往復を含めて前後十日に及んだようですが、この視察後、今村は本格的に関東軍に対する統制手段をとることになりました。

政府第二次声明と今村対石原の対決

一方に於いて、十月事件は、宮中勢力や外務省に対しては軍中央に対する姿勢を軟化させるのに役立ちました。政府は十月二十六日「満州事変に関する政府第二次声明」(38)を出し、大幅に軍中央の主張を受け入れ撤兵前にその条件を交渉することとしました。十月末から十二月上旬までの一ヶ月半、国際協調の枠組みこそ大幅に後退しましたが、外務省と軍中央の主張は基本的に一致し、日本政府内部に於ける矛盾は殆どなくなりました。ここで軍中央と関東軍の対立が鮮明になります。軍中央としては満州権益の擁護も重要ですが、国際協調も不可欠と考えることで、国際協調体制への反逆を志す関東軍、いや石原と決定的な対決姿勢を持つことになったのです。

関東軍は、満蒙新政権樹立構想を持ち始めて以来、事変解決には熙洽その他の地方軍閥を利用するつもりでした。洮索地方の張海鵬もそれに予定された人物で、関東軍の意を受けて、十月一日に黒龍江省の独立を宣言すると共に北上を開始しました。その動きに対してチチハル付近にいた馬占山の率いる黒龍江軍がこれを阻止する構えをみせ、十月十五日から十八日にかけて洮昂線の嫩江第一、第二、第五橋梁を焼却破壊しましたが、これが関東軍に北上の口実を与えました。洮昂線は満鉄の利権鉄道であり、その守備は満鉄守備の延長上のことと考えられたからです。満鉄からの鉄道修理援護の要請を受けて、関東軍は十一月四日から「軍の援護下に嫩江橋梁修理を実施」することを公表しました。

軍中央も鉄橋修理に関東軍が出動することは認めざるを得ませんでした。というのは、馬占山軍は従来の中国軍とは違い、張海鵬軍に限らず日本軍に対しても戦意を持っており、下手な対応をすれば満蒙権益の擁護そのものが脅かされる可能性があったからです。しかし関東軍がこれを機に本格的に北満に進出することは絶対に許せませんでした(39)。

従って、鉄橋修理援護の出動を認めた十一月二日の参謀総長の電報が「嫩江ヲ越エテ遠ク部隊ヲ北進セシムルハ如何ナル理由アルモ断シテ許サレサルモノトス」(40)としたのは驚くほどのことではありませんが、これくらいの命令では関東軍の行動を抑止し得ないとみた今村は、ここで思い切って関東軍司令官の独断専行権を一部取り上げる措置をとることにしました。

今村はこの措置を採るに先立って、十一月四日、奈良武次侍従武官長の許を訪れその賛成を取り付けています(41)。宮中の不拡大方針支持の姿勢は最初からかなり明瞭でしたから、こうした事前工作は不必要であったとも思われるのですが、今村という人間はあくまで入念なのです。それだけ異例な措置でもありました。

十一月五日午前十時、金谷参謀総長が参内、天皇に拝謁し、御委任命令についての御裁可を得ました(42)。その日、本庄関東軍司令官は参謀総長から「本時局終了ノ時期迄、関東軍司令官隷下及指揮下部隊ノ行動ニ関シ、其一部ヲ参謀総長ニ於テ決定命令スル如ク先例ニ準シテ御委任アラセラレタリ」という通告を受けたのです(43)。

関東軍は当然猛反発しましたが、参謀本部からは同日夜、早速「臨参委命第一号」として「北満ニ対スル積極的作戦行動ハ当分之ヲ実施セサル方針ナリ」とし、「嫩江橋梁修理援護部隊ハ、最小限度ニ其任務ヲ達成スル為、其作戦行動ヲ大興駅付近ヲ通スル線ヲ占領スルニ止メシムヘシ」(44)という命令を受けたのです。大興駅の占領は十一月六日に達成されましたが関東軍の追撃は抑止されました。

しかし参謀本部としても、ここで関東軍が直ちに撤退すれば、馬占山軍が反攻に転じ、事態が悪化する可能性は認めざるを得ませんでした。十一月十四日の「臨参委命第三号」は、馬占山に対して撤兵交渉を行い、馬占山が要求を受け入れない場合に限り関東軍の自主的行動を認めました。

十一月十六日、南陸相は、閣議にチチハル占領を提議しました。北満進出に賛成でもない軍中央が敢えてこれを閣議に諮ったのは、今度の軍事行動が、勢いの赴くところチチハル占領まで行かざるを得ないことを見越したからです。従って、これを閣議が容易に認めず、認めるに当たっても馬占山軍を撃退した後には直ちに撤退することを条件にしたということも、軍中央としては或る程度、予期したことでした。参謀本部は、十六日午後九時十分発の「臨参委命第四号」で、チチハルへの進撃を認めましたが、その地を占領し続けることは厳禁しました。しかも、今村は撤退を実行させるには電報だけでは心許ないと考え、撤退を督励するため二宮参謀次長を渡満させるまでの措置をとったのです。

関東軍は十九日にチチハル占領を完了し、参謀本部は「臨参委命第五号」によってチチハル撤兵を厳命しました。チチハル撤兵は北満を実質的に支配下におくという関東軍本来の目的を空しくするものでした。関東軍は、一時、「臨参委命第五号」の無視、または軍司令官の辞任などの対抗手段を考えたといいますが(45)、結局、ここでも現地軍閥の利用に落ちつきました。馬占山軍がチチハルを放棄すると、ハルピンに駐屯していた東省特別区行政長官張景恵は、二十日、国民政府との関係を絶って独立し、黒竜江省に新政権を樹立すると宣言したのでした。

十一月二十六日、天津で起こった支那駐屯軍と中国軍との戦闘がにわかに関東軍の主力を錦州に振り向けさせることになり、チチハルには少数の兵力のみが残される事になりました。それによって参謀本部と関東軍との緊張の舞台も錦州に移りましたが、錦州もまた不拡大路線の維持を考える軍中央、今村にとっては思いもよらない進撃であり、参謀総長は二十七日の「臨参委命第七号」によって「貴軍ノ錦州方面ニ対スル攻勢動作ハ別命アル迄之ヲ禁止ス」と明白な禁止措置をとったのでした(46)。また「臨参委命第四号」の発出以来、関東軍の抑止のために現地に派遣されていた二宮参謀次長にも「貴官ハ速ニ奉天ニ到リ、軍司令官ニ対シ本職ノ名ヲ以テ委任命令ヲ下シ即時臨参委命第七号ノ服行ヲ厳命スヘシ」(47)と命じたのです。

　軍中央としてはそれでもなお安心できず、追いかけて二重、三重に禁止の励行を命ずる電文を発しています。このことについては、杉山次官から三宅関東軍参謀長宛の二十八日付電報が「在東京英仏大使ヨリ錦州方面支那軍撤退ニ関ス支那側ノ意向伝達アリタルニ依リ」となお説得的であったのに対し(48)、建川参謀次長代理から奉天の二宮次長に宛てた同日付の電報は脅迫的ですらありました。「関東軍ハ其ノ独自的企図ノ達成ヲ図ランカタメ各種ノ理由ノモトニ依然兵力ヲ遼河以西ノ地区ニ保持シテ敵ト近ク接触ヲ保チ機ヲ索メテ遂ニ真面目ノ攻撃ヲ開始スルノ考ヘヲ捨テサルヘキヲ以テ貴官ハ国際大局ノ見地ト中央統制ノ確保ト且其威信保持上、御委任命令ノ主旨ヲ貫徹スル如ク努力セラレタシ　万一軍司令官ニシテ命令ニ服従セサル場合ニ於テハ重大ナル結果ヲ将来スルモノトシテ中央ニ於テモ大ナル決断的処置ヲ考究中ナリ」(49)と中央の決意を伝えたのです。金谷参謀総長から二宮次長に宛てた電報は更に露骨でした。

今回錦州方面ニ対スル関東軍ノ不適当ナル行動ニ対シ、本職ノ意図ハ累次電報セル通リナルモ、今ヤ中央部ハ、全ク関東軍カ中央ノ統制ニ服スルノ誠意ナキト関東軍内部ノ不統一ナルニ帰セルモノト信セサルヲ得サルヲ遺憾トスルニ至レリ　就テハ貴官ハ軍司令官及参謀長ニ対シ、率直ニ中央部ノ右所感ヲ述ヘ、其猛省ヲ促シ、奉勅命令ト何等差異ナキ御委任命令ニ対シ寸毫モ違犯ノ誹リヲ受クルカ如キ挙措ヲ繰リ返スコトナキヲ保証セシムヘシ(50)

　杉山次官から三宅参謀長宛の電文の原案が永田軍事課長であったとすれば、建川部長代理や金谷参謀総長の電文の原案は何れも今村が書いたものであろうと思われます。関東軍の錦州進出はようやく阻止されました。しかし、これが天皇からの御委任命令を真っ向から振りかざしたものであっただけに、その命令が統帥事項漏洩を疑われた時の反動も大きかったと思われます。

軍首脳の統帥事項漏洩問題と幣原外交の終焉

事変勃発以来、列強の対応が日本に対して宥和的であったことはむしろ驚くほどでした。その理由の第一は、何としても幣原外交を維持させたいという列強の強い期待に出たことでした。列強からの圧力が、日本の国内世論を刺激して幣原を追いつめるのは得策ではないと考えたのです。そうした考えの中心にいたのがアメリカ合衆国国務長官スチムソンでした。幣原外交の基軸が対米外交であったとすれば、スチムソンにもそのことは良く分かっていたのです。しかし列強の宥和政策にも限度がありました。関東軍の錦州進撃はその限度を超えるものでした。日本政府は遂に軍部を抑えられないのではないかという疑惑が問題になったとき、幣原外相は、内密にという条件で南陸相や金谷参謀総長の錦州進撃に対する制止命令のことをアメリカ側に漏らしたのでした。

十一月二十九日付夕刊が、アメリカ合衆国国務長官スチムソンの談話として、日本軍の錦州進撃は米国の忍耐の限度を超えるものであると警告したこと、一面、幣原からは、文武両当局者の確約として、日本政府には錦州を攻撃する意図はなく、既に満州の日本軍司令官にその趣の命令を発令したとの言明を受け取ったことを伝えました。スチムソンとすれば日本政府の立場を擁護するつもりであったのです。ところがこの機微にわたる報道を、日本外務省の出先機関が、日本外交に対する非難と誤解したことから外交ルートを通じた日本側の抗議となり、それに対するスチムソンの釈明的記者会見が行われたことから、日本外務省としては最も機密を要する軍機漏洩の事実が明るみに出されることになったのでした。この記者会見は、日本陸軍首脳による統帥事項漏洩と、日本外務省によるその情報のアメリカへの流出の二重の漏洩を暴露することになったのです(51)。

原因が、スティムソン談話を誤解した日本外務省にあったのか、日本の統帥権についてのスティムソンの無知にあったかは別として、軍首脳の統帥事項漏洩に対する反発は、関東軍に対する御委任命令が厳しいものであっただけに激しいものであったと思われます。この軍機漏洩事件は幣原外交の終焉と共に、軍中央の権威をも失墜させることになりました。十二月に入ると軍中央は匪賊討伐を名目として錦州への進撃を許すこととなり、関東軍も大手を振って錦州攻略に乗り出すことになりました。これによって事変勃発以来続いてきた軍中央と関東軍、言い換えれば今村と石原の対決にも一応の決着がもたらされたのです。

十二月十一日若槻民政党内閣は閣内不統一により総辞職し、犬養毅政友会内閣が成立しました。幣原外交は名実共に崩壊しましたが、まだ新しい国家構想は根付いておらず、犬養内閣は困難な旅立ちとなりました。

上海事変と満州国建国

一九三二年（昭和七）一月四日、板垣征四郎高級参謀は内地出張を命ぜられ、八日の陸軍初めに当たって事変勃発以来の奮闘を褒め称える勅語を下賜されました。これで関東軍の行動は日本政府によって全面的に認められた事になり、昨年十一月以来険しくなっていた軍中央と関東軍との関係も修復されました。

満州事変勃発以来、中国各地では排日運動が激化していましたが、一月十八日、中国最大の貿易港上海で日蓮宗僧侶・信徒一行五人の日本人が中国人群衆に襲撃され三人が重傷を負い一人が死亡するという事件をきっかけに日中両軍の衝突が起こり、上海事変が勃発しました。この事変では中国国民、特に上海周辺に配備されていた広東系第十九路軍には抗日意識が高く、戦闘に当たっていた日本海軍陸戦隊が苦戦に陥ったため、二月には犬養内閣も陸軍の出兵を決め、戦火は拡大する勢いを見せました。しかし中国政府は、この度も国内の共産軍との内戦を優先し日本と本格的に戦争を継続する意志はなく、また列強も、特にイギリスが本気で調停に入ったため五月五日には停戦協定が調印され、日本軍の全面撤退を見ることになりました。この事変は満州事変から列強の目をそらせるための日本の謀略であったといわれますが、確かにそうした効果があったことを否定できません。

上海で停戦交渉が続いている間に満州では建国の準備が進み、三月一日には清朝の廃帝溥儀を執政とする満州国の成立が宣言されました。執政就任のレセプションで溥儀執政に万歳の音頭をとったのは馬占山でした。

今村との対決が日本陸軍に残した下克上の遺産

一九三二年（昭和七）一月、板垣は勅語を奉戴するために上京した帰途、大阪駅に出迎えた後宮惇第四師団参謀長に「司令官以下われわれなんか皆、石原の命令で動いているようなもんでね、今度の戦は全く石原の戦だよ」といったといいます(52)。また、犬養道子は「祖父犬養木堂暗殺の重要要素をなした満州問題は、その発生から満州国建立までの筋書一切を、たった一人の、右翼的神がかりの天才とも称すべき人間に負うていた」(53)と云っています。そうした指摘をうけるまでもなく現実に起きた満州事変は間違いなく石原莞爾の仕事でした。

しかし翻って考えて見ると、あの当時、満蒙問題の解決は、日本にとって、特にその地域の防衛を担当する陸軍に取っては避けて通ることの出来ない課題でした。ところが、いよいよという段階に解決の時期について軍中央にためらいが生まれました。内外の理解が得られるまで待つべきであるというのが軍中央の、特に今村の立場になりました。内外の理解を得ることは不可能であるというのが石原の考え方でした。満州事変を通じての両者の熾烈な闘いは石原の勝利に終わりましたが、石原に下克上の烙印を残しました。これは日本陸軍の規律を傷つけ、石原が軍中央に入ったときに致命的な古傷として彼の軍人としての権威を損ないました。

満州事変は十五年戦争の起点となったという考え方がありますが、満州事変と日中戦争はその性格が決定的に違います。その違いを作ったのが張学良です。満州事変では全く戦う意志を見せなかった張学良が、西安事件を引き起こし、戦う中国を作ったのです。張学良は中国における坂本竜馬だったのです。

二「まあ、男一人の仕事はしましたから」

領有論から建国論への経緯

事変勃発直後に、石原は満蒙統治について、その立場を領有論から独立国論へ変えざるを得なくなりました。石原にとって、その変更は甚だこころもとなく自信の持てないものでした。しかも、祖国を英米との対決路線に「強引」しようとする石原には、満蒙統治の失敗は許されないことでした。石原がことさらに民族協和や王道の理念を強調するようになるのは、その自信の揺らぎを補うためであったと見ることが出来ます。そのことが遠からず東亜連盟の理念に結晶して行くのですが、その経緯をみることにしましょう。

事変前の石原の立場については、当時、満州青年連盟の理事長だった金井章次は次のように云っています。

青年連盟が民族協和の独立国を唱える有力な原因の一つは、石原莞爾氏の「昭和四年の満州占領案」に対する反対のためであった。……石原氏の案に対しては、既に国際連盟事務局で働いたことのある私は、氏の昭和四年案にあるような、他国の占領案など実施できるものではないと思った。他国を占領したり植民地にしたりすることは、既に時代遅れと感じた(54)。

確かに、関東軍に着任以来、二年間の準備期間に石原が用意していたのは専ら領有案でした(55)。ところが軍中央の腰砕けによって本国政府の支持が得られなくなった関東軍としては、事変の継続・拡大を続けるためには、たとえ一時的にであれ、現地住民の独立政権樹立か独立国建国以外に方法がなくなったのです。

石原は、領有案についてはその成功にほぼ絶対的と云って良いほどの自信を持っていました。しかし現地住民の独立政権とか独立国建国ということになれば話は別です。そうなれば必然的に軍事以外の政治的要素が数多く加わってきます。満蒙統治に失敗は許されない石原にとっては、これは大きな不安材料でした。彼がこの方針転換に際し「満蒙占領意見、中央ノ顧ミル所トナラス、且、建川少将スラ全然不同意ニテ到底其行ハレサルヲ知リ、万コクノ涙ヲ呑ンテ満蒙独立国案ニ後退シ、最後ノ陣地トナシタルモノナルモ好機再ヒ来タリテ遂ニ満蒙領土論ノ実現スル日アルヲ期ス」(56)と満蒙領有案への未練を書き記したのはその為です。

一方、満州の現地にあって圧倒的多数の中国人に取り囲まれ、張学良政権からの排日政策の脅威にさらされてきた日本人居留民達に取っては、領有案より現地住民の独立国案の方がはるかに現実的で取り組みやすい政策に見えました。こうした現地日本人居留民の声を代表していたのが満州青年連盟や大雄峯会でした。

満州青年連盟が結成されたのは一九二八年(昭和三)十一月ですが、この年、日本では第一回普通選挙が実施され、日本国内では国民の間に参政権を得たことにたいする高揚感があり、各地で模擬議会が開かれました。満州でも大連新聞社が主催して開かれることになった模擬議会で生まれたのが満州青年連盟でした。従って、満州青年連盟の主張には、満蒙における日本人の危機感と共に、デモクラシーへの熱い思いが込められていたのです。彼等の中で生まれたのが、孫文に倣った日・中・満・鮮・蒙五族による民族協和思想でした。会員数は三千と云われましたが、事変勃発前に彼等が現実に行えたことは、祖国日本に満蒙の実情を訴えるための遊説隊を送ったことぐらいでした。ただ事変勃発直後の彼等の関東軍に対する献身的な協力は、満鉄初め、政府出先機関が非協力であっただけに関東軍に取っては事変成功への強力な助太刀でした。

大雄峯会は、弁護士の中野琥逸や満鉄本社の笠木良明を中心とした僅か三十名ばかりのインテリのグループで、満鉄東亜経済調査局理事長の大川周明の思想的影響をうけて、満蒙に道義国家の建設を目論んでいました。彼等は事変前から関東軍や奉天特務機関とも連絡を取っていましたが、事変勃発後には特に地方自治に関して積極的な意見を出し、建国過程に参入してゆくことになります。

関東軍は、事変前にほぼ満州青年連盟や大雄峯会の考え方は承知していましたが、事変勃発後、改めて彼等に建国案の起草を依頼し、出来てきた「満蒙自由国建設案」について検討を加え、その内容について満州青年連盟理事長の金井などに質問する機会を設けたりもしました。その結果、十月下旬の段階で、石原は金井に対して「俺は、俺の案をやめて、君らの案に拠るよ」と云ったといわれます(57)。

自治指導部の設立

中国では、古来、戦乱ごとに地方名望家や有力者(満州では農務会、商務会)が集まってその地方の自治自衛組織を設け、来るべき社会、新しい国に備えるという慣例がありました。この事変でもこの例にもれず、事変直後に撫順、安東、本渓湖、四平街、開原、遼陽、公主嶺など各地で地方自治会、治安維持会が生まれましたが、奉天でも九月二十五日、袁金鎧を委員長、于冲漢を副委員長として遼寧地方自治維持会が発足しました(58)。

しかし、関東軍としては、各地に出来てきた自治(治安)維持会を明確に旧政権から独立させ、これを関東軍の統治に結びつけることが必要でした。従って関東軍は、満州青年聯盟に前述の建国案の作製を依頼する際に、併せて満州青年連盟や大雄峯会に対し、各地の自治(治安)維持会を統括する機関設置案の検討も依頼しました。その結果として満州青年連盟では前述の通り十月下旬に「満蒙自由国建設案」を策定すると共に、大雄峯会の中野琥逸等と協議して「自治指導部設置要領案」を作製し関東軍に提出したのです。それに基づいて、自治指導部が発足することになりました。

この自治指導部の部長に迎えられたのが于冲漢でした。于冲漢の出馬を実現したのは、中国要人からも信用の厚かった大東病院長の守田福松でしたが、彼は奉天居留民団長でもあったのです。守田は遼陽の隠棲宅に于冲漢を訪ね、文字通り三顧の礼をとって時局収拾のために出馬を頼んだといいます(59)。

于冲漢(一八七一〜一九三二)は清朝時代、科挙の秀才となった人物で、一八九二年に直隷提都衙門文案に任ぜられ、一八九九年（明治三十二）に日本に遊学、間もなく東京外国語学校の中国語講師となり、その間に日本語とロシア語を習得、日露戦争中は日本軍のための特殊任務に就き勲六等の勲位を受けました。その後、一九三一年（昭和六）までに勲二等瑞宝章に昇叙しています。特筆すべきことは、日露戦争中、ロシア側に与して日本に敵対した張作霖が捕縛され、処刑直前に田中義一満州軍参謀に助命されたとき、通訳官としてその助命にかかわったことでした。

一九〇六年（明治三十九）に帰国、東北地方で外交にたずさわっていましたが、辛亥革命後は張作霖の総文案となり、一九二〇年（大正九）には奉天派を代表して第二次靳雲鵬内閣の国務院参議となりました。第一次奉直戦争後、奉天文治派の重鎮として東三省保安総司令部総参議、東省特別区行政長官、東支鉄道督弁などを歴任し、張作霖の死後も、一時期、東三省保安総司令部総参議などを勤めましたが、間もなく政治的立場から健康を理由に郷里に隠棲していたのです。事変勃発後、前述の通り、遼寧地方自治維持会が出来ると名目的に副委員長となっていましたが、十月末までは遼陽から居を移していませんでした。

守田からの出馬要請に対して于冲漢も出馬を決意、十一月三日に奉天に出て、直ちに本庄軍司令官と会見、以下に述べるような八項目の政見を伝えました。本庄軍司令官は即座に全面的に賛意を表したといいますが、確かにこれは見事なまでに満蒙統治の必要課題に応える内容で、石原が中国人の近代国家建設能力に対する従来の偏見を改め、現地住民による建国案にかなり篤い信頼を持ち得たのもこれを見たからだと思われます。大要、次のようなものでした。

（1）絶対保境安民主義
旧軍閥や南京政権との関係を絶ち、新独立国家を建設すること。王道主義の実現がその根幹であること
（2）民心の収攬と民力涵養
（3）官吏の汚職を予防するため俸給令の改正と慰労金規定の制定

（4）審計院（会計検査院）制度の創設
（5）警察制度の改革
（6）新政権の不養兵主義の確立（軍隊を廃止し国防は日本に委任する）
（7）道路行政と産業政策の確立
（8）その他

自治制というものは、その地方地方の歴史、習慣、人情、風俗を参酌してやるべきで、一足飛びに高遠なる理想を実現することは困難である(60)

しかも于冲漢は、一旦、奉天に出てくるや、なお去就の定まらなかった袁金鎧をうながして、十一月六日、遂に遼寧地方自治維持会に南京政権や張学良からの独立宣言を出させ、その四日後の十一月十日には自ら委員長となって自治指導部を発足させたのです。

日支人ハ全ク平等（何故、石原は理想主義的になったのか）

石原は十二月二日にチチハルで書いた「満蒙問題ノ行方」に於いて、満蒙の政治は、「1　住民ノ大多数ヲ占ムル支那人ノ幸福ヲ第一義トシ民性ニ合シタル自治ヲ行ハシメ其自由発達ヲ助成スベキコト。2　満蒙ノ経済的開発ハ各国民全ク機会均等タルベキコト」(61)と書きましたが、要は、狭い島国根性を容易には抜け出せない日本の同胞に、如何にして彼の大陸的な大戦略を理解させられるかにかかっていました。

今日の我々には、戦後のアメリカ合衆国が日本占領統治で示した、大胆でかつ細心な間接統治のやり方が占領統治の成功例として示されているわけですが、その場合、マッカーサーは憲法を押しつけながら感謝され、日米安保体制は半世紀を超えて揺るぎないものとなっています。アメリカが何故、成功したのかを考えると、満蒙統治にあたって石原が課題として抱えていた問題が見えてきます。マッカーサーは、実質、日本を完全な軍事占領下に置きながら、天皇制を支持し、少なくとも表面的には徹底して日本人の自主性と政治的独立を尊重するという姿勢を崩しませんでした。

石原が容易に満蒙独立案に乗り換えられなかったのは、こうした余裕のある姿勢をとることが当時の日本人には極めて困難であったからです。実質的な支配を貫きながら、表面的にはあくまで相手の政治的独立を尊重する姿勢を貫くということは相当な忍耐力と相手に対する理解力を必要とします。中途半端なやり方では協力した相手に逆に大きな失望と憤懣を与え、長期的には失敗することになります。少なくとも表面的には、政治の独立と民族の平等はかなり徹底して実行しなければなりませんが、必要なのは異民族文化に対する理解力であり、乗り越えねばならないのは性急な権益主義でした。石原は、自らが建国案で進むことに腹を固めると、今まで領有案にこだわってきただけに、ここで日本国民を徹底して啓蒙する必要性を痛感せざるを得なかったと思われます。

年が改まった一九三二年（昭和七）一月十一日に、奉天ヤマトホテルで開かれた大阪朝日新聞社主催の「新満蒙建設座談会」こそ、正にこうした石原の切実な国民啓蒙の必要性認識に応えるものでした。座談会出席者の顔ぶれは、中国人としては自治指導部長としての于冲漢の外、奉天市長趙欣伯、東北交通委員会委員長丁鑑修等六名、日本側としては関東軍から石原や統治部長としての駒井徳三を含めた四名、海軍から久保田久晴大佐、関東庁から外事部長河相達夫、奉天総領事館から森島守人領事等二名、満鉄から村上理事等三名、省政府から金井章次等二名、民間から奉天図書館長の衛藤利夫や野口多内奉天居留民会長等六名の計十九名でした。

大阪朝日新聞主催でしたが、東京朝日新聞も共催で参加しています。従って両朝日新聞社は、大阪本社、東京本社の論説委員や外報部長、特派員を併せて十二名という陣容で臨んでいましたが、何よりこの座談会に対する新聞社側の並々ならぬ気構えを伝えるのは、紙面での取扱い振りでした。大阪朝日は、一月十三日から二十日までの八日間、予告と結語を加えるとほぼ十日間にわたり、朝刊第一面の約半分を割いてこの「新満蒙建設座談会」を連載したのです。東京朝日は第二面でしたが、これも紙面のほぼ半分を割いて八日間の連載でした。

十三日の大阪朝日は第一面トップの大見出しで「満蒙の平和境　どうして実現する」と謳いあげ、その続きに「新国家建設が最も必要」という于冲漢の見解が、これも見出しの大活字で表明されていました。座談会の座長を務めた武内朝日新聞奉天通信局長は、会の冒頭、いきなり于冲漢に対して「満州は単に新政権がよろしゅうございましょうか、それとも独立の新国家がよいでございましょうか」と聞いて、于冲漢から「新国家を建設する方が一番宜しうございます」という言葉を引き出し、更に「そんなら外の諸君はどうでございましょう」と聞き、石原に「支那の有力な方がそういう御希望ならそれが良いに決まっています」と言わせて座談会の流れを作ったのでした。朝日新聞が、国論を于冲漢や石原の建国案に沿った形へ導こうとしたことは明らかですが、本来、この座談会自体が、石原の示唆にのったものと考えざるを得ません。

引き続き石原は「独立国である以上は、我々の持っているものを全部満州国に差し上げましょう。治外法権も付属地の行政権も、こんなものは即刻満州国にやりましょう」と人の意表を突く発言をいろいろ重ねていますが、中でも驚かされるのは「新国家に活動したい方は、その国家に国籍を移すことですね」といい、「つまり私は今度の新国家の連隊長に任命される」とまで言っていることです。国籍を移すなどということは民族意識の根本にかかわることで、昭和前期の日本人にとってはタブーだったと思われます。当時の日本人の多くは明治維新の成功と日清・日露戦争の勝利に結びついた国体観を通じて、他のアジア諸国に対しては絶対的ともいえる優越感を持っていましたが、その自負を保障していたのが国籍でした。従って国籍を移すという視点に立って初めて新国家における民族協和の意味が鮮明になるのですが、それだけ日本人の抵抗感は大きかった筈です。逆に独立国案は石原にとってそこまで徹底したものと考えざるを得ません民族の平等を求められるということだったのです。

この石原の発言の意味は誰よりも于冲漢の心を捉えたように思われます。于冲漢は早速、石原にその感激を伝える手紙をよこしましたが、その後、病気で寝込んでしまいました。石原は八月の移動で満州を離れ帰国しますが、用事で満州国に行った時に見舞いに行くと、于沖漢は非常に喜んで病室で寝台から起きてきて、石原に握手していったのです。「石原さん。あなたは商売が上手だ。ちっぽけな付属地なんというものは、満州鉄道の側、ちょっと顕微鏡で見なければわからん程小さいものでありますが、ちっぽけな付属地をくれて満州全部を取ってしまう」(62)。「大欲ハ無欲ニ似タリ」で、石原は性急な権益主義を捨てることで中国人の心を丸ごと掴んでしまおうとしたのです。

満州国協和会

以上、本節で述べてきた石原の心情を露骨なまでに率直に示しているのが、この年六月二十五日付の磯谷廉介大佐宛の石原書簡でした(63)。後に激しく対立することになる磯谷とも、この段階では軍中央上層部における数少ない理解者として彼には存分に本音を吐露しています。

石原はこの書簡で、改めて満蒙はここを我が領土として簡明な政治を行うのが最も適切な手段であると明言し、「我等が十数年に亘り満蒙領土論を主張し来れる所以なり」と述べています。しかし新国家は既に成立したのです。「吾人は全力を尽くして其の健全なる発達を計ら」ねばなりませんが、もしもそれに失敗したらその時には「断然これを領土とす」と開き直ってもいます。ただ、ここで石原が言いたいのは領土論の復活ではありません。満州国の建国がそれほど困難だということです。困難が予想されるのは、新国家建設が中国人との協同事業であるからで、国家の運営にどうしても中国人の協力を得なければならないからです。「目下に於いては主権者は軍司令官」ということで解決できますが、「永久に軍司令官を満州国の主権者」に据え置くわけにはいかないので、遠からず主権者を後継者に交代させなければならないとすれば、「なし得る限り速やかに後継者を養成」しなければならないというのが石原の論理です。

石原と他の日本人、特に他の軍人を距てることになるのは、ここのところです。石原には、独立国としたからには、遠からず主権は満州人に与えなければばならないという明確な見通しがありました。武力で解決できるのは短期的なもので、長期的には主権の尊重が何より重要になると見通していたのです。

民族主義に深刻な認識をもつ石原は、国家主権の存在について他の日本人ほど甘い幻想など持っていませんでした。それ故にこそ領有案にこだわっていた訳ですし、一旦、満州国建国路線を取ったからには、早晩、軍司令官に代わる主権者を用意する必要があると考えたのです。その主権者としては、専制君主として中国国民に排除された廃帝溥儀はもちろん駄目、自由主義による民衆の代表機関である立法議会も腐敗した政党政治を生み出すだけで見込みなしとなれば、「統制主義による民衆の代表機関たる一つの政治的団体」を主権者として準備しなければならないとして、「満州国協和会は実に此の目的の為に設立せられたるものなり」というのです。

民族問題は中途半端に手をつけることを許しません。中途半端なことをするくらいなら、野蛮なようでも全く手をつけぬ方が遥かに安全なのです。石原が領有案にこだわったのは日本人には異民族の協力を取り付けることは極めて難しいと考えたからでした。一面、彼には明治維新における庄内藩の体験などを通じての楽観もありました。こうした統治のやり方は極めて困難であるが、これに成功すれば「漢民族ノ自尊心ヲ傷ケサル大利益」があるというのが石原の考え方でした。しかし石原の満州国協和会への肩入れが熱を帯びてくるにつれ、それに対する抵抗も強くなりました。

しかも軍上層部での石原評価は決して芳しいものではありませんでした。事変そのものに対する評価は別として、軍中央に対する反抗姿勢と、事変勃発から満州国建国に至るまでの一切の取り仕切りは、明らかに一中佐としての分限を遥かに超えたものでした。そのことはエリート軍人としての石原の未来に決して明るい展望を与えるものではありませんでした。彼は満州在留邦人社会や一般の兵士などからの熱烈な支持や、少数の理解ある先輩・同僚からの真摯な支持と共に、多くの先輩筋や同僚達からの秘められた羨望や嫉妬、強い憤懣の渦に取り囲まれることになったのです。そのことを最も良く物語っているのが本庄繁軍司令官から磯谷廉介課長宛の一九三二年（昭和七）七月十六日付の書簡です(64)。

これは磯谷が次の関東軍人事について問い合わせたのに答えたものです。四月に岡村寧次から人事課長を引き継いだばかりの磯谷にとっては、八月の移動で石原をどのように処遇するかは最も困難な課題でした。磯谷は六月に一度、満州に出張、様々な現地の声を聞いた上で、なお迷うところがあったのです。幸いなことに本庄は同郷の先輩で、結婚の仲人でもあり、気楽に相談できる間柄でした。磯谷からの問い合わせに対する本庄の返答は六月二十九日付に始まり、この七月十六日付の陸軍用箋三十二枚にわたる長文の書簡に引き続き、八月にも四通が矢継ぎ早に発信されています。その中で本庄は石原を関東軍から移動させることを主張しました。

磯谷からは、石原留任を望む現地側からの要望に加え、異動先選定の困難もあり、石原を関東軍に残そうと考えている旨の申し越しがあったのです。それに対して本庄は石原を出した方が良いと主張したのです。本庄も、最初の間は自分も石原を残そうと考えていたと云います。しかし本庄は自分が帰朝することに決まったからには、石原も転出させる方が良いと考えるようになったというのです。その理由として、本庄は、石原には次の三つの欠点があると云います。

第一に、石原は、担任以外の事にも口を出し、その主張は正しいことが多いが、頑強に押し通そうとするために他の幕僚や副官などとの感情的な折れ合いがうまくゆかないということです。

第二に、石原は担任の作戦の問題でも隷下各師団に対する指揮が強硬なため、本庄としては石原に全面的に同意を与えていることでも、師団長の中には不快に感ずる者がいるということです。本庄は「作戦ニ関スル限リ全然石原ニ同意シアルモノニ候」と評価しながらも、隷下部隊との関係に懸念があるとすればやはり石原は交代させた方が良いというのです。本庄とすれば後任の軍司令官の下では石原はもたないと見ていました。確かに石原が満州に残るとすれば、石原本人が軍司令官になる以外に適当なポストはなかったと思われます。しかし日本陸軍という厳密な官僚的序列社会にあっては、石原にとって軍司令官の地位は十年早かったのです。

第三に、石原思想の革新性という点です。最近東京で起こった五・一五事件のようなテロには絶対に反対だが、一国一党主義とか協和会とかは、溥儀の王道宣言などとは相容れないというのです。「満州国政府建設ノ当初ニ於テハ其首脳者ノ立場ヲ無視スルカ如キハ勉メテ之ヲ避ケ度候」と云うわけで、「石原ハ聊カ理想ニ馳スル嫌アルモノ亦全幕僚トノ協調上多少案セラルル点アル次第ナリ」として、石原の理想主義が他の幕僚達との協調を破り関東軍の団結を破壊すると見ていました。「破壊時代去リ建設時代ニ入ル今日、此等懸念ノ原因ヲ去ル事カ宜シカルベクト存候」というのが石原転出の必要理由です。ここには、石原を建設より破壊の人とみている本庄の石原観が表れています。その手紙の中で、本庄は石原を「厄鬼」と表現しています。

結論として、本庄が「他日必ス更ニ重用スヘキ国軍ノ宝」と云いながらも石原の転出を必要と考える根拠は、他の幕僚達との協調性の欠如にありました。これは全て一中佐の分際で満州国の創出という大事業をやってのけたことから起こる軍内部の感情的なしこりでした。常識論として、確かにこれは陸軍という命令系統の序列社会にあっては決定的に重要な点です。本庄とすれば、自分だからこの悍馬を何とか使ってきたという自負もあったと思われます。

この時期、日本の大衆社会、特に満州居留民社会における石原人気は絶大なものがありました。その上、石原には稲妻のように俊敏な頭脳と不必要なまでの毒舌がありました。従って、石原に対しては上官といえども面と向かって反対することは極めて困難な状況があったのです。だからこそ多くの障碍を乗り越えられたのですが、逆にそれだけ陰に籠った羨望と嫉妬の感情は、石原に対する暗黙の壁を用意することになりました。

「まあ、男一人の仕事はしましたから」

満州事変後、石原は辞表を提出しました。『石原莞爾資料―国防論策』の「解題」を書いた角田順は、石原がこの時を含めて四度（満州事変後、二・二六事件後、関東軍参謀副長、第十六師団長）も辞表を出したことに関連して、「今、試みに武藤［章］等の行き方と較べるならば、石原の諸構想も新戦法も彼等より遙かに革命的であったにも拘わらず、之を達成する上の機構人としての執拗さと図太さにおいては石原は彼等に遙かに劣っていた」と、石原の「諦めの良さ」を彼の弱点として指摘しています。巨大な事業を企画しながら、それを達成する執拗さに欠けるということは、逆の見方をするものからいえば、殆ど無責任とすら思われる石原の欠点でした。「日支人ハ全ク平等ノ地位ニ立ツ」というような、恐らく「満州国」を経営する上で最も重要でありながら、しかも一般の日本人にとって到底達成出来そうにないテーゼを出しながら、満州事変直後にあっさり辞表を出すようなやり口は、確かに彼の思想の真剣みを疑いたくもなるほどです。

ただ本庄繁が磯谷廉介宛に述べたような石原についての上司や同僚からのやっかみや悪評は、石原自身、むしろ日常的に痛感させられているところであり、そのような所に何時までも未練がましくかじり付いていたくない「へそ曲がり」も石原の身上であったことは間違いありません。

それと同時に、事変後、石原自身の満州事変と満州建国に対する評価は決して低いものではありませんでした。石原が連隊長として仙台にいた一九三四年（昭和九）三月十四日に、尋ねてきた小林鉄太郎に対して思わずも洩らした「まあ、男一人の仕事はしましたから」(65)という言葉は、未完成であろうが、欠陥があろうが、天命として与えられた事業について、やれるだけのことはやったという歴史に対する自負であったろうと思われます。

三　高揚感という放射能を持った連隊長

一九三二年（昭和七）八月から一九三五年（昭和十）七月までの三年間、石原莞爾は満州国からも軍中央からも切り離された空間に置かれました。軍中央は皇道派の支配下に入りましたが、それでも満州事変に振り回された軍中央としては、この下克上の気配に加えて、明断すぎる頭脳と破天荒の決断力を持った人物を受け入れるには、その後の事態の紛糾がそれを収拾できる人物を求めるようになるまで待つ必要があったのです。

国際連盟帝国代表随員としてのジュネーブ行き

石原の処遇に悩んでいた軍中央にとって、外務省から国際連盟帝国代表随員派遣を求められたことは渡りに船だったと思われます。しかし石原本人にとってはこれほど不本意な役割もありませんでした。石原がこの処遇をどのように受け止めたかは、同じく随員としてジュネーブに同行することになった土橋勇逸が語っています。

一九三二年（昭和七）八月半ば、土橋は満州から引き上げて来た石原を羽田に出迎えました。その時、土橋は彼自身が松岡の随員を命ぜられた時のいきさつを話しました。極力辞退を申し出たところ山下奉文軍事課長から「石原を随員にしたが、彼はジュネーブのことは素人だから連盟のことを知っている土橋を付けることにした」と云って因果を含められたというのです。それを聞いた石原は「土橋君、連盟が何といおうが、満州国は立派に育ちます。発令になった以上お伴はするが、会議のことは一切君に御願いします」と云ったのです(66)。土橋こそいい面の皮ですが、石原には自分で潰した国際連盟との関係を修復する気持ちなどさらさらなかったということです。

ソ連の日ソ中立・満州国承認提案

ジュネーブには往復共にシベリヤ鉄道を通りました。石原にとってはやはりソ連が第一に気になる存在であったと思われます。十月上旬に東京を出発、敦賀から船でウラジオストックに上陸し、ウスリー鉄道、シベリヤ鉄道でひどく荒廃している沿線の有様を見物しながらモスクワに着きますと、ソ連では石原をまるで国賓の様に歓待し、エゴロフ参謀総長から面会を求められました。駐在武官の話では、これは破天荒な事で、普通ならば日本の将軍が面会を申し込んでも中々会わないということでした。

いよいよ会見ということになって参謀本部の一室

に通されて、石原が開口一番、「人類の一人として、ソ連の大なる努力に対して敬意を表する」と挨拶すると、「かかる理解ある言葉を貴官から聞くことは本職の最も愉快とするところである」と大変嬉しそうであったといいます。早速、石原の臍曲がりが頭をもたげます。「あわてて貰っては困る。幾十幾百万の貴い生命を奪うような大犠牲を払って、新しい人類社会の実験に超人的努力をしているのに驚異するので、善いとか悪いとか申すのではないから、その点、誤解しないでくれ」と、ソ連社会のかかえる矛盾点を随分露骨に指摘したといいます。通訳が困って脂汗を流したと云いますが、エゴロフからは「何とかして日ソ不可侵条約を頼む」という申し出がありました。それに対しては、石原は、個人としては大賛成と云いながら共産主義の宣伝に文句をつけ、持ち前の日本の国体讃美をひとしきりやり、「日本の国体を理解しないで他国に対すると同じように軽々しく日本に宣伝することは罪悪である」とまで云ったといいます。共産革命の本家を自負するソ連中枢の人物に対しても、敢えて相手の意表を突く議論を吹きかけることで自分の土俵を確保するのが石原の流儀でした。エゴロフはソ連は決して共産主義の宣伝をやっていないと釈明し、すっかり受け身になったようです。

石原は更に沿海州の開発に、日本人、特に朝鮮人をウンと入れようではないかと提案し、「そうしたならばご希望の不可侵条約も私は案外容易に成立すると思う」と云ったようです。エゴロフは狼狽気味でわけの判らぬ弁明に勉めたということですが、この会談を通じて石原はソ連が東支鉄道は手放すつもりでいるらしいという感触をつかんだといいます(67)。

この時期のソ連の不可侵条約締結への動きは、何も日本相手に限った事ではなく、国境を接する隣接諸国の全てに対する外交政策で、むしろイデオロギー抜きの徹底したリアリズムであったと見ることができます(68)。外務省に対しては、ソ連は更に満州国の承認まで持ち出してその締結を打診したと云いますが、これに対する日本政府の対応は如何にも冷淡なものでした。それには赤色政府に対する日本側の思想的反発が大きく、特に犬養内閣と斎藤内閣で陸相を勤めた荒木貞夫の反対が強かったようですが、マルキシズムを基本理念とするソ連の外交がリアリズムで、それに対応する日本外交がイデオロギーに左右されていたのは何とも皮肉な話しでした。

石原大佐にものを聞く会

モスコーを後にした石原と土橋はワルシャワ、ベルリン、ロンドン、パリと各国首都を歴訪し、大使初め官民を一堂に集めて石原が事変の説明を行いました。ロンドンでは駐在武官代理の辰巳栄一が各国駐在武官等を集めて「石原大佐にものを聞く会」を企画したので、石原には特別に発言の機会が与えられました。この会は大成功だったと辰巳は振り返っていますが、中国での権益回収運動の昂揚に手を焼いていたイギリスには、満州事変に対しても、ある程度、理解する素地はあったと思われます(69)。

十二月二十四日、帝国代表としての松岡はジュネーブの国際連盟総会でいわゆる「十字架上の日本」と呼ばれる演説をしました。理事会は日本と中国を除く五カ国による十九人委員会を選び、翌一九三三年二月の総会に提出するリットン調査団報告書の採否に関する原案作製を依頼し、総会は休会に入りました。翌年二月二十四日、リットン調査団報告書採択の趣旨をもった委員会報告案の採決は賛成四十二、反対一、棄権一で、日本代表団は総会を引き上げることになりました。三月末、日本は遂に国際連盟を脱退しました。

石原は三ヶ月の滞欧中、ナポレオンやフリードリッヒ大王に関する文献や絵画類を買いあさりました。石原の気持ちの中には多分に配所の月を眺める趣があったと思われます。後に鳥海克己に話したところでは、ジュネーブ滞在は実につまらなく、毎日、松岡と顔を合わせて少しも内容のない饒舌を拝聴させられ閉口したということです。

高揚感という放射能を持った連隊長

石原莞爾は一九三三年（昭和八）八月に仙台歩兵第四連隊長になりました。悪名高い皇道派人事の一環ですが、引き受け手のない石原を、急遽、第二師団長に充てられた東久邇宮稔彦王が石原なら歓迎するとして引き受けたという話は良く知られています。

この連隊は一八七五年（明治八）九月九日に創設され、以後、西南戦争、日清戦争、日露戦争に従軍して武勲をあげた由緒ある連隊でしたが、何と云っても一九三一年（昭和六）四月から二年間、満州に駐箚し、満州事変では長春、寛城子、南嶺、吉林、チチハル、ハルピン、敦化などに転戦し、武勲をたてて一月に帰還したばかりでした。当然、将兵の鼻息は荒く並みの連隊長では統制に手を焼くところでした。しかしその武勲の実態を知っていることにおいて、また、それ以上に自らの輝かしい武勲の持ち主であることにおいて石原以上の連隊長はあり得ませんでした。

それに石原は、気心の通じない上司にとっては極めて厄介な存在でしたが、部下となった時に初めて真価が分かるタイプの人物でした。第四連隊の青年将校、下士官、兵士たちは、飛びきり誇らしい大物連隊長の部下として、何物をも怖れない勇気と訓練に打込む情熱をもらいました。石原の下で軍医であった宮本忠孝は石原との最初の出会いを次のように書いています。


四連隊での将校の昼食は、全員、将校集会所で行われ、将校は、毎回一名あて順々に、連隊長と対座て会話しつつ食事する慣わしであった。ちょうど、その番が私に回ってきたその時、かねてから、一部将校の兵の衛生に関しての無関心さにムカムカしていた私は、思わず立ち上がって、将校全員を怒鳴ってしまった。そして再び席に着くと、面前の隊長は、「おこったナ」と一言いってニヤッとした。私は、ワクワクしていたので、一言も返事もしなかった。大体、軍隊での軍医なんていうものは、その頃は、添えもの的、時には茶坊主的位地にあるように、前任の連隊付の時に感じ取らされていたので、この時の、中尉階級の新任軍医の私に、連隊最高位の連隊長たる者が、「おこったナ」と一言してニヤッとされたその大きな内容が、私には深く受け止められ、これが石原莞爾との出会いとなった。勿論、それ以前に、申告（軍隊用語

連隊長として縦隊突撃演習の先頭を走る石原

で上官に対する着任挨拶）はあったが、それは儀礼的なもので、真の出会いは、この機であった(70)。

これは宮本が二等軍医（中尉）として歩兵第四連隊付になってから間もなくのことですが、石原の前に出ると、それだけで一種放射能を浴びたような独特の高揚感があって、新参の軍医が平素の鬱屈を吹き飛ばし、思わず将校全員を怒鳴ってしまうような勇気をもらったのです。

連隊長による悪弊一掃改革

石原が連隊長としてやったことは、ほとんど全て彼が青年将校時代に考えていたことでした。青年将校の目線で見ていたことを、連隊長になって初めて誰憚ることなく実地に移すことが出来たのです。野間宏の『真空地帯』その他、第二次大戦後の一連の告発文学がこぞって指摘したように、旧陸軍には様々な悪弊があり兵を苦しめていましたが、そうした旧陸軍の持っていた悪弊は、第四連隊に於いては、ほとんど石原の改革の対象となり一掃されました。

その第一が、訓練以外のことでは兵の負担を出来る限り軽くしたことです。

先ず、鉄拳制裁といわれる体罰をなくしました。「兵は神様、将校は神主なり」という標語は、石原が将校や下士官に与えた訓示の代表的なモットーでしたから、神主が神様を殴るなんてとんでもないということで、兵に対する体罰は厳禁でした。石原はこうした「標語」で雰囲気を作り出すことの名人でした。宮本忠孝は「私の歩兵第四連隊勤務は僅か一ヶ年半の短期間であったが、その間に、兵に対する体罰は見たことがない」と云っています。

この鉄拳制裁の撲滅と関連しているのが入営兵の出身郡市別による中隊編制でした。これには反対意見も根強く、導入にかなり準備も必要でしたが、この郷土部隊は後年の東亜聯盟の国土防衛国民組織構想につながるものでした。郷土愛と国防意識を結び付けることで、国防を郷土に根付かせる方法だったのです(71)。

また、洗濯干し場での盗難をなくしました。兵隊の被服は全て官給品でしたが、決められた時にしか支給されず、検査の時に数が不足していると厳罰を食うというので、紛失した兵は洗濯干し場で盗んだのです。盗まれた方も「ブンマワシ」(盗み返す)ということで、盗難予防に対する兵の心労は大変なものでした。官給品を大切にするという精神が行き過ぎたもので、洗濯干し場には各内務班から「物干番」という監視兵を出していましたが、盗む方も必死ですから盗難は絶えなかったのです。石原は、これでは軍隊がまるで泥棒を養成しているようなものだとして、紛失した場合には届け出れば代わりを支給することにしましたから盗難はなくなりました。

第二には訓練に対する合理性の要求です。

石原は「訓練第一主義」を標榜していましたが、彼は兵を非合理的な作戦や訓練で犬死にさせたり体力を消耗させたりすることを幹部の怠慢として心底から憎みました。これは赤紙(召集令状)一枚で召集されてくる兵隊の命を軽く見がちであった当時一般の風潮と石原が際だって違うところでした。そこで将校や下士官など幹部には、兵を犬死にさせたり無駄に体力を消耗させない為に徹底した勉強や研究を要求しました。将校集会所に図書文庫の充実を計ったというのも幼年学校や陸士で図書館のないのに苦しんだ石原ならではのことと思われます。報知新聞の石巻支局長であった高木清寿が、度々、取材に訪れるうちにすっかり石原に感化され、連隊の青年将校達を語らって国防研究会を作ったのもその一環でした。高木は連隊以外の場所でも国防研究会を作りましたが、これが後年の東亜聯盟組織の一翼となったのです(72)。

旧陸軍では歩兵は文字通り歩く兵隊でしたから、訓練の中で「行軍」は極めて重要な課題でしたが、石原の鉄則は「周密なる計画と果敢なる実行」ということで、兵を必要以上に疲れさせないという気配りは大変なものでした。すべての行軍は中隊別の成績がとられました。例えば、榴ヶ岡の第四連隊の営門から王城寺原演習場まで約三十五キロメートルの行軍は、中隊別に五分間隔で出発、連隊長はその中間頃から、連隊幹部と軍医を伴って乗馬で追及、終始駈歩で、先ず先頭まで追いつき、また引き返して最後尾まで来、またもや引き返して到着地点に至って先頭の到着を待ち、所要時間・行軍状況・疲労程度を調査するという有様でした。連隊長先頭の活動なので幹部将校もアゴを出す有様だったと云います。長期間にわたる行軍の場合など、第一日目の行程は気抜けするほど軽く、二日目以降次第に行程をのばすように配慮しました。また「靴擦れ」による落伍者を出さない工夫など、軍医の進言を積極的に取り入れました。

厳しい訓練も合理的に行えば兵に過重な負担をかけないで立派な成果をあげられるということでした。その成果として、一九三四（昭和九）年十一月の特別大演習での体験を、軍医の宮本は「日を経るほどに成果上々、福島平野から関東地方に入る頃から、山形方面からの兵が、点々と路傍に落伍しているのを横目に、堂々行進する優越感は、今でも忘れられない」と回想しています。

訓練の合理性ということに入るかどうかは別ですが、剣道や銃剣術の審判では「相打ち」「相突き」を認めませんでした。実戦では必ずどちらかが倒れるという理由ですが、この剣道に於ける「実戦主義」は、石原が幼年学校時代から実践してきたことでした(73)。審判は困難になりますが、稽古は格段に厳しさを増しました。

第三には兵の生活条件の改善です。

兵食を美味くするために調理人を軍属として雇い入れたなどということは旧軍に於いては他に例を見ないことでしょうが(74)、生活改善の代表的な例は風呂に濾過浄化装置をつけ、自由入浴制にしたことでした。平時の歩兵第四連隊は、三個大隊(九個中隊)と機関銃隊・歩兵砲隊から成り立っていましたが、浴槽は大隊毎に一個、計三個ありました。各兵の入浴は、それぞれ割り当ての浴場で、割り当ての時間内に済まさなければならないということで、当番兵や公用外出者、または雑用に追われていてその機を逃した兵は入浴出来ませんでした。それに、夕方から四時間ばかりの間に五百人を越える人間が入るのですから、一番後に入る時分には、湯も臭気プンプンの泥状になり、兵隊はこれをライスカレーと呼んでいました。石原はこれを改善するために、浴槽には濾過浄化装置を取り付け、「自由入浴制」をとることにしました。三面の浴槽を、常時二面使用とし、残る一面は機械と浴槽の掃除に当て、兵は所定時間内なら何時、何回でも、何分間でも入浴出来るようにしました。濾過浄化装置が常に湯水を清浄に保ちましたから、ちょっとした温泉気分が味わえるようになりました(75)。

軍旗祭

連隊の歴史は軍旗の授与と共に始まります。石原は国防を国民全体の問題だと考えていましたから、一般市民の間に国防意識を育てるには、この軍旗を、単に第四連隊の旗というに止まらず、「あの旗の下で、自分たちの祖父や親たちが祖国のために戦い、戦死もしたのだ。あれはわれわれの旗だ」というまでの観念を育てる必要があると考えていました。当時の石原は、満州事変の立役者として人気抜群でしたから、講演会の申し込みが殺到していましたが、彼は特に青少年に対する講演会や座談会には積極的に出向いて行きました。

一九三三年（昭和八）九月以降の彼の日記には、二高学生、気仙沼中学、栗原農学、築舘中学、東北学院中等部、東北中学、石巻中学、宮城水産、石巻商業、仙台工業、仙台二中、師範、一中等の学校名と共に、楢崎青年団、仙台商業自彊会、東六小学訓導、町村長会、ビール会社、職工座談会、塩釜座談会、河北新聞社座談会、樽岡小学校・青年団主催演説会、東方会等の名前が並んでいます。

石原はまた、「第四連隊と軍旗の歴史」を数枚のスライドに色入りで作製し、活動写真館で、映画の幕間に映写させました。今日ではテレビや映画による宣伝は当たり前になりましたが、当時では画期的な宣伝方法で、忽ち大きな反響を呼びました。また教育担当の将校に「連隊歴史と軍旗の話」という紙芝居を作らせ、仙台市の紙芝居の親分に各地で公演させたりもしました。

石原の凄いところは彼の事業に参加した人間に、自らの主体性による積極的参加を引き出すところにあります。一九三四年（昭和九）九月九日の軍旗祭を前にして、八月十七日には新聞記者を招待して軍旗の説明をしていますが、『河北新報』では自らの企画として小学校児童から「軍旗」という題名の作文を募集することにしました。そうなると『河北新報』新聞社は軍旗祭の協賛団体のようになってしまいます。軍旗祭当日を締め切り日として、入選三十名、秀逸百名を選んで九月二十三、二十四日両日にわたる連隊宿泊と軍旗奉拝の児童隊を組織し、隊内における賞状賞品の授与式までやることになりました。当然、『河北新報』には作文募集の関連記事が連日にわたって掲載されることとなりました。軍旗祭当日はあいにくの雨にもかかわらず、県下の学生・生徒・児童の分列行進などもあり、押しかけた市民の数は空前の規模となりました。

この盛大な軍旗祭の終了直後、最後の外来者が営門を去ってホットした時、いきなり将校・下士官集合のラッパが鳴り渡りました。皆が何事ならんと馳せつけると、石原は、今すんだばかりの軍旗祭の実況と経験に基づき、来年の軍旗祭に備えるために、①効果のあった点、②改良すべき点、③気がついた新企画、④その他の参考事項を直ちに箇条書きにして提出を求めたと云います(76)。記憶の生々しいうちに次回の為の資料を整えておくというのが石原莞爾の流儀でした。兵には優しいが、幹部には厳しい連隊長でした。

兵農一体

兵士の圧倒的多数が農家の出身というばかりでなく、食料自給は国防の基本的条件でしたから、石原が農業を重視したのは当然でした。彼は「兵農一体」を口癖として、しばしば県に要請して講師を招き、農事講習会や農芸関係の講習会を開き、また中隊農園を作らすなどして農事の研究などもさせました。また、検閲や演習で慰労休暇を与えた時など、代日休暇等と合算して連続休暇を与え、殊に農繁期などには兵士にそうした休暇を活用して実家に帰っての手伝いを奨励しました。

また、営内でウサギを飼い、そのためには畜産技師の派遣を求め、優良種を集めると共に、希望の兵には講習を受けさせました。まだ、珍しかったアンゴラ兎を飼育し、受講の兵には除隊の時、一番《ひとつがい》いずつ無料で持たせ、郷里での飼育を奨励しました。これは兵士にとって負担であった除隊土産対策でもありました。

石原は結構、演出家でもありましたから、一九三四年（昭和九）十一月十一日からの実質、四日間にわたる秋季特別大演習の時には、最後の演習中止の場所がちょうど天皇御座所の正面になるように、しかもその時、彼は「連隊長の突かん」と称して、田んぼのあぜ道を一列縦隊で駆け抜ける姿勢をとっていました。散兵でなく一列縦隊となったのは、石原が「一本の稲も踏みつけてはならぬ」と兵に言い聞かせてあったからですが、これなど農村出身の兵士の心をわしづかみに捉える言葉でした。同時に、いつもは写真でしか見ることのない天皇の姿を目の前に拝させる工夫など、憎らしいまでの演出でした。

当時、小作制度は大きな社会問題でしたが、地主の中には小作の働き手である青年が入営すると、それを口実に小作地を取り上げるようなことがありました。「兵農一体」の石原から見ればとんでもない話しで、彼は兵士達の郷里における家庭の実情などにも配慮してそうしたことが起こらないよう目配りしていました。郡市別中隊制度はそういう意味でも有効であったわけです。

闘病

石原にはいろいろと持病がありましたが、わけても連隊長時代は体調がすぐれませんでした。連隊本部二階の連隊長室に上がるにも覚悟して昇らないと息が切れるほどだったといいます。にもかかわらず石原はそのことを人には言わず、外見上は頑健な隊長としての役割を演じていたのです。

彼には膀胱内の腫瘍があり、常人であれば、苦痛や出血、それに伴う精神的不安のため、数日は安静に病床を守らざるを得ない電気焼灼の手術を反復施行された前後にも、数日にわたっての演習や検閲、講演、面接にと活躍し、雨中の行軍や露営等も参加し続けたといいます(77)。

石原が初めて血尿を見たのは大正の初期で、馬から下りる時、剣柄で尿道の基部を強く突き激痛を覚えた時が最初で、その症状は間もなく治まりましたが、昭和の初め頃から再び血尿が始まり、一進一退の有様だったといいます。漢口時代の木炭中毒や、大学校時代の中耳炎などの予後の不良もあり、満州事変の時は横臥のまま執務する状況だったといいますが、一九三二年（昭和七）ジュネーブで大量の出血を見て、この時は血塊も交ざっていたので初めて軍医に相談したといいます。

一九三三年（昭和八）に連隊長になってから、十月に東北帝大医学部杉村七太郎教授の二回にわたる精密検査の結果、膀胱内に鳩卵大のパピローム（乳頭腫）が認められ、十月十九日に入院、十一月二日、腹部から膀胱を切開の上、腫瘍摘出手術を受けました。手術後、痛みがきたら注射するからといわれていたにもかかわらず彼は激痛を訴えず、ベットの鉄棒を握りしめ脂汗を流しながら頑張っていたといわれます。同月二十八日に退院しましたが、翌九年八月には再び血尿で受診、腫瘍の再発が認められ、今度は何回かの通院治療を受けています。治療は膀胱鏡を尿道から膀胱内に挿入し、電光と鏡で腫瘍を探し当て、そこに白金線を延ばし、電流を通じて腫瘍を焼き切る方法で、肉体的にも精神的にも大きな負担を伴うものでしたが、日記によると、前述の通り石原はその治療の前後、演習や講演に出かけています。幹部（将校や下士官）に厳しい連隊長は、自分自身に最も厳しい要求を突きつけていたのです。

註

（1）石原莞爾日記（鶴岡郷土資料館所蔵）
（2）黄自進「満州事変と中国国民党」、中村勝範編『満州事変の衝撃』勁草書房、一九九六所収
（3）NHK取材班・臼井勝美『張学良の昭和史最後の証言』角川文庫。なお、渋谷由里『漢奸と英雄の満州』（講談社選書メチエ）では張作霖死去に関する情報が漏洩しなかったのは第五夫人寿玉梅の功績だと云っています。
（4）澁谷由里前掲書では七月には国民政府への帰属を決めていたと云います。
（5）前掲NHK『張学良の昭和史最後の証言』
（6）伊香俊哉『近代日本と戦争違法化体制』吉川弘文館、二〇〇二
（7）浜口裕子「満州事変直前の日中間の懸案交渉」『再考・満州事変』所収
（8）前掲黄自進「満州事変と中国国民党」
（9）同前
（10）前掲浜口裕子「満州事変直前の日中間の懸案交渉」
（11）石原莞爾日記（『石原莞爾資料—国防論策』原書房）
（12）里見岸雄『闘魂風雪七十年』錦正社、一九六五、二六七頁
（13）前掲石原莞爾日記
（14）大江志乃夫『張作霖爆殺』中公新書、一九八九、一六八頁
（15）石原莞爾『最終戦争論・戦争史大観』中公新書、一三四頁
（16）「右翼思想犯罪事件の綜合的研究」『現代史資料』4、みすず書房、五八頁
（17）同前五九頁
（18）「満州問題解決方策の大綱」『現代史資料』7、みすず書房、一六四頁
（19）六年八月十二日付永田大佐宛書簡『石原莞爾資料国防論策』八四頁
（20）六年五月「満蒙問題私見」同前、七九頁
（21）船木繁『支那派遣軍総司令官岡村寧次大将』河出書房新社、一九八四、二一五〜二一六頁参照
（22）柴田紳一『昭和期の皇室と政治外交』原書房、一九九五所収

(23)「軍事上ヨリ見タル日米戦争」(『石原莞爾資料　国防論策』四八〜四九頁
(24)前掲「満蒙問題私見」
(25)『今村均回顧録』芙蓉書房、一九八〇、一八七〜一八九頁
(26)中山優「永遠の希望の源泉」保坂富士夫『石原莞爾研究』第一集、一九五〇所収
(27)「満州事変機密作戦日誌」『太平洋戦争への道別巻資料編』一一三頁
(28)神田正種「鴨緑江」『現代史資料』7
(29)片倉衷「満州事変機密政略日誌」其一(『現代史資料』7)、一八五頁
(30)同前、一八八頁
(31)『日本外交年表並びに主要文書』下、一八二頁
(32)前掲片倉衷「満州事変機密政略日誌」一九五頁
(33)同前、二〇〇頁
(34)金井章次・山口重次『満州建国戦史』大湊書房、一九八六、一二頁
(35)前掲片倉衷「満州事変機密政略日誌」二〇五頁
(36)「右翼思想犯罪事件の綜合的研究」『現代史資料』4、みすず書房、六五〜六八頁
(37)前掲『今村均回顧録』、前掲片倉衷「満州事変機密政略日誌」二二七頁
(38)『日本外交年表並びに主要文書』下、一八五〜一八六頁
(39)白石博司「満州事変における参謀総長委任命令」『軍事史学』一九八八年九月号
(40)「満州事変に於ける軍の統帥(案)」『現代史資料11』所収、三六八頁
(41)『侍従武官長奈良武次日記・回顧録』第三巻、三七六頁
(42)同前、三七七頁
(43)前掲白石博司「満州事変における参謀総長委任命令」四頁、前掲片倉衷「満州事変機密政略日誌」二四四頁
(44)同前、二四五頁
(45)同前、二七六頁
(46)「満州事変に於ける軍の統帥(案)」(『現代史資料11』所収)四二四頁
(47)同前、四二六頁
(48)「満州事変機密作戦日誌」(『太平洋戦争への道』別巻資料編)一五八頁
(49)「満州事変作戦指導関係綴　其二」(防衛研究所戦史室所蔵)六六七〜六六九頁
(50)前掲片倉衷「満州事変機密政略日誌」二八〇頁
(51)坂野潤治『近代日本の外交と政治』研文出版、一九八五、一八五〜二一一頁
(52)前掲里見岸雄『闘魂風雪七十年』二六九頁

(53) 犬養道子『ある歴史の娘』中央公論社、一九七七
(54) 前掲金井・山口『満州建国戦史』八五～八六頁
(55) 「関東軍満蒙領有計画」「満蒙統治方案」『石原莞爾資料―国防論策』原書房、一九六七、四二～四五頁、八六～八七頁
(56) 『太平洋戦争への道』別巻資料編、朝日新聞社、一九六三、一二五頁
(57) 前掲金井・山口『満州建国戦史』一二頁
(58) 『満州国史・総論』満州国史編纂刊行会、一九七〇、一五一頁
(59) 「于冲漢の出盧とその政見」『現代史資料』11、みすず書房、一九七五、五六四頁
(60) 同前、五六五～五七〇頁
(61) 前掲『石原莞爾資料―国防論策』八八～八九頁
(62) 石原莞爾「満州建国と支那事変」『東亜聯盟』一九四〇年四月号
(63) 前掲『石原莞爾資料―国防論策』一〇〇～一〇一頁
(64) 小林一博『「支那通」一軍人の光と影』柏書房、二〇〇〇、七〇～七八頁
(65) 拙著編『東亜聯盟期の石原莞爾資料』同成社、二〇〇七、六七頁
(66) 土橋勇逸「国際連盟脱退管見」『現代史資料11』みすず書房、一九七五
(67) 石原莞爾「満州事変の想ひ出」『東亜聯盟』一九四二年九月号
(68) 小沢郁郎「満州事変期におけるソ連邦の対日政策」『政治経済史学』八二・八三号
(69) 辰巳栄一「ロンドンから見た軍国日本」中村菊男『昭和陸軍秘史』番町書房、一九六八、一七五～一九四頁
(70) 宮本忠孝『人間石原莞爾片々録』麹町企画、一九七八、二～三頁
(71) 高木清寿『東亜の父石原莞爾』錦文書院、一九五四、七七～七八頁
(72) 拙編著『東亜聯盟期の石原莞爾資料』前掲、六五七頁、六七七頁
(73) 南部襄吉「石原兄の思い出」(『石原莞爾研究』第一集、一九五〇
(74) 藤本治毅『石原莞爾』一三八頁
(75) 連隊長時代の石原像を語るものとしては西郷鋼作『石原莞爾』橘書店、昭和十二年や前掲宮本忠孝『人間石原莞爾片々録』が具体的ですが、『歩兵第四聯隊史』(重陽会、一九七四、八七九～八八二頁)にも簡単ながら石原改革の全般を俯瞰できる文章が載せられています。
(76) 宮本忠孝前掲書二八頁
(77) 同前、七四～七五頁

第五章　日中は戦ってはなりません

一　君子は豹変す

君子は豹変す

石原莞爾が軍中央に迎えられたのは一九三五年（昭和十）八月のことでした。満州事変の勃発から数えて僅かに四年、石原が満州を離れてからはまだ三年の歳月しか経っていませんでした。しかし、そのほんの僅かな間に内外の情勢は著しく変わっていたのです。

何よりも大きな変化は極東におけるソ連軍事力の激増でした。そのような急激な軍事力の増大など、とても従来の自由主義的な国家戦略の枠内では考えられないことでしたから、そのソ連への対応をめぐって参謀本部内で分裂が起こり、それが人事をめぐる深刻な派閥的対立を引き起こしました。

この対立は、遂に二・二六事件という首都を揺るがす動乱を呼び起こすのですが、動乱の予兆がそれを収拾できる人物を中央に呼んでいたと云えます。一時は厄介者ともみられた石原を中央に呼び出したものは、正に日本陸軍の対ソ戦略を立て直し、分裂によって崩壊に瀕した陸軍中枢を再編するためでした。内外情勢の急変を知った石原は、その要請に応えると共に、彼自身の戦略的立脚点を自由主義から統制主義へ、ほぼ一八〇度転換するのです。正に「君子は豹変す」でした。

陸軍中枢への招き

石原を軍中枢に迎えようという動きは三つの方面から起こりました。第一のものは最も早く、参謀本部の今田新太郎のような石原信者によるものでした。今田と石原の接点は、共に満州事変勃発時点での謀略に関わったことにありましたが、以来、今田は石原に心酔し、石原がジュネーブから帰ってきたばかりの一九三三年（昭和八）六月に彼を軍中央に迎えようとしましたが、働きかけた上官から返ってくる言葉は「石原は海軍論者だ」という否定的な答えでした。こうした評価は、海軍との競合の中での限られた予算の分捕りを一つの使命ともする軍中央の官僚としては大きなダメージでしたから（1）、今田は石原に所見を求め、石原はその六月、「軍事上ヨリ見タル皇国ノ国策国防計画要綱」なるものを書いていています（2）。しかしこれも石原に対するイメージを変えることにはなりませんでした。後で見るように当時の石原は、広い意味でまさしく「海軍論者」であったのです。

第二のものは荒木陸相や真崎参謀次長につらなる当時の陸軍体制派としての皇道派からの誘いで、もしも石原が彼等の誘いを受け入れていれば石原の軍中央入りはもっと早く実現していた可能性があります。事実、当時の石原の戦略思想は皇道派に近く、皇道派としても石原のような実力者を味方にほしかったと思われます。皇道派からの誘いは最初は婉曲に行われていましたが、秦真次が第二師団長になってからは、秦自身が師団長の立場から誘ったといいます（3）。高木清寿によると、その誘いは満井佐吉中佐や徳富蘇峰などまで動員して露骨に行われ、石原本人が陥落しないとみると、側近と見られるようになっていた高木にまで及んでいたということです（4）。

ただ、後で見るように、皇道派の石原への誘いが高木の云うほど露骨なものであったかどうか、また、それに対する石原の拒絶姿勢も、高木の云うほど明確なものであったかどうかには多少疑問があります。そういう点から考えると、第二の皇道派からの誘いというのは少し割り引いて考える必要がありそうです。しかし戦略思想的に石原に近い立場にあった荒木や真崎が自派に誘うということはごく自然のことですし、一面、石原の派閥嫌いも半端なものではありませんでしたから、石原がそれを断ったというのも全くのウソではないでしょう。

第三のものは、こうした皇道派に対抗するためにも、内外政情の激動に応じて幅広く国家戦略を考えられる人物の起用を必要と考えた統制派（5）幕僚層の動きでした。彼等は片倉衷を中心に「政治的非常事態に対処するための研究会」を作り（6）、その研究会での一つの結論として、「陸軍省は永田少将、参謀本部は石原大佐をもって固めなければならない」（7）と考えていたといいます。その運動が功を奏して一九三五年（昭和十）八月の移動で石原は参謀本部作戦課長に就任しましたが、石原が三宅坂に初出勤したその日に軍務局長永田鉄山少将は皇道派の相沢三郎中佐によって惨殺されたのです。

石原の抜群の能力とともにその欠点も識る片倉などは、永田がいなくなったことで石原は軍中央における最も良き協力者を失ったと考えましたが、その点、石原の永田評価は片倉ほど高くはなく、殺害されたことについても、「何だ、殺されたじゃないか」と如何にも当然の帰結の如くに云い、片倉に不満を抱かせたといいます（8）。石原には、片倉の統制派的派閥意識が気に入らなかったのだと思われます。

対ソ戦略の立て直しと二・二六事件

参謀本部作戦課長として三宅坂に迎えられた石原が最初に直面するのは、勿論、対ソ戦略の立て直しを中心とする国家戦略の策定でしたが、たまたま初出勤したその日に発生した相沢事件には個人的事情からも関わらざるを得ませんでした（相沢は仙台陸幼の一期後輩で石原とは旧知、軍法会議では特別弁護人を依頼されていた）。また、それが二・二六事件に発展すると、戒厳参謀としての公的な意味でも関与せざるを得なくなりました。後で見るように、対ソ戦略の立て直しと二・二六事件とは、同時期に起こったというばかりでなく、その内面において深く関わっていましたから、両者は一つの問題として見てゆかねばなりません。

それに関連して明確にしておかねばならないことがあります。先にも述べたように、皇道派、特に真崎甚三郎に対する石原の立場は、高木清寿や石原六郎が伝えているほど最初から否定的なものではなかったのではないかという点です。

皇道派に対する石原の姿勢について

高木清寿と云えば東亜聯盟の指導者で、石原莞爾晩年の側近の一人であり、石原没後も比較的早い時期に石原の伝記を書いた人物です。従って高木の石原伝記には石原に関する数多くの貴重な証言が含まれているのですが、間違いが多いのも事実です。

また、石原六郎は石原の実弟であり、東亜連盟の指導者であっただけでなく、石原の没後には家族の目から見た石原についての貴重な思い出を残し、また公私にわたる石原関係資料を残すことにその生涯を捧げた人物です。六郎の証言には、高木の伝記に見られるような多くの間違いはありませんが、それは彼が公私にわたる関係資料を読んでいたからであろうと思われます。しかしその六郎にも間違いの痕跡がなくはないのです(9)。

それにしても、この両者がそろって指摘している真崎にたいする石原の証言をどう考えるかという問題です。高木は彼の『東亜の父石原莞爾』で、石原と真崎との関係については一節を設けており、その中で石原の語ったという次のような逸話を伝えています。

私が連隊長の時、真崎大将がきた。これを第二師団の将校団が仙台駅頭に出迎えた。この時も満座の将校団へ向かって、「石原君、今夜は会食をしたいから私の宿まで来てくれたまえ」というから、私は「会食は公務ですか」とききかえした。「イヤ公務ではない」との返事だったから、「公務でなければ、お断りします」ときっぱり断った。あの人の手はこれなんだ(10)。

いかにも石原の面目躍如の話ですが、このことを当日の石原自身の日記や真崎の日記で裏付けてみましょう。真崎が教育総監として仙台を訪ねたのは、一九三四年(昭和九)二月十二日です。その日の石原日記には「真崎大将来たり夕食を共にす」とあり、また、真崎日記にも「五時、石原大佐来訪。校長、学生隊長等と会食し、九時入浴、就寝」とありますから、高木が伝える石原の話が事実と違うことは間違いないと思われます。その上、それから間もない二月十七日に、石原は多聞二郎の弔問の為に上京した際、わざわざ荒木宅と共に真崎宅を訪問してもいるのです。この時期の石原日記には、高木が伝えるような荒木や真崎に対する拒絶姿勢は見られません。

ただ、この高木の伝える逸話を単純にウソとして片付けられないのは、時や場所は違いますが、石原六郎も類似の話を石原から聞いた話として書いているからです(11)。小さなことですが、こうした誤伝の発生には、これから見てゆく石原の国家戦略に対する姿勢の大転換と、二・二六事件まで引き起こすに到った軍内派閥抗争、特に皇道派の派閥擁護姿勢に対する石原の激しい嫌悪感が関係しているのではないかという疑念があるのです。

当然、そのことを考えるには単に相沢事件や二・二六事件のみではなく、事件の背景となった内外情勢の激変と、それに対する石原の国家戦略的展望、特に対ソ戦略の大転換を平行して検討することが必要です。

小畑・永田の論争とその背景

塘沽停戦協定が締結されて満州事変が一応の決着をみたのは、一九三三年（昭和八）五月三十一日のことでした。ここに初めて、陸軍中央としても事変勃発以来の国際情勢の変化に本格的に対応することが可能となりました。その六月、陸軍中央は国防方針策定のための省部合同の首脳会議を開きましたが、荒木体制を支える陸軍中枢に生じていた国家戦略上の深刻な対立が明白になったのもこの時でした。

陸軍省からは荒木陸相、柳川次官、山岡軍務局長、山下軍事課長が、参謀本部からは真崎次長、梅津総務部長、古荘第一部長、永田第二部長、小畑第三部長、鈴木作戦課長が出席していましたが、この席上での永田と小畑の対ソ・対中戦略をめぐる激論は、実は、ソ連極東軍事力の急増が懸念される中で、それへの対応をおろそかにしたまま、前年以来、荒木陸相・真崎次長の下で行われていた露骨な派閥人事や、危機意識に乏しい予算編成に対する永田の押さえがたい憤懣を背景としたものでした。

永田と小畑はいずれも花の十六期を代表する英才

で、陸大では共に恩賜の軍刀組でした。彼らが、一九二一年（大正十）、同期の岡村寧次と共にドイツ南西部の保養地バーデン・バーデンで長州閥打倒と軍制改革による軍の近代化を誓いあったことは有名な話ですが、それが二葉会・一夕会という中堅幕僚層の結束となり、十年の歳月を経て、一九三一年（昭和六）十二月には荒木陸相を実現したことで目標の一端を達成していたのです。云ってみれば永田と小畑は荒木体制を作り上げた同志達の中核という存在であったのですが、それがゴールを目前にして深刻な対立に見舞われたのです。

荒木体制になるまでは、永田の方が軍務局軍事課長として軍中枢の実力者と認められていたのですが、荒木体制ができあがると、永田と小畑は参謀本部の第二、第三部長として同格となったばかりか、小畑は荒木に対して木戸御免の親密さで、むしろ小畑が中心のようにもなりました。そうした中で荒木・真崎等による皇道派の露骨な派閥的人事と、政治的な人気取りとしか思えない消極的（対ソ軍備を犠牲にして予算を安易に海軍に譲った）予算編成が行われますと、それに対する永田の失望と憤懣は、直接的には小畑に向かわざるをえなかったのです。

この論争における永田の主張は、当面、先ず、抗日・侮日の止まない中国を屈服させ、後顧の憂いを除いた後にソ連に当たるべしという南進優先論だったと云われますが、その議論は屈折していて、彼の本音はソ連軍事力の激増を眼前にして昭和九年度にも漫然と昭和八年度対ソ作戦計画を踏襲しようとしている荒木体制の軍事姿勢に対する批判だったのです。それに対する小畑の反論も、表向きは、ソ連一国を目標とする国防すら困難なのだから、中国にまで敵視策を広げることは避けるべきであるという北進論でしたが、彼の本音は、日本の経済的貧困による対ソ軍備の遅れを皇道精神による訓練や統帥能力などで補おうとする皇道派の軍事姿勢に対する弁護でした(12)。従って、この会議の席上に限って云えば、体制派の姿勢を弁護した小畑の方が多くの支持を集めたのですが、軍官僚の本音は永田の議論が代弁していたのです。しかし、より重要なことは、結果的にであれ、軍の近代化を誓いあった彼らの結束が、対ソ戦略をめぐって分裂し、以後、皇道派と統制派として陸軍を二分する敵対的派閥関係に発展したことでした。

小畑と永田は八月の移動でともに参謀本部を追われ、喧嘩両成敗とも云われましたが、荒木体制としては実務に長けた永田を失ったことが痛手となりました。というのは、軍官僚の多くは、荒木の実務能力の欠如に失望していたからです。皇道派の人気の陰りは、六月に真崎が陸軍大将に昇進したことを口実に巧妙に参謀次長職を追われ軍事参議官に送り込まれたことにも表れていました(13)。そうした荒木体制の軍官僚層における不人気は荒木やその周辺にも自覚されていました。

五相会議・内政会議の失敗

そのことを物語るのがいわゆる「五相会議」です。これは昭和九年度予算編成を前にして、首相、外相、蔵相、陸相、海相の五相が、国防と外交、国防と財政の根本方針についての調整を図ろうとしたものでした。しかし、この会議を提唱した荒木や彼の周辺としては、ここで荒木の手による軍備拡充の国策を確立し、将来の総理大臣候補としての器量を示すことで、陸軍部内で揺らいできた人気の回復をはかろうと考えたのです。

荒木の側近達は八月から国策案の立案作業を始め、九月二十二日には「帝国国策に就ての閣議案」を完成させましたが、あまりに冗長なので、これを要約しようとして果たせず、十月三日の第一回「五相会議」を迎えたのでした。以後、十月二十日まで「五相会議」は五回開かれましたが、結局、外交・国防・財政の根本に関して「相互の諒解を深めその大綱に関し意見の一致を見た」という曖昧な公表を行っただけでその幕を閉じることになりました(14)。

それだけでなく「五相会議」は、この会議に参加出来なかった他の閣僚から「内政会議」を要求されるという副産物を生みました。その結果、十一月〜十二月に行われた内政会議で、荒木は農村救済対策費を捻出する為に前年度に引き続き、再び予算の削減に応じ、それが結果としては海軍の予算復活財源にも使われることになり、荒木は二年にわたって海軍に予算を譲渡することになったのです(15)。徴兵制度に立脚する陸軍には農村の荒廃は放置できず、脆弱な日本の自由主義経済を前提にする限り、荒木には、予算の譲渡以外に他の閣僚達に魅力ある具体策を示すことが出来なかったのです。このことは皇道論のような精神主義では、もはやソ連の急激な極東軍事力の増強に対応するような国策など到底生み出せないということを物語っていたのです。

荒木の辞任と派閥抗争の激化

「五相会議」と「内政会議」による国策決定に失敗した後、荒木は、陸軍部内での人気を決定的に損なわないうちでの辞任を考えるに至り、一九三四年（昭和九）一月に病気を理由に陸相を辞任、荒木体制は終わりを迎えました。ただ、荒木は辞任に臨んで真崎を教育総監にするという政治的置き土産を残しました。これが陸軍に、真崎を中心とした皇道派とそれに対抗する永田を中心とする統制派という派閥抗争の地雷原を残すことになったのです。

後任の林銑十郎は、陸相になるまでは真崎との関係が深く、皇道派と見られていたばかりでなく、陸相となってからも、人事は荒木体制を引き継いでいたのですが、三月に永田を軍務局長にしたことから状況が変わってきました。荒木の消極的対応に阻まれてきただけに、軍備の遅れを何とか取り戻したいという軍官僚の期待は永田に集まって来ました。事実、軍の機械化、特に航空戦力の充実は差し迫って解決しなければならないことでした。しかしここで障害となったのが柳川次官以下、荒木体制から引き継いだ皇道派メンバーの抵抗でした。永田局長が計画案を持ってゆくと柳川次官がなかなか判を押さないという状況は傍目にも感じられたことでした(16)。こうした状況の下で、永田は急速に反皇道色を強め、軍中枢から皇道派を排除する動きを強めます。その動きは間もなく真崎の耳に入り、まだ皇道派の優位を疑わなかった真崎は五月七日、永田を自宅に呼びつけて「個人ノ些細ナル感情満足ニ捉ハレテ自滅スルコトナキ様熟考」（真崎日記）せよと脅迫まがいの行動にでます。当然、これは直ちに林陸相の耳に入り、林の皇道派離れを促したと思われます。八月人事で柳川次官と秦真次憲兵司令官が、それぞれ第一師団長、第二師団長として転出させられ、皇道派は軍中枢から閉め出されていったのです。こうした人事異動の中で、真崎を中心とした皇道派と永田を中心とした統制派という敵対的派閥対立が急速に激化していったのです。

十一月事件

軍官僚層の皇道派への不信を決定的にしたのが皇道派上層部と一部の革新派青年将校達との結びつきでした。荒木への不信感を深めるにつれ、永田につながる軍官僚たちの神経に突き刺さってきたのは革新派青年将校達の国家改造運動でした。北一輝や西田税などの思想的影響を受けた青年将校達が、皇道派を看板にして不穏な政治的言動を見せていたことと共に、荒木ら皇道派上層部もこれら革新的青年将校の支持を頼みとし、彼らの下克上的言動を許容していました。ちょうど「内政会議」が行われた十一月、軍務局軍事課の池田純久少佐らは、磯部浅一ら革新的青年将校と接触し、彼らに政治運動から手を引くよう説得しようとしましたが、皇道派の支持を当てにした青年将校達を納得させることは出来ませんでした。

こうした青年将校達の不穏な態度に危機感を募らせた軍官僚の中に、一九三三年（昭和八）八月の異動で参謀本部第二部第四課第四班へ転勤してきた片倉衷がいました。彼は服部卓四郎や辻政信など省部の若手中堅幕僚たちを語らって研究会を立ち上げ、一九三四年（昭和九）一月には「政治的非常事変勃発に処する対策要綱」なるものを作り上げました(17)。

八月の異動で陸士本科生徒隊中隊長となった辻政信が、十一月二十日、所属中隊の佐藤勝郎士官候補生から聞き出した革新派青年将校や士官候補生によるクーデター計画の情報を片倉のところへ持ち込んだのはこの研究会からの関係でした。片倉もまたその情報を関東軍参謀時代以来の旧知であった橋本虎之助次官のところへ直接持ち込みました。辻や片倉が所属の組織や憲兵隊を通さなかったのは、皇道派上層部による事件のもみ消しを避けるためでした(18)。その結果、村中孝次大尉、磯部浅一一等主計、片岡太郎中尉、及び佐藤勝郎ほか四名の士官候補生という計八名が反乱陰謀の容疑で東京憲兵隊に検挙されました。これが十一月事件とか士官学校事件と云われ、二・二六事件の直接の火種となります。

この八名は第一師団軍法会議にかけられますが、軍法会議の長官は第一師団長である皇道派の柳川平助でしたから、統制派幕僚層とのせめぎ合いの中で、一九三五年（昭和十）三月二十九日に出された結論は、八名全員が証拠不十分として不起訴になる一方、村中、磯部、片岡は停職、士官候補生等は陸士を退校という行政処分でした。こうした蛇の生殺しのような中途半端な措置は、受ける側から見れば最悪です。四月には、逆に、村中や磯部が、この事件を自分たち革新派青年将校のみならず、それを支持する皇道派を陥れるための捏造であるとして、辻や片倉を誣告罪で告訴したばかりか、七月十一日には、村中、磯部の連名で「粛軍に関する意見書」を作成して各方面に配布しました。

真崎が教育総監を罷免されたのは、その七月十六日でした。皇道派を快からず思っていたのは永田ら統制派軍官僚に限らず、宇垣派の流れをくむ南次郎元陸相もその一人でした。南は閑院宮参謀総長と親しく、その関係で閑院宮も真崎には好意を持っていませんでした。林陸相が永田と折り合いの悪い真崎に辞任を迫ったとき、皇道派最後の砦を自負する真崎が容易に応じなかったため、林は閑院宮と真崎を含む三長官会議を開き、その決定として真崎を罷免したのです。「粛軍に関する意見書」は真崎罷免を予告したことにもなり信憑性を高めました。

八月十二日の相沢三郎中佐による永田鉄山軍務局長の惨殺は追い詰められた皇道派による反撃という面がありました。純情な相沢は、「粛軍に関する意見書」を読み、十一月事件や真崎罷免に表れた統制派による皇道派排除を、永田ら腐敗幹部による軍の私物化と信じ、三月事件以来、高級軍幹部の絡んだクーデターまがいの権力闘争事件にかかわった永田こそ、その元凶であり、永田を除かねば日本陸軍は救われないと考えたのです。

相沢は直ちに検挙され、翌日から取り調べが始まり、翌一九三六年（昭和十一）一月二十八日からの第一師団軍法会議にかけられることになったのですが、これは相沢に対する裁きの場であるより、皇道派と統制派の法廷闘争の場として、派閥抗争の戦場になったのです。二月二十五日の弁護側証人には真崎までが出廷して林前陸相の軍令軽視を告発したのです。二・二六事件が起こったのはその翌日でした。

参謀本部に入るまでの石原の戦略思想

皇道派は、一九三三年（昭和八）八月に、その陣営から永田を失って以来、軍官僚の多くから急速に支持を失って行き、逆に、その永田を中心とする統制派との激烈な抗争に陥ったのですが、元来は軍の近代化を目指した革新的グループを代表する存在であったのです。参謀本部に入るまでの石原の国家戦略思想も皇道派に近いものでした。

このことについては誤解している人が多く、石原について最も良質な伝記を書いたマーク・R・ピーティ教授もその一人です。ピーティ教授は、永田が石原を参謀本部に呼ぶ手伝いをした理由を、石原の戦略思想が自分に近いと認めたからだとし、「石原の戦略的展望は永田の国防国家理念に酷似していた」(19)と書いていますが、そんなことはあり得ません。参謀本部に入るまでの石原は、ソ連の軍備増強の実態を知らず、従って永田の「国家総動員」的国家戦略には批判的でした。石原は、一九二九年（昭和四）七月に書いた「戦争史大観」の中では、「現在における我が国防」について次のように述べています。

目下われらが考えおる日本の消耗戦争は作戦地域の広大なるために来たるものにして、欧州大戦のそれとは根本を異にし、むしろナポレオンの対英戦争と相似たるものあり。いわゆる国家総動員には重大なる誤算あり。もし百万の軍を動かさざるべからずとせば日本は破産の外なく、またもし勝利を得たりとするも戦後立つべからざる苦境に陥るべし。

ロシアの崩壊は天与の好機なり。日本は目下の状態においては世界を相手とし東亜の天地において持久戦争を行ない、戦争を以て戦争を養う

主義により、良く工業の独立を完うし、国力を充実して、次いで来たるべき殲滅戦争を迎うるを得べし(20)

石原がこのように考えたのは、日露戦争における勝利の栄光と戦後経済の破綻という矛盾に満ちた体験と共に、革命によるロシア陸軍の崩壊を見ていたからです。それはまた当時の多くの日本陸軍軍人の共通体験でしたから、荒木など皇道派の精神論もその共通土壌に立っていたのです。しかし、ロシア陸軍の崩壊というのは、ロシア革命に伴う一九二〇年代の特殊事情でした。石原の「戦争を以て戦争を養う主義」はその特殊事情の上に成立し、満州事変もその状況の上に成功したのでした。

しかし二十世紀の世界的視野から云えば、「国家総動員」とか「総力戦」という欧州大戦のもたらしたテーゼが、むしろ日本のエリート軍官僚の背負わされたまともな国家戦略であったのです。三〇年代に入り、世界資本主義市場全般が恐慌に見舞われた中で、唯一恐慌の影響を免れたソ連は、計画経済を目標近く達成し、軍事的にも飛躍的増強を見せたのです。特に満州事変後、スターリン独裁下のソ連極東軍事力が急激な増強を始めたとき、社会主義に理解力を持たない皇道派の精神主義は対応力を失い、また、脆弱な日本の自由主義経済に遠慮した石原の「戦争を以て戦争を養う主義」も、その戦略のコペルニクス的転回を余儀なくされるに到るのです。

ソ連軍事力の飛躍的増強

満州事変に際して、当初、ソ連は、ワシントン条約や国際連盟を無視した日本の行動を自由主義陣営の内部矛盾として余裕を持って見ていたようです。少なくとも、当初は中立の立場を貫いていましたが、一九三二年(昭和七)末に、ソ連が提案した不可侵条約を日本が拒否して以来、急速な極東軍備強化に乗り出しました。

沿海州には、従来、二コ師団が配備されていましたが、一九三三年(昭和八)末には五コ師団に達し、極東総兵力はおおよそ九コ師団、騎兵師団と騎兵旅団各一、飛行機、戦車それぞれ三五〇と判断されるに至りました(21)。更に、一九三四年（昭和九）六月頃には狙撃一一コ師団、騎兵二コ師団、戦車六五〇輛、飛行機五〇〇機を数えるに至り、ウラジオストック軍港には潜水艦一四隻が現れ、極東総兵力は二三万と推測されたのです(22)。

それに対して、在満の我が兵力はわずかに三コ師団、機械化一コ旅団、騎兵一コ集団と三コ独立守備隊に飛行機八〇機、総兵力五万に過ぎない有様で、在鮮の兵力を加えてもソ連極東兵力の三割に満たない有様でした。そこで参謀本部は、昭和十年度作戦計画の立案にあたり、少なくも更に二コ師団と騎兵一コ旅団を翌年度内に満州に増派することを要望しましたが、それすら予算で削られるという状況でした(23)。

一九三五年（昭和十）末には日ソ軍事力の不均衡はさらに大きくなり、極東ソ連軍は、狙撃十四コ師団、騎兵三コ師団、戦車八五〇輛、飛行機九五〇機、潜水艦二〇隻、総兵力二四万と判断されるに至り、それに対する我が在満兵力は依然として三コ師団を基幹とするもので、在朝鮮兵力を合わせても八万に過ぎず、総兵力で三分の一、戦車、飛行機に至っては比較にならない有様でした(24)。

石原が参謀本部に迎えられたのは正にこうした状況の時でした。彼は直ちに昭和十一年度作戦計画を立案しなければなりませんでしたが、昨年度、二コ師団と騎兵一コ旅団の増加要求の予算すら削られた状況下では、尋常の手段では予算の壁を突破出来ないことは歴然としていました。

ただ予算の壁といっても、海軍の場合は一貫して対米七割を固執していたため、事実上において対米八割近い軍備を建設しており(25)、その海軍に対して、皮肉なことに、荒木陸相はなおも予算の譲歩をしていたわけで、なぜ陸軍がこうした事態を招いたかということは、ロシア革命後、長期にわたり近代的な想定敵国を持たなかった日本陸軍の特殊事情を考えなければ、到底理解できないことでした。

「昭和維新の必然性」

先に見たように、「戦争を以て戦争を養う主義」で満州事変を敢行した石原にも責任のあることでした。満州事変以後に関しては、社会主義に全く理解力を持たない皇道派の責任でした。しかし、ひとたび参謀本部に入りソ連極東軍備の激増を知ってからの石原の対応は、皇道派とは全く違ったものでした。

すでにレーニンのロシア革命の意義については十分に理解していた石原にとって(26)、「革命」に関して唯一の懸念材料はそれに伴う国防力の崩壊でした。ところがソ連軍事力の急激な増大という事実は、石原から「革命」に対する懸念材料をあらかた取り除いたといえます。石原が、相沢事件のもたらす青年将校達による昭和維新への革命的エネルギーをそのまま日本改造の動力源に活用しようと決断するのに時間はかかりませんでした。

入部一ヶ月後の九月、石原は参謀次長杉山元の求めに応じ、「昭和維新の必然性」を強調する文章を書きました。何よりの急務は「対ソ国防の確立」でしたが、取りあえず日ソ軍備の開きを埋めるために「兵備重点の北満移転」と「空軍並びに機械化部隊の急激な充実」を図るとしたのは当然のことでした。同時に、この達成が容易でないことは、昨年度、二コ師団と騎兵一コ旅団の増加要求の予算すら削られたことでも分かります。石原の非凡さは、その困難の克服を、青年将校たちの要求する昭和維新運動と結びつけ、これを自由主義から統制主義への国民運動に広げて解決しようとしたことです。目的達成には「軍隊教育を革新しその威力により自由主義の克服」を図る必要があるとし、「軍隊は単に国防の重任を負うのみならず、昭和維新の為、国民訓練の道場たらざるべからず」としたのです(27)。陸軍という巨大な組織全体を昭和維新遂行の基幹組織に変えようと考えたのです。

当面、石原が「対ソ国防の確立」を図る上での大きな障害と考えたのは、海軍との国防方針の不一致でした。彼は海軍と国防国策に関する戦略思想の統一を図るべく軍令部作戦課長福留繁大佐に呼びかけました。陸海軍の不統一を国防の障害と考えることにおいては福留も同じでした。おのおのが参謀本部作戦班長岡本清福中佐と、軍令部作戦課先任課員中沢佑中佐を伴い、この問題で討議を開始したのは十二月十七日のことでした(28)。これまた容易でないことは改めていうまでもありません。しかし根本方針から話し合ったことは決してマイナスではありませんでした。年度作戦計画における協力関係が出来たからです。

昭和十一年度作戦計画においては、石原は取りあえず在鮮満の兵力劣勢を内地動員部隊の大陸への輸送手段の迅速化と、海軍航空部隊の協力体制を整えることで応急手当することとしました。陸軍が、対ソ国防の欠陥を是正するための国防充実予算を閣議に提出したのは、一九三六年（昭和十一）二月二十五日で、二・二六事件が起こったのはその翌日でした(29)。

二・二六事件

一九三六年（昭和十一）二月二十六日、雪の未明に起こった陸軍部隊による兵乱は、陸軍を二分する派閥争いが生み出した惨劇でした。この事件の異様さは、事前に憲兵隊に予知され、事件関係者が電話の盗聴まで受けながら検束されずに放任されていたという事実が何より雄弁に物語っています(30)。

兵乱の規模から云えば小さなものでした。当日午前七時頃、内閣調査局調査官であった鈴木貞一大佐からの電話で事件の発生を知らされた石原は、「三連隊の兵隊が一中隊ほど参謀本部と陸軍省を占領し、総理大臣と教育総監が殺された」程度のものと聞いています(31)。事実は石原が聞いたものより今少し大きく、参加兵力は歩兵千五百名未満でしたが、この程度のものは軍事的には問題にするに足りません。少なくとも参謀本部の作戦課長という重職にあった石原としては、自分が直接その対応に当たらなければならない程の重大事件とは考えませんでした。彼は、この事件で戒厳参謀に任じられた時、国防の重責を担う人間としては格下げであると慨嘆した程です。

兵力が小規模であることは決起した青年将校側でも自覚していました。ただ彼らとしては自分たちの所属する第一師団が近く満州派遣に予定されたことで追い詰められていたのです。彼らが襲撃目標の選定などに極めてずさんだったのはそのためでもあります。従って彼らは岡田首相や高橋蔵相、鈴木侍従長や渡辺教育総監などの殺害で内閣を倒した後のシナリオを、すべて真崎を中心とする皇道派将軍によ る権力掌握に期待せざるを得ませんでした。沢地久枝氏らが「将軍たちの陰謀」説を称えるのも、そこに多少の根拠があります(32)。

ただ、青年将校側が、小規模ながらも兵乱を起こすことで期待したのは戒厳令でした。事件の首謀者たちに、どの程度、北一輝の思想的影響が及んでいたかは別として、戒厳令を布いた上での日本改造計画は北の国家改造戦略に従ったものでした。戒厳令を布くための緊急勅令を裁可するにあたり、天皇が杉山参謀次長に「戒厳令を悪用することなかれ」と云ったのはそのためです。

事件は、二十六日早朝、第一師団の歩兵第一・第三連隊を主力とした将校・下士官・兵一四八五名が、岡田啓介首相、斉藤実内大臣、高橋是清蔵相、鈴木貫太郎侍従長、渡辺錠太郎教育総監、牧野伸顕前内大臣を襲撃し、斉藤、高橋、渡辺を殺害、鈴木に重傷を負わせた上、永田町・三宅坂一帯の政治・軍事の中枢地域を占領したことで発生しました。

この事件に対する対応には三つの立場がありました。

第一は、皇道派の将軍達、特に真崎甚三郎や荒木貞夫のように、青年将校達の要望を受け入れる形で皇道派権力の奪回を図ろうとする立場でした。「皇軍相撃は何としても避けねばならない」という口実で決起軍の討伐をあきらめさせることが出来れば皇道派権力の奪回も夢ではないと考えた皇道派将軍達にも皇道派青年将校の期待に応えたい阿吽《あうん》の呼吸があったのです。

真崎のところへは早朝五時半、決起側から亀川哲也の口を通じて事件第一報が届けられ、更に、七時には加藤寛治海軍大将を通じて電話で事件の大要が告げられています。いずれも決起軍側があらかじめ事件解決の窓口と考えていたものでした。真崎は、引き続き陸相官邸からの電話で呼び出され、緊張で腹具合を悪くしています(33)。それでも八時前には陸相官邸に着き、川島陸相らと共に青年将校らから直接に要望を聞きました。その後、再び加藤大将からの電話で伏見宮邸に参集、十時頃、伏見宮軍令部総長を先頭に、島田軍令部次長、加藤大将と共に宮中に参内、伏見宮を通じて事件の概要と要望を上奏しました。上奏内容に対する天皇の拒絶姿勢を聞いてからは、真崎は自らが正面に立つことを避け、専ら軍事参議官として行動しています。

午後二時頃から開かれた軍事参議官会議では専ら、如何にして青年将校等を鎮静させるかが話し合われ、説得の為の「陸軍大臣告示」が申し合わされました。「一、決起の趣旨に就いては天聴に達せられあり　二、諸子の行動は国体顕現の至情に基くものと認む　三、国体の真姿顕現（弊風をも含む）に就ては恐懼に堪えず　四、各軍事参議官も一致して右の趣旨に依り邁進することを申し合せたり　五、之れ以外は一に　大御心に待つ」というもので、明らかに青年将校側の決起の趣旨を正当と認めたものと考えられます。

荒木を中心として軍事参議官は以後、これでもって青年将校を説得、占拠地から撤退させようとしましたが、決起側は、むしろそのことに希望をつなぎ、退却の潮時を見失ったともいえます。結局、軍事参議官らの説得は成功しませんでした。

第二は、第一の立場と全く逆に、この際、反乱軍のみならず、これに加担した皇道派を一挙につぶしてしまおうと考えていたと思われる統制派官僚の立場でした。事件の起こる一ヶ月以上も前から皇道派に対しては電話盗聴が仕掛けられ、録音までされており、また事件発生の二三日前、陸軍省における会議で岩佐祿郎憲兵司令官が事件発生を予告したというような事態は、この事件が十一月事件同様、意図的なフレームアップであった可能性すら示唆しています。ただこうした手法は多分に諸刃《もろば》の剣《つるぎ》となるものですから、事件が、ほぼ彼らの思惑通りに片付いた後では、この立場が表面にでることはなかったと思われます(34)。

意外なのは、石原がこうした立場であったと思っている人が多いことです。例えばピーティ教授などは、石原はこの事件に対して、最初から最後にいたるまで「情け容赦ない強硬方針をとり、反乱を徹底的に鎮圧せよ」と要求する立場を「最も強く主張し、誰よりも積極的に活躍した」と主張しています(35)。

石原の立場を第三の立場とすれば、それは第一のは勿論、第二の立場とも似たようでいて全く違うものでした。石原は、事件発生を知ると直ぐ陸相官邸に出向き、剛胆にも、直接、青年将校達と対決しています。彼は、栗原安秀中尉から維新についての考えを聞かれると、「俺のは軍備を充実すれば昭和維新になるというのだ」と答えていますが、同時に、「何だこのざまは、皇軍を私兵化するのか」と叱責し、皇道派の斉藤瀏少将から「刺激して事件を拡大してはならない。穏やかに話してはどうかね」とたしなめられても、「なに、予備の少将が」と斉藤を睨み付け、「云うことを聞かねば軍旗を奉じて討伐すれば何でもない」(36)と青年将校側の逆上《のぼ》せあがった気持ちに冷水をあびせかけています。石原には、出来れば青年将校の意向を生かす形で昭和維新＝対ソ軍備の充実を達成したい下心はあったと思われますが、青年将校たちを甘やかす気持ちはさらさらありませんでした。

石原は二十七日午前一時過ぎ、皇道派の満井佐吉中佐からの呼び出しに応じ、帝国ホテルで三島の野戦重砲兵第二連隊長であった橋本欣五郎大佐や満井らとの三者会談に臨み、青年将校等の求める「軍部中心の強力内閣を樹立し昭和維新」を目指す方針について話し合ってもいます(37)。要するに、石原にとっては、この段階までは、事件の解決そのものよりも、昭和維新＝対ソ軍備の充実の方に重点があり、この事件もそのために活用できるのではないかと考えていた形跡があるのです。

ところが、決起側はこうした石原などの努力を評価せず、占拠地からの撤退を拒否する決定をし、午前八時頃、村中がそのことを戒厳司令官香椎中将に伝えてきたのです。青年将校達に取っては具体的成果が得られない限り、占拠地を引き上げる訳にいかなかったのです。

石原が事件の利用をあきらめたのは恐らくこのあたりです。彼は戒厳参謀であると同時に参謀本部の作戦課長であり、その職務からは対外的にも対内的にも動乱を長引かせるわけにはいきませんでした(38)。午前八時二十分には杉山次長の上奏で、決起部隊の原隊復帰を命ずる奉勅命令の允裁がありました。参謀本部は鎮圧部隊の動員を始め、二十七日夜までに近衛師団隷下の輜重兵大隊、歩兵第一、第二連隊、第一師団隷下の工兵第一大隊、歩兵第一、第三、第四十九（甲府）、第五十七（佐倉）連隊のみならず、宇都宮の第十四師団隷下の部隊まで集めました。海軍も横須賀鎮守府の陸戦隊を編成して東京派遣にそなえ、第一艦隊主力を芝浦沖に集結しました。

二十七日夜、戒厳司令部は参謀本部と協議の上、奉勅命令施行の時期を二十八日午前五時と予定しました。ところが、これ以後も皇道派の抵抗は続きます。戒厳司令部の決定を聞いた山口一太郎大尉は、二十八日の午前三時頃、小藤恵、鈴木貞一両大佐と共に戒厳司令部を訪れ、武力対決の回避を図ります。戒厳司令部でも、幕僚一同、二階の司令官室に集まって、彼ら三人の話を聞くことになりました。この場での彼らの弁舌と緊迫した空気は、松村秀逸の『三宅坂』がよく伝えています。鈴木の議論も、山口の議論も、決起軍の討伐より昭和維新の達成をというものでしたが、特に山口の能弁は「一語、また一語、力をこめて、どうしてでも、同意させずにはおかないという気迫」に満ちたものだったといいます。

しかし、既に石原の姿勢に迷いはありませんでした。突然、大きなテーブルのはしの方に居った石原が立ち上がり、静かな声で「直ちに攻撃、命令受領者集まれ」と言い残し、そのまま部屋を出て、ドアの前で、各隊の連絡者に向かって「軍は本二十八日正午を期して総攻撃を開始し、叛乱軍を全滅せんとす」と宣言し、続いて爆撃隊の出動、重砲の砲撃、地上部隊の攻撃要領等について、落ち着いた調子で整然と戒厳命令を口達しました。命令の下達を終わった石原は、側にいた小藤大佐と満井中佐を顧みて、「奉勅命令は下ったのですぞ、ご覧の通り、部隊は集結を終わり、攻撃準備は完了した。飛行機も戦車も参加します。降参すればよし、然らざれば、殲滅する旨をハッキリとお伝え下さい」と両軍使を階段の降り口の方へ押しやったといいます。

軍事参議官からは、その後になっても、なお、討伐を避けようとする働きかけがありました。午前八時、荒木、林両大将は陸相と参謀次長を説得し、連れ立って戒厳司令官室に詰めかけ、荒木から軍事参議官一同の要望なるものを伝えました。これに対して石原は「日本には、妙なヒゲをはやくらかした大将がおりましたネ」と罵倒を始め、その職にあらざる軍事参議官が、側から何やかやと意見を述べ立てて大臣、参謀総長、戒厳司令官の職務の遂行を妨害するのは、それこそ統帥を乱るものだとして口を極めて難詰し、とうとう追い出してしまったといいます。

更にまた、改めて昭和維新断行の御聖断を仰ぐと言い出した皇道派寄りの香椎戒厳司令官に対しても、杉山参謀次長から反対の発言があり、最終的に討伐断行が決まった後、再び第一師団から準備が出来ないという申し入れがあり、総攻撃開始は日延べとなり二十九日朝からということになりました。

二十九日には、市民に被害者を出さぬための立ち退き区域が決められ、消防隊に消火準備の体制が整えられたことなどにより軍の攻撃姿勢が単なる脅しでないことが伝わりました。何よりも八時五十分から、反乱軍兵士に対して直接に飛行機から投降勧告のビラがまかれ、「勅令下る、軍旗に手向かうな」というアドバルーンが挙げられましたが、「今からでも遅くない」という名文句で始まる「兵に告ぐ」という投降勧告が司令部内の放送室からラジオ中継され、大きな拡声器を通じて反乱軍占拠地に流されたことは効果的でした。

九時過ぎには帰順や投降が始まり、最後まで強硬だった山王ホテルの安藤輝三大尉も抗戦を断念、午後一時ごろに部下の歩三第六中隊に帰営を命じた後、自決を図り、ここに全反乱軍が戦闘を交えることなく撤退を完了しました。

石原莞爾にとっての二・二六事件と昭和維新

石原莞爾にとって二・二六事件とは何であったのか。

参謀本部に入り、あまりにも大きな日ソ極東軍事力の落差に驚いてからの石原の腐心は、ひとえに如何にしたらこの危機を乗り越えられるかにかかっていました。彼が相沢事件に驚かず、むしろこの蛮勇を喜んだと云われるのも(39)、日ソ軍事力の懸隔を埋めるは、なまじっかの覚悟では出来ないと考えたからです。それには青年将校達の昭和維新へかける純情な蛮勇を生かし、陸軍組織を挙げて昭和維新の道場たらしめる以外にない。これが、二・二六事件が起こるまでの石原の基本姿勢でした。事件に際しては、どうすれば憎しみで分裂した陸軍を一本にまとめ昭和維新のエネルギーに転化できるかが石原に与えられた命題でした。

事件の初日から二日目の朝まで、石原は必死でその契機をつかもうと努力しました。青年将校と直接対決したのも、帝国ホテルでの満井や橋本との会談に臨んで維新内閣について話し合ったのも、そのためでした。しかし青年将校側にそのことを理解する姿勢が見えなかった時、石原は事件そのものの利用はあきらめざるを得ませんでした。石原にも無限の時間が与えられているわけではなかったからです。

武力鎮圧を決意してからの石原に迷いはありませんでした。満州事変を敢行した石原にとって、こんな些細な叛乱の鎮圧は何ほどのことでもありませんでした。巨大な力で一挙に青年将校たちの反抗を粉砕しようとした時、いつまでも未練げに権力欲にしがみつく皇道派将軍達と、また、それに甘える青年将校達の姿は見苦しい限りでした。

石原が皇道派の将軍達、特に真崎に対して強い嫌悪感を持つようになるのもそこからだと思われます。石原は青年将校達の昭和維新運動に、対ソ軍備の是正を期待していただけに、彼らを思い上がらせた真崎らの派閥意識を許すことは出来ませんでした。真崎に対する誤伝の発生もそこに由来すると思われます。

二・二六事件を鎮圧したとき、石原は進退伺いを出し、しばらく家に引きこもりました。功罪は別として、当局者の一人として、彼にも責任があると考えたからです。しかし、さすがに事件鎮圧の第一の功労者である石原に、今、やめてもらって良いと考える軍当局者はいませんでした。彼は慰留されただけでなく、これからしばらくの間、事件鎮圧者としての彼の名声は、彼に陸軍を代表するに近い権力を与えました。事件直後の三月人事で、軍務局長に磯谷廉介、軍事課長に町尻量基、参謀次長に西尾寿造という石原に取っては数少ない理解者達に囲まれることになったことも石原を助けることになりました。二・二六事件は、陸軍における石原時代の幕開けでもあったのです。

石原は一九三七年（昭和十二）度の国防方針の作成に当たっては、対ソ軍備に必要な要求は、既存の国家財政の枠に囚われずに提出することにしました。五月十一日に参謀総長から上奏された国防方針は、陸軍、平時二〇コ師団（満州六コ師団）、戦時五〇コ師団、(40)というもので、石原としては随分遠慮したものでしたが、予想される金額に驚いた大蔵省では局長連が石原を説得するために、折から上京中であった星野直樹を介して会見を申し入れました。

既に自由主義経済の枠内での解決を図ることはあきらめていた石原としては(41)、今更、大蔵省の役人と会う必要はなかったのですが、国防問題について説明を聞きたいという大蔵省側の申し入れで、終に星野が泊まっていた山王ホテルで会うことになりました。大蔵省からは賀屋興宣、石渡荘太郎、青木一男が出て来ました。

賀屋から日本の財政の実態からは到底、陸軍の要求する国防予算に応えることは出来ないという説明があり、そんなことはとうの昔に承知の石原は「私ども軍人には明治天皇から『世論に惑わず政治に拘わらず只一途に己が本分』を尽くすべきお諭しがある。財政がどうであろうと皆様がお困りであろうと、国防上必要最小限度のことは断々固として要求する」と応えて辞去したのでした(42)。

石原にとっては、最早、自由主義から統制主義への権力の移動は、言葉で説明できるものではなく、実力で闘い取る以外なくなっていたのです

二　日中は戦ってはなりません

石原が権力の座に近づいた時期は生涯に三度ありますが、まともに権力と向き合ったのは、二・二六事件後の一年半のみでした。あとの二度は東条時代(43)と終戦直後の東久邇宮内閣時代ですが、包容力のない東条に対しては対決姿勢しか取れず、また、東久邇宮内閣に対しては、占領軍との関係から積極的参加を遠慮しています。従って、石原がまともに権力

に近づいたのは昭和十一年から十二年の日中戦争勃発頃までの時期をおいて他にありません。それは昭和維新という革命的課題を背負った石原としては、最も深刻な矛盾に見舞われた時期でもありました。

この時期の政治過程は、一般的には石原を中心とする陸軍中堅幹部の政権奪取の時期として描かれ、それが結果的には日中戦争へつながったと思われています。しかし中堅幹部の中でも最高の実力者であった石原は、日中戦争には反対の立場でした。その石原が、なぜ戦争反対を貫くことが出来なかったのかということは石原を識るうえでは極めて重要な問題です。

その疑問に対する最も代表的な答えは五百旗頭真教授によるものですが、それによると、石原は林銑十郎内閣組閣への介入過程で、梅津次官との対決に敗れて板垣陸相を実現出来ず、それ以後は衰退期に入っていた。自らの全盛期においてすら「軍事発展ドライブ」の慣性を統御することが容易でなかった石原は、その衰退期においてこれにより死命を制せられたと説明されています(44)。「陸軍による政治支配」を語る論文としては良くできた論文ですが、林内閣成立過程での梅津との対決を過大視し、それと日中戦争の拡大阻止失敗を結びつける結論は妥当とは思えません(45)。

農政家池本喜三夫の登場

権力への接近という筋道からちょっと寄り道をします。石原はこの時期、彼がその生涯において、農政家としても教育家としても最も尊敬した池本喜三夫に出会っています。ただ東亜連盟の理論指導者として石原から最も高く評価されるた、この天才肌の農政家の存在に、陸軍で最初に気づいたのは石原ではありません。

池本が、足かけ八年に及ぶフランス留学から帰国したのは一九三一年（昭和六）九月十七日、満州事変勃発前日のことでした。帰国から間もなく、東大の那須皓・蝋山政道両教授からの連名による招請をうけ、池本は、レインボー・グリルで学士会会員に対する講演を行いました。それは、彼がこの年、フランスで出版した『明治維新とその農村社会に及ぼした影響』と題するフランス語で書かれた菊判五百頁の本を、フランスの碩学アンリー・セーが極めて高く評価したからで、この論文の紹介を兼ね、フランスの農村事情を話してほしいという要請に応えたものでした。

この講演会の評判は、忽ち陸軍新聞班の目のつけるところとなり、池本はそれから間もなく偕行社での講演を依頼されました。そのことは当時の陸軍が、農村問題の解決に神経を尖らせていたことを物語っています。これに応えた池本の講演は、農業問題に限らず社会情勢全般の多岐にわたるものでしたが、主要な内容は、折からの「満州事変が日中戦争へ発展するのを未然に防ぐ方策」と、「丁年男子を全部徴兵し、国家奉仕団を組織する提案」の二点でした。時局の要請に応えたこの講演は、当時の陸軍中枢の人々に大きな反響を呼び、その講演内容の一部が、早速、『偕行社記事』に掲載されたにとどまらず、池本は翌一九三二年（昭和七）一月に行われた軍人勅諭五十周年記念祝典の観兵式には、天皇陛下の御座所近くに、「国民代表」として招かれたのでした。陸軍での評判は海軍に及び、池本は水行社にも出向いたと云いますが、以来、池本の許には陸海軍の青年将校の来訪が絶えませんでした(46)。

その後、池本は母校である東京農大の講師をしていましたが、彼は研究者・教育者であるよりは、大学改革の急先鋒として、改革派学生に押し立てられる存在であったといいます。当時の農大は東大の学問的植民地の観があったのを、東京農大独自の大学にしなければならぬ、東大は官僚の養成所だが、農大は地方農村指導者の養成所で、むしろ日本農業の行き詰まりを打開して日本農業を立て直す存在にならねばならぬというのが池本をめぐる学生達の主張でした。談論風発、天馬空をゆく池本の口演はまことに魅力的で、阿佐ヶ谷の彼の下宿には、休日ともなれば、農大は勿論、他大学の学生や陸海軍の青年将校たちが押しかけてきて、まるで梁山泊であったといわれます。

池本は間もなく結婚して小石川の小日向台に居を構えましたが、押しかけてくる独身青年達にとっては、新婦享子夫人の手料理も大きな魅力だったらしく、後年、京都大学教授になった猪木正道も、当時は東大の学生で、同じく東大の学生で池本の許に通っていた武田邦太郎に「池本さんの奥さんは料理がお上手で、あれが魅力でたびたびお邪魔したんですよ」と述懐したことがあるといいます(47)。

日中は戦ってはなりません

この池本が、二・二六事件からあまり遠くない時期に、石原を参謀本部に訪ねてきました。池本は、満州事変から二・二六事件に到る日本の動きを見ていて、このままでは遠からず日中戦争が避けられないし、それは間違いなく日本の破滅に到ると予見したと云います。こうした池本の危機感は、彼が留学中に知り合った画家中野秀人を通じて秀人の兄の中野正剛に伝えられましたが、正剛は「いまの日本では陸軍を動かさないでは何も出来ぬ。陸軍を動かすには参謀本部の石原莞爾を動かさなければならぬ」として池本を石原に紹介したのでした。

池本によると、この時、石原は席から立ち上がりもせず、炯々たる目で池本を射すくめるように睨み据え、厳然たる態度で話を聞いていたと云います。立たされたままの池本は、「人を喰っている奴だな、一つこの軍国主義者を教育してやろう」と悪人に説教するような積もりで話したと云いますが、日華相戦うことの愚を述べ、勝っても負けても、必勝などは思いもよらず、米英の権益の多いこの国との戦争はやがて祖国の運命を暗黒に導くであろう、だから、対華政策全体としてはギブ・アンド・テイクとし、対華文化政策としてはギブ・アンド・ギブで行くことが必要である、これらの基礎の上に農業政策の立場より日華親善の方策を立てたいと進言したと云います。三十分程もすると石原は急に立ち上がり、その名前そのままに莞爾として笑いかけ、「どうぞ先生、おかけ下さい」と席をすすめました。

「お話はことごとく賛成です。日華は戦ってはなりません。あなたの評価より私はより高く中華の実力を認めております。あなたの対華農村文化政策も賛成です。大いにご協力を乞う」というような話で、石原は池本の話を完全に理解しただけでなく、池本の知見を現実に生かす方策についても明るい見通しを与えたのでした。

池本は留学中から、特に帰国後は、軍中枢の人々を含めて多くの軍人とつきあってきましたが、彼らの国際知識の貧困、経済・思想・科学に対する研究並びに認識の低さ、特に中華民国の潜在力に対する過小評価等々について失望していただけに、石原に会って初めて国際平和について語りうる見識のある軍人を発見し、日本の未来に明るい希望を見いだしたといいます(48)。

一方、中国の各地に、日本の費用負担で大規模なモデル農場を作り、その農場の近代的経営を通じて、周辺の中国農村の経営基盤を改善し、それを通じて日中関係全般の改善を図るという池本構想は、日中関係の前途に深刻な憂慮を抱えていた石原にとっても、行き詰まった日中関係の打開を図る上で極めて明るい展望を与えるものでした。池本の提案に飛びついた石原は、その提案を直ちに実現する取り組みを始めました。

池本は、この時、既に東大の那須皓教授の仲介で、外務省との間に、アフガニスタン政府農政顧問兼カブール大学教授に招聘されることが決まっていたのですが、石原は急遽、これを取りやめさせ、中国農村に日本の資金を使ってモデル農村を創るという池本の構想実現に、池本自身が取りかかることを求めました。

それより以前、石原は、既に鐘紡の津田信吾社長から、これまた雄大な中国大陸への投資構想を聞いたことがあり、これを池本の対華農村文化政策と結びつければ、満州から華北に及ぶ壮大な日中友好の基盤整備が出来、これを中核として行き詰まった日中関係の打開を図ることが出来ると考えたのです。

池本がアフガニスタン行きの話を断り、また鐘紡側の受け入れ体制が整ったことを受けて、石原が正式に池本を芦屋の津田邸で津田社長に引き合わせたのは、満州事変勃発記念日の九月十八日のことでした。以後、鐘紡は、翌三七(昭和一二)年二月に農務課を新設、池本を課長として殆ど採算を度外視した農牧畜事業を展開することになります(49)。

池本の見識に惚れ込んだ石原は、後に東亜連盟協会の農業理論を池本に任せるようになりますが、これについては筆を改めることにします。池本と石原との関係で重要なことは、池本の出現が、あくまで日中関係の改善策としての農村モデルの創設を通じた日中戦争抑止策という点にあったということです。この時点から、石原は、その生涯を通じて、池本という人物を、少なからず過大評価したとも思われるのですが、それは石原の日中戦争抑止への悲願を物語るものでもありました。

華北分離工作

日中が戦ってはならないと考えた時に、大きな障害になったのは関東軍の華北分離工作でした。これは排日や抗日運動の温床になっている華北五省（河北省・察哈爾省・綏遠省・山西省・山東省）を、満州同様に、南京の国民政府から切り離して日本の支配下に置こうという関東軍の工作で、これが本格化するのは一九三五年（昭和十）に入ってからです。

その五月、日本は中国に対して明暗二つの相矛盾する政策を取りました。一つは、外務省が中国に対して外交使節の地位を公使から大使に昇格したことです。珍しく日本がリードして関係列国を促して取り運んだことで、中国政府の外交上の地位の向上は日中関係改善にも役立つと考えられました。

ところが陸軍では、特に中堅幹部がこの措置に憤慨したのです。大使昇格は五月七日の閣議決定事項ですから、林陸相も一応了解した上で取り運ばれたことですが、中国を統一された国家と認めず、侵略の対象地としてしか考えていなかった陸軍中堅幹部たちに取っては、国民政府の国際的権威を高めるこの措置は寝耳に水の驚きでした。五月末から六月にかけて行われた天津軍と関東軍による華北分離工作は、この時期に活発になった華北での排日運動の激化に対応する為もありましたが、外務省の大使館昇格に対する陸軍の対抗措置でもありました。

五月三十日、支那駐屯軍（天津軍）の中国に対する強硬要求事件が新聞報道されました。朝日新聞の記事には「我が駐屯軍重大決意　断固根本解決要求

北支形勢重大化」とあり、華北地方における排日運動の激化と、それに対する国民政府側の取り締まりの不十分さが天津軍の憤慨のもとだということで

した。この天津軍の動きを支えていたのは関東軍で、結局、こうした日本軍の力尽くの要求に国民政府側が折れて、六月中に梅津・何応欽協定と土肥原・秦徳純協定が成立したのですが、こうした日本軍の華北分離工作は、更に激しい排日運動を呼び起こすであろうと思われました。この二つの協定によって、中国は河北省と察哈爾（チヤハル）省から国民政府機関を撤退させたことで、主権の及ぶ領土から実質的に二つの省を失ったことになり、そのことは当然、中国人のナショナリズムに火をつけ、排日運動を激化させると考えられました。

　こうした出先陸軍の勝手な行動に敏感に反応したのは天皇でした。新聞報道を見て、再び満州事変同様、軍の行動によって外交が損なわれることを懸念した天皇は、御前会議を開いて陸軍の暴走を押さえようと考えました。牧野伸顕内大臣に相談し、牧野は六月十八日にそのことを興津に赴き西園寺公望に相談しています。しかし、御前会議を開いても軍部と政府の意見が一致しない場合、天皇へ政治責任が波及することを恐れた西園寺はこれに反対し、天皇の行動は押さえられました(50)。

　この時、石原はまだ仙台の連隊長でしたが、訪ねてきた阪谷希一満州国協和会次長に対し、関東軍の華北分離工作について次のような批判的意見を述べたと云われます。

　日本としては、どうしても満州を固めて行くより道がない。満州さえ立派に整って行けば、おのずから北支は随《っ》いてくる。いわゆる桃李云わざれども下おのずから蹊《みち》を成す。という具合に、自然に徳化してゆくことが出来る。だから、いま北支に小細工をやったり、蒙古にかれこれ手を出したりすることは最も愚策であって、自分の採らないところである(51)

　石原の態度は明らかに満州事変の時とは変わっています。石原が変わったのは、満州国のその後の発展が事変中に石原が考えていた五族協和とは別の道を歩んでいると考えられたからです。石原にすれば、満州の地に、日・満・中・鮮・蒙という全く平等な五族協和の理想国家を創れば、「桃李云わざれども下おのずから蹊《みち》を成す」ようにアジアの諸民族は黙っていてもついてくると云うわけでした。協和会を作ったのはそこにこそ意味があったので、逆に、武力的威圧のみで無理矢理ついてこいという強硬態度を取れば、中国との間に戦争を誘発する可能性が高くなるということでした。

その八月、石原は参謀本部に入ると直ぐに関東軍のこうした華北分離工作を止めさせる措置を取ろうとしましたが、河北省と察哈爾（チヤハル）省の分離工作は既成事実となっており、進行中の内蒙古に対する抑制措置は、次に見るように蒙古民族と漢民族との古くからの民族対立に介入しての工作であるだけに、にわかに打ち切れば蒙古民族に対する裏切りになるという事情に加え、石原にとっては宿命としか云いようのない人事上の重圧によって阻まれる事になります。それらを克服しようとして取った支那駐屯軍（天津軍）増強が、結局、日中戦争を誘発する一因になるのです。

蒙古王族徳王と綏遠省主席傅作義の対立

元来、内蒙古は、蒙古民族の遊牧地でしたが、漢民族が流入し農耕文化が浸透するとともに生活様式の差から、民族間の対立、相克が絶えませんでした。本来の蒙古民族が持つ騎馬民族としての武力を恐れた清朝は、姻戚関係を通じて王族を優遇し、これを懐柔するとともに、彼らを複数の盟に分割、各盟の下に数旗から二十数旗を置き、その封建的世襲制度を通じてこの地を徹底して分割支配しました。辛亥革命以後も、中華民国政府は、蒙古王公の離反を防ぐため、察哈爾（チヤハル）・綏遠・熱河には省・県を置かず、特別区として盟旗（封建制）の存続を認めていました。

しかし、一九二八年六月に国民革命軍が北京に入場し、南京の国民政府による全国統一が完成すると、九月、国民政府は、一方で盟旗（封建制）の存続を認めながらも、地方行政機構を統一するため察哈爾・綏遠・熱河の特別区は廃止し、省・県制を施行しました。そのため、盟旗（封建制）は、地方行政機構としての法的根拠を失いましたが、蒙古民族は盟旗

（封建制）の外にその利益を代弁出来る政治組織を持っていませんでしたから、その存続は民族の生存権にかかわるところがありました(52)。

当時、蒙古民族が学ぶ近代的教育機関としては北京・南京の蒙藏学校、奉天蒙旗師範学校、中央政治学校、黄埔軍官学校、日本の陸軍士官学校等がありましたが、これらの学校で学んだ蒙古知識青年は、民族自決等と同時に、自由平等、解放等の思想的影響を受け、盟旗（封建制）存続には批判的でした。しかも蒙古知識青年には政府機関等に就職の機会は少なく、郷里に帰っても近代的政治組織がないので政治的活路がありませんでした。

王公出身の西スニト旗長徳王（一九〇二～一九六六）が、一九二九年六月、北京で各盟旗王公を集めて会議を開き、西カラチン旗出身で北京政府内務部主事の呉鶴齢が作成した盟旗革新案に反対したのは、保守的な王公の立場からでした。しかし、彼が北京や南京における政治工作に行き詰まり、内蒙古に帰って自治運動を始める意を固めると、失意に苦しんでいた蒙古知識青年が続々と彼のもとに結集し、彼らとの接触を通じて徳王自身も次第に変革の意識に目覚めるようになりました。

徳王の自治運動はやがて国民政府にも認められ、三四年四月、綏遠省百霊廟に自治機関として蒙政会が設けられると徳王は秘書庁秘書長として実務の中心人物となりました。ただ、省・県政府が税収を独占する中で、蒙政会が支配する遊牧地帯には財源がなく、蒙政会は忽ち組織存亡の危機に見舞われます。そうした中で徳王は税収の配分を廻って、綏遠省主席で軍閥の傅作義と対立するようになりました。蒙政会は自前の武力として保安隊を創りましたが、傅作義のような軍閥と対抗するためにはどうしてもその軍事力を強化する必要がありました。徳王が関東軍と関係を持った動機は、傅作義の軍事力に対抗できる武力が欲しかったからです。

徳王と日本の関係が深まるのは一九三五年（昭和十）からですが、三月に田中隆吉中佐が関東軍参謀となり内蒙工作の責任者になったことも重要でした。五月二十八日、田中は西スニト旗に飛来して、徳王に「我が日本はすでに満州人を援助して満州国を樹立しました。現在、あなた方を援助して蒙古国を樹立するつもりです」と約束したといいます。

その六月に梅津・何応欽協定と土肥原・秦徳純協定が結ばれ、河北省から中央軍や于学忠軍を、察哈爾省から宋哲元軍を撤退させたことは、徳王と関東軍との接触を自由にしました。七月二日、関東軍は、満州航空工廠長永渕三郎を西スニト旗に派遣し、徳王に専用機としてスーパー機（乗員二名、乗客六名の小型旅客機）を贈呈しました。関東軍の内蒙工作には、中央アジア防共回廊という構想のもとに、満州国からトルキスタンに到り、カブールでドイツと手を結ぶ日独航空連絡網を建設する野心もありました。スーパー機を贈る事で、関東軍は徳王を籠絡すると共に、燃料、操縦士、機関士を提供して徳王機の維持管理にあたり、航空機の運航や、蒙地の兵要地誌情報を手に入れたのです。

石原が参謀本部に入ったのはその八月でした。既に河北省と察哈爾省の分離工作は一段落し、進行中なのは内蒙古の徳王関係のものでした。しかしこれに急激なブレーキをかけることは蒙古族に対する裏切りに近く、五族協和を根本理念とする石原としても容易に取り得る立場ではありませんでした。

石原の苦衷を知らぬ顔に現地の工作は進展します。九月十八日、板垣征四郎参謀副長は田中隆吉参謀等を連れて西ウジュムチン旗へ飛来、シリンゴル盟長索王と副盟長の徳王に対し正式に関東軍の提携方針を伝達しました。それが徳王の最初の満州国訪問を促し、十一月二二日、西スニト機関長宍浦少佐の案内で徳王は満州国新京に飛び、南次郎軍司令官、西尾寿造参謀長、板垣参謀副長等と会い、蒙政会保安隊の千名から五千名への増員支援、三八式歩兵銃五千丁、弾薬五百万発、軍費五十万円の供与を受けました。徳王一行は十二月二日、帰途につき、途中、ドロン飛行場で初めて李守信察東警備軍司令官と会い、李から保安隊の拡大、特に蒙古騎兵団の編成や訓練に関する援助と緊急時に於ける救援の約束を得ました。

十二月、関東軍司令部は、軍中央からの抑制に対抗して「北支問題ニ就テ」という見解を発表し、華北地方を「国民政府ヨリ完全ニ分離セシメ日満支依存ノ基礎ヲ確立」する方針を明らかにしました(53)。これに対して、軍中央は、一九三六年(昭和十一)一月十三日、「北支処理要綱」によって関東軍の政治謀略の範囲を長城線以北に限定し、更に、内蒙工作についても、それが「綏遠四蒙旗ノ地域ニ波及」するのを禁止する措置を取ったのでした(54)。

しかし、こうした軍中央の控えめな抑制措置は関東軍には何らの効果ももたらしませんでした。三六年一月二十二日、徳王は関東軍の支援のもとにチャハル部を盟に改組し、チャハル盟公署を設立しましたが、その管轄地域には綏遠四蒙旗の穀倉地帯が含まれており、これが軍中央の命令に反することは明白でした。一方、南京国民政府は二十五日、綏遠省境内蒙政会条令を発布してチャハル盟公署に対抗する措置を取ったため、徳王と綏遠省主席傅作義を支持する国民政府の対立も明らかになりました。

二月十日、徳王は西スニト旗で蒙古軍総司令部の成立式典を開き、関東軍からは西尾寿造参謀長以下が参列しました。徳王はジンギスカン紀元と蒙古旗を定め、独立の旗幟を鮮明にしました。しかしこの蒙古軍総司令部の実務は専ら募兵で、徳王のお膝元のシリンゴル盟とチャハル盟の各旗が人口希薄で応募がなかったため、結局、満州国内の東部内蒙古で募集が行われることになりました。徳王の関東軍への依存態勢はいよいよ決定的となりました。

天津軍(支那駐屯軍)の大増強は何故に行われたのか

一九三六年(昭和十一)五月に支那駐屯軍(天津軍)が、約二倍(計画では約三倍の予定でした)に大増強されました。最近、櫻井良樹麗澤大学教授の研究によって、この大増強による天津軍の性格の変化が改めて問題になっていますが(55)、この大増強をやったのが他ならず石原莞爾でした。日中戦争が始まってから石原は、この時の措置を非常に残念がり、一九三九年(昭和十四)秋に行われた参謀本部の竹田宮恒徳王に対する「回想応答録」では

中央部が関東軍の北支に手を出すことをどうしても止めさせ得なかった為に遂に其対策として

天津軍を増強しました事が今次事変の原因となったので、此点に就いて石原は当時の責任を痛感して居る次第であります。即ち当時天津軍の増強等という方法によらず統帥の威力により関東軍に手を引かせる様にすれば良かったろうと責任者として自責の念に駆られるのであります(56)

と反省しているのですが、石原が関東軍に「どうしても止めさせせえなかった」ということにはそれなりの事情があったので、その点に絞ってこの問題を考えてみたいと思います。

この工作は、中央——と申しましても石原将軍——と意見を別にしており

一九三六年（昭和十一）三月人事で板垣征四郎が関東軍参謀長になり今村均が参謀副長になりました。

板垣と石原の関係は、生涯を通じて最も気心の知れた親密な間柄として知られています。この時期においても、林銑十郎内閣の組閣工作の過程では石原が板垣陸相実現にこだわったことなどからも、両者の関係の親密さを疑わせるものは何もありません。しかし、この親密さこそ落とし穴になったのです。

板垣には親分肌のところが多分にあり、石原が直属の部下であった限り、信頼する石原の為には体を張るところがありました。しかし、石原が軍中央の立場に立ち、逆にその統制下に置かれた時、板垣には軍中央としての石原の権威を軽視する気持ちが出てきたと思われます。石原が、満州事変の時とその主張を大きく変えたことも関係しているでしょう。

一方、今村と石原との関係も、満州事変とは全く裏返しの人事でした。今村には、自らが積極的に中央の統制に従わない気持ちはなかったようですが、直属の上司である板垣が決裁し、部下の参謀が決断した中央（石原）への下克上を押さえる気持ちなどさらさらありませんでした。彼には、満州事変の時の石原の中央（今村）に対する反抗的態度が許せず、軍中央に座った石原が自己の犯した下克上を償うのは当然という気持ちがありました。

この板垣と今村のコンビが、田中隆吉による蒙古独立支援工作（綏遠工作）を、破局に到るまで突っ走らせることになったのです。満州事変の時点とは全く逆転したこの人事が、石原の関東軍統制を格段に困難にしたことは間違いありません。

今村の着任後、しばらくしたある日、今村のところへ田中隆吉中佐が現れ、板垣参謀長の代わりに北支通州の殷汝耕政権に挨拶に出向いてくれと頼みました。理由を聞くと、

まだご着任後日が浅いので、内蒙工作と関連する殷政権との連絡のことは、申し上げてありませんでした。この工作は、中央―と申しましても石原将軍―と意見を別にしており、板垣さんの全責任の上で、軍司令部内でも秘密とし、企画をすすめていることです(57)

と切り出し、中央（石原）からの命令を無視して内蒙工作を継続する必要性を訴えました。そして、この工作が石原の反対の為に中央から援助を受けられない以上、何とかして内蒙工作に必要な財源を見つける必要から、殷汝耕の冀東政権に財政的援助を頼んでいる内幕を明らかにしました。

今村は、「この工作は、中央―と申しましても石原将軍―と意見を別にしており」と聞いた時に、内蒙工作継続の必要性を納得したと思われます。今村の心にわだかまっていた石原への因果応報願望が、中央の意に反してこの工作を続ける事の無謀性に対する冷静な判断を妨げました。以後、板垣参謀長と今村副長の支持のもとに、関東軍と冀東政権の財政援助を受けてこの工作はすすめられました。

綏遠工作

板垣参謀長と今村参謀副長の支持を受けたとはいえ、綏遠工作と呼ばれる蒙古軍による綏遠侵攻作戦を実行したのは田中隆吉でした。戦後、極東国際軍事裁判で検事側証人として旧陸軍の内情暴露に活躍したこの人物の、ある面でのいかがわしさについては改めて述べる必要もないと思われます(58)が、彼が板垣、今村という重厚な上司の味方を得た時に、綏遠工作は石原に取っても容易に打ち勝ちがたい重

圧になりました。

この田中隆吉の指導の下に、徳王の蒙古軍政府が成立式典を挙げたのは五月十二日でした。蒙古側からは各盟旗代表、旧蒙古軍総司令部職員等が出席し、関東軍からは今村均参謀副長、田中隆吉参謀、田中久徳化機関長等が参列しました。六月には徳王以下、蒙古軍政府首脳の満州国訪問が行われ、満州国との間に相互援助協定が締結されました。

しかしこの蒙古軍政府への援助が石原の反対で軍中央の賛成を得られず、予算請求が出来なくなったとき、田中隆吉は蒙古軍政府と殷汝耕の冀東防共自治政府を相互援助協定で結びつけたのです。この両者間の経済援助の具体的やりとりに今村均が引き出されたことは前述した通りですが、この時、今村は単に受け身に田中の要請に従って仲介の役割を演じたのではなく、綏遠工作を正規の関東軍の工作とするため、天津軍に対して積極的に働きかけています(59)。今村には関東軍を押さえようという石原の意志には積極的に対抗する気持ちが濃厚でした。

満州国熱河の盟旗での新兵募集が一応終わり、蒙古軍第一軍、第二軍の編成が完了した八月二十三日、板垣関東軍参謀長と武藤章課長、田中隆吉参謀等は徳化に飛来し、飛行場で蒙古軍を閲兵しましたが、その時、田中久徳化機関長等を交えて綏遠武力進出計画に関する軍事会議を開きました。田中久ら徳化機関の人間は、さすが現地の状況を知っているだけにこの軍事進出計画の無謀を主張しましたが(60)、結果は田中久の転出となり、空席は田中隆吉の兼任で埋められました。

徳化での閲兵と軍事会議を終えた板垣等一行は、スーパー機で百霊廟に飛び、雲王と会見、包頭で満州航空の幹部と合流、欧亜連絡航空路の中継飛行場の整備状況の視察を兼ねてアラシャン旗へ飛び、達王を訪ね、更に、二十五日には綏遠省帰綏に飛んで傅作義とも会見しました。共同防共の名目で綏遠省主席自身を説得出来れば、河北省や察哈爾省同様、綏遠省も戦わずして手に入ると皮算用していたのです。傅作義は表面、丁重を装いながら決定的な言質を与えませんでした。しかし板垣はその成功に楽観的でした。その帰途、板垣等は天津に立ち寄り、支那駐屯軍（天津軍）司令官を訪ね、官邸で支那駐屯軍と関東軍との合同幕僚会議を開き、「今度、蒙古が反共を旗印に独立を策し、反蒋運動を起こすことになったが、傅作義将軍もこれに呼応して反蒋運動を展開することに話がついた。関東軍はこれを支持するが、天津軍も協力されたい」と話したといいます(61)。

綏遠武力侵攻作戦の失敗を劇的に際立たせることになったのは、田中隆吉がこの軍事作戦に先だって、土地の土豪王英に依頼して蒙古軍第三軍という謀略部隊を編成し、これによって綏遠省主席の傅作義に対する威力偵察を試みたことです。王英が各地から急遽かき集めた漢民族主体の謀略部隊は、騎兵六千三百名を含む一万三千余名を数えましたが、中身は日本人から資金や銃器を騙し取ろうという連中ばかりで、多くの中国側工作員が潜入していたといいます(62)。

綏遠侵攻作戦が実行されたのは十一月でした。五日から徳王と傅作義との間には電報による非難の応酬があり、十四日には、大漢義軍を呼称する王英の謀略部隊が蒋介石の国民政府打倒をかかげて綏東への侵攻を開始し、ホンゴルドを目指しましたが、そこで計画的な武力侵攻作戦としては信じがたい程の敗北を演じるのです。ホンゴルドは人口千数百人の小さな村で、村を守っているのは少数の部隊と村の自衛団だけでした。ところが武力侵攻した王英軍には全く戦意がなく、その圧倒的な兵数と満州航空の支援爆撃にもかかわらず彼らはホンゴルドを攻略せず、三日間、形ばかりの攻防戦を演じた後、守備側に救援軍が到着したという口実で、十八日には攻略を諦めて察北へ敗走するに到りました(63)。

ホンゴルドでの抗日戦勝利は、関東軍に対する初めての勝利として中国人の愛国心と民族主義を鼓舞し、救綏運動が全国的にわき起こりました。そうした中で綏遠省主席の傅作義は、徳王の内蒙高度自治運動の拠点となっていた百霊廟の奪回を目指します。百霊廟には、徳王が軍需物資や食料を蓄積し、蒙古軍の第七師に守らせていたのです。二十三日夜、傅作義配下の晋綏軍が百霊廟に突入すると、第七師は抵抗することなく敗走しました。綏遠侵攻作戦を指導していた田中隆吉は王英軍に百霊廟の奪還を命じ、十二月二日から百霊廟の奪還作戦が開始されたのですが、翌三日にはこれも無残な失敗に終わります。百霊廟の敗戦後、王英軍はシャラムリン廟に逃げ帰りますが、十二月八日、形勢を観望していた騎兵隊が傅作義に投降、同日シャラムリン廟にも反乱が起こり、特務機関員等日本人二九人が殺害され、翌日、廟は反乱軍の手に落ちました。

ここに十一月初旬に始まった徳王の綏遠武力侵攻は完全な失敗に終わり、徳王はこれまで綏遠省に持っていた百霊廟という拠点まで失うに到りました。傅作義による抗日の成功はその背後にいた蔣介石の名声を高めます。しかも中国側は、これを無敗の関東軍に対する最初の勝利として宣伝したため、その自信が翌年の中国側の抗日戦争遂行への決意につながりました。ただ、この段階で思いもよらなかった事態が発生しました。西安事件です。

十二月十二日、共産軍討伐の督励に西安に赴いていた蔣介石が、東北軍の張学良・楊虎城両将軍によって逮捕監禁されたのです。綏遠工作の失敗によって苦境にあった徳王やそれを支援していた関東軍はそれによって救われました。十二月十七日、徳王は南京国民政府に対して、張学良による蔣介石監禁を非難し、一方的に軍事行動の中止を宣言しました(64)。

留め男としての石原莞爾とそれを迎える今村均

綏遠武力侵攻の直前の十一月九日、板垣関東軍参謀長は陸軍中央に蒙古軍政府の行動について報告しました。それは綏遠工作に対する関東軍の援助を告白しながら、「今次の行動は真に軍政府の実力充実に伴う自発的工作」として直接の関与は否定したものでした。しかし石原はこれを信用しきれませんでした。懸念されたのは、この結果如何によっては関東軍自体が介入しかねないことでした。そうなれば五月に天津軍増強という犠牲を払ってまで関東軍を華北分離工作から閉め出したことの意義がまるで否定されることになります。

十三日に、石原は自ら関東軍暴走の留め男として満州・中国へ赴くことになりましたが、これは石原にとって極めて気の重い旅でした。彼は十五日に神戸港から乗船し、十八日に大連に上陸して新京の軍司令部へ向かっています(65)が、飛行機を使わず船にしたところにこの問題に対する彼の気の重さが表れています。

　逆の立場にあったのが今村均でした。彼は、石原を迎えた時の関東軍参謀部の様子を、自伝の中では満州事変のすぐ続きに、その因果応報として生々しく描いています。石原に関するエピソードとしては最も良く知られた場面であり、石原に対する評価を決めてしまったとも云える証言です。

　軍の関係参謀六名ほどが、参謀長板垣中将の官舎に集合し、石原作戦部長を迎えた。夕食時から一時間ほど前である。石原少将は、自信に満ちた態度で、関東軍の参謀連を前にし、口を開いた。

「諸官等の企図している内蒙工作は、全然中央の意図に反する。幾度訓電を発しても、いいかげんな返事ばかりで、一向に中止しない。大臣総長両長官は、ことごとくこれを不満とし、よく中央の意志を徹底了解せしめよとのことで、私はやって来ました」……（ここで内蒙工作の説明がかいてあるが省略）……

武藤大佐が笑顔で語り出した。

「石原さん、それは上司の言い付けを伝える、表面だけの口上ですか、それともあなた自身の本心を、申しておられるのですか」

「君！　何をいうのだ。僕自身内蒙工作には大反対だ。満州国の建設が、やっと緒につきかけているとき、内蒙などで、日ソ、日支間にごたごたを起こしてみたまえ、大変なことになるぐらいのことは、常識でもわからんことがありますまい」

「本気でそう申されるとは驚きました。私はあなたが、満州事変で大活躍されました時分、この席に居られる今村副長と一緒に、参謀本部の作戦課に勤務し、よくあなたの行動をみており、大いに感心したものです。そのあなたの行動を見習い、その通りを内蒙で実行しているものです」

そういうや否や、他の参謀どもが口をあわせて哄笑した。石原氏は、当年の盟友であり、先輩である板垣中将の顔に目をそそいだ、中将は何も発言せず、座は白けきってしまった。……翌日、植田軍司令官室で、板垣中将と私とが列席の上、中央の意向を聴取した。

翌々日、私と他の三名ほどが、飛行機で出発する石原氏を見送ったが、出迎えた時とは、まるで別人のように寂しそうな顔つきをしていた(66)。


「あなたの行動を見習い、その通りを内蒙で実行しているのです」と云われた時、石原は絶句しました。今村の言葉には、下克上批判と抱き合わせで軍人社会特有の功名心とジェラシーのトゲが隠されています。石原も、天保銭の連中（陸大出）にそうした感情の動きがあることは予想していましたが、陸軍の中でも最も期待していた今村や武藤に、それを云われるとは考えていなかったと思われます。

幼年学校以来、独特の競争社会の中で生きてきて、ジェラシーほど手強く執拗な感情がないことは石原も身にしみて分かっていました。そのことを一番痛烈に思い知らされたのは陸大時代でした。人々は彼がどのように受験勉強をしたのかを執拗に知りたがり、殆ど何らの準備もしないで合格したなどとは信じようともしませんでした。満州事変についてはなおさらのことです。石原自身、功名心を否定できない以上、同じ功業の機会を他のものに与えないというのは、陸大出身のエリートを自認する参謀達の納得するところではありませんでした。

石原が関東軍説得に失敗したことは明らかです。徳王の綏遠侵攻が失敗に終わっても関東軍は内蒙工作の支援を諦めませんでした。ただ、石原の面目のために付け加えておけば、石原はこの説得が極めて困難だということは最初から覚悟していましたし、にもかかわらず彼が関東軍説得にやって来たことも、全く無意義ではなかったと思われるのです。綏遠工作が失敗に終わった時、関東軍自体が乗り出す可能性があり、それだけは一応押さえられたからです。

ともかく関東軍は内蒙工作の支援を諦めませんで

した。殷汝耕の冀東政権が財政破綻したとき、関東軍は工作資金の捻出に行き詰まりますが、なお今村を軍中央に派遣して梅津次官を説得しようとしています(67)。そのこと自体は成功しませんでしたが、板垣以下の関東軍参謀達が、内蒙工作で石原の統制に服する気持ちがなかったことは明らかでしょう。

御進講の意義

一九三六年(昭和十一)暮れに関東軍説得に失敗したことは、石原にとっても決して愉快な事ではありませんでしたが、気持ちの落ち込みはなかったと思われます。彼には、この時点で、西尾寿造参謀次長を通じて自分の戦史を御進講するという心弾む仕事がありました。御進講は、一九三六年(昭和十一)十一月から翌年三月まで七回にわたって行われましたが、これは田中智学の国体論を信奉する石原にとっては、満州事変にも匹敵する晴れがましい仕事でした。

稲葉正夫は、『石原莞爾資料―戦争史論―』の解題で、石原が御進講の起案を命じられたのは杉山次長の時期であったと書いていますが(68)、そんなことはあり得ません。杉山が自分の御進講に「石原戦史」を使おうと考えるほど石原信者であったとは考えられませんし、まして、それを次の次長に引き継ぐなどということはあり得ません。逆に西尾寿造には自分の御進講に「石原戦史」を使おうと考えるだけの背景がありました。参謀次長としての御進講に「石原戦史」を使おうと考えたのは杉山ではなく、御進講を行った西尾自身だったのです。

では、なぜ稲葉がそのように考えたかというと、石原資料の中に残された「御進講録」の印刷の日付が、一九三六年(昭和十一)三月という次長交代時点だったからで、また、この印刷された「御進講録」を、成案と誤認したからであろうと思われます。

実情は、参謀次長に任じられた西尾が、その直後に、御進講に「石原戦史」を使おうと決意し、石原も喜んでそれを受けいれ、しかもそれを第二課の組織的業務(69)とするために、急遽書き上げて印刷させたのであろうと思われます。当然、今日、残されている「御進講録」は成案ではなく、第二課で組織的検討を行うための叩き台であったと考えられます。書き込みが多いのはそのためだし、また、その「御進講録」が、七回中の前半、四回相当部分であることは、後半の三回分は印刷に間に合わなかったからと考えられます。予定された後半部分には、石原が参謀本部に入ってから従来の考えを一変させた「現在及び将来における日本の国防」部分が含まれた筈で、石原としても早急には書き上げられなかったのであろうと考えられます。

戦略戦術に関しては一家言を持っていた西尾に、自分の御進講に「石原戦史」を使おうとまで思わせる基になったのは、西尾が陸大教官に赴任した一九一六年（大正五）一月から、石原が陸大を卒業した一九一八年十一月までの約三年間です。石原の周到でありながら簡潔で明快な戦術論は西尾の好みだったし、石原の陸大優等卒業には、西尾も教官として一役買ったと思われます。満州事変によって満蒙問題を一挙に片付けた石原の手腕も高く評価したと思われますが、西尾が関東軍参謀長であった一九三四年（昭和九）三月から一九三六年（昭和十一）三月までの二年間、板垣を副長として、協和会を石原路線に引き戻すべく努力した時期がありました。一九三七年三月、参謀次長を去るに当たっては、第二課長に予定されていた河辺虎四郎を自宅に呼んで、参謀本部の業務は石原構想を中心とするよう言い残しています。そう考えると西尾は陸軍の先輩筋の中では数少ない石原理解者の一人でした。それだけに、宮中における石原評価は気になっていた筈です。西尾は参謀次長として御進講の機会を与えられた時、これを直ちに天皇に石原思想を伝える絶好の機会と捉えたのであろうと考えられます。

一方で石原は、西尾から御進講の立案を命じられると、それを参謀本部第二課員（戦争指導課）に対する教育の好機と捉え、この仕事を、第二課の「戦争指導大綱」樹立に次ぐ重要な業務内容と位置づけたのです(70)。この検討会は、力量の違いから、そのほとんどが石原の独演場となったとしても、それを組織の仕事としてやるのが石原の手法でした。そしてこの検討会には、当然、御進講にあたる西尾次長自身も参加していたと思われます。後に、西尾が支那派遣軍総司令官となった時、側近の作戦主任参謀となった吉橋戒三によると、西尾の作戦指導はあたかも「鋏をもって盆栽の枝振りでも直すように、また、よだれを垂らさんばかりの悦にいった表情で」、細かなところにまで具体的な目配りで行われたということです(71)。このように作戦や戦略に対して一家言を持っていた西尾にとって、御進講案の検討は、緊張を伴いながらも心弾む至福の時だったと思われますし、その叩き台を任された石原がその仕事に格別の喜びを覚えたのは当然のことでした。

石原の本音が天皇御親政による昭和維新にあった限り、それを僅か七回の御進講で天皇に納得させることは無理だったことは間違いないでしょう。それにこの御進講の最も重要な部分である後半の結論部分が失われている今日、この御進講の意義を見定めることは困難ですが、この御進講案を叩き台とした「御進講録」の作成過程が、西尾や石原や第二課員の意思統一に大いに役だったことは間違いありません。

広田内閣の倒閣

一九三六年（昭和十一）十一月二十七日の閣議で三十億四千万円の大予算案が承認されました。しかしこれは従来の大蔵省主導の予算編成のあり方からすれば、広田内閣が財政的に破綻状態に近いことを物語るものでもありました。当時、関東局司政部長であり、一九四〇年（昭和十五）からは星野直樹の後を承けて満州国国務院総務長官になる武部六蔵などは「大蔵省は予算の査定権を放棄したのではないか」とその大盤振る舞いを皮肉っていますが(72)、その原因が膨大にふくれあがった軍事予算のためであることは誰の目にも明らかでした。

勿論、その原因を作ったのは石原でした。彼が、大蔵省の局長連中に対し、統帥権を振りかざし、「財政がどうあろうと皆様がお困りであろうと、国防上必要最小限度のことは断々固として要求する」と放言したことは二・二六事件のところで既述した通りです。

そもそも、「世界第一の陸軍国ソ連と世界最大の海軍国米国に対し、陸海の軍備を同時に整えることは所詮不可能である」(73)ということは、石原にもよく分かっていました。その場合、大蔵省が海軍に甘く、陸軍に厳しい目を向けていたのは、ロシア革命以後の陸軍には強大な仮想敵国がない時期があり、少額の予算に甘んじていた時期が長く続いていたからです。役人の世界では、新しい事態より古くからの実績がものをいうのです。満州事変以後も、石原が中央に出てくるまでは、陸軍にはソ連との軍事的均衡破綻に対応した予算を要求するだけの蛮勇をもった軍人がいなかったのです。その点については、「戦争で戦争をやしなう」などと安上がりの軍備をとなえて第一次大戦以来の総力戦思想を批判していた石原にも責任のあることでした。

石原も、対ソ戦備の破綻に気づいたとき、最初の間は、なお、海軍を含めた国防予算という枠組みの中で解決できないかと考えた期間がありました。ソ連極東兵力の三割にも満たない陸軍としては、対米八割の兵力を保持している海軍に一時的にでも国防予算の優先順位を譲ってもらえないかという願望でした。一九三五年(昭和十)暮れから一九三六年春にかけて、福留繁軍令部作戦課長と国防国策大綱について、特に対ソと対米の優先順位について討議したのはそのためでした(74)。しかし陸海軍が各独立して持っていた統帥権の改変にかかわるそうした努力は、日露戦後に田中義一や山縣有朋が試みて失敗して以来、不可能ともいえることでした。石原が唱道する「昭和維新」(天皇御親政)による現状打破が、陸軍省部の革新的幕僚に説得力を持ったのはそのためでもあります。

石原は一九三五年(昭和十)末にソ連の計画経済に詳しい満鉄の宮崎正義に日満財政経済研究所を設立させ、統制経済による軍備拡充計画の立案に乗り出しました。従って、この日満財政経済研究所がその研究成果として一九三六年(昭和十一)八月に提出してきた「日満産業五カ年計画」の実現は、石原にとって「昭和維新」成就の鍵を握る最重要課題となりました。石原は早速、これを次期首相候補と考えられる人物達に届け、彼らの反応を確かめました。彼らのうちで、石原に、この計画をちゃんと読んだという手応えがあったのが林銑十郎、平沼騏一郎、近衛文麿の三人でした(75)。

夏の終わり頃に、石原は、陸軍省軍務局で軍政立案を担っている町尻量基軍事課長、石本寅三軍務課長、佐藤賢了内政班長らと宝亭で会談し、「日満産業五カ年計画」の推進を約し、これを実現できる内閣の樹立を策し始めましたが(76)、その一環として打ち出されたのが行政機構改革です。

九月二十一日、寺内寿一陸相は永野修身海相を訪ねて同意を取り付け、両相相携えて広田首相を訪ね「行政機構改革共同意見書」を提出、昭和十二年度よりの実行を強く迫りました(77)。これは中央・地方の行政制度の根本的刷新を図ると共に、議会制度を改革して議会権限を大幅に縮小することを目論んだものでしたから政党側の強い反発を招きました。

前述のように、広田内閣は十一月二十七日に自由主義に立脚する内閣としては破天荒なまでの大規模予算を閣議決定しましたが、なお石原を初めとする陸軍の革新的幕僚達を満足させるにはほど遠いものでした。ただ、陸軍も完全な一枚岩ではありませんでした。参謀本部で予算を担当していた富永恭次第三課長は、省部の担当者間で十分に協議して決めた筈の予算案が、梅津次官の手許で勝手に削られたというので、「国防の責任が取れない」と第三課全員の進退伺いを出しました。その結果、一九三七年（昭和十二）一月には、桑木崇明第一部長と富永第三課長の転出となり、石原が部長代理と第三課長を兼任することになりました。梅津次官は石原の「昭和維新」には与していなかったのです。

一九三七年（昭和十二）一月二十日、第七十議会の休会明け劈頭、民政党の桜内幸雄が軍の反省を求める発言をした後、政友会の浜田国松が「近年、軍部が軍民一致の体制によって強力内閣を組織し、政党の改造と憲政常道論の排撃を企図していると政界の一部に喧伝されているが、さような議論はまことに危険である」と軍部の行政機構改革を批判しました。これに対して寺内陸相が、憤然と「軍人に対しいささか侮辱されるような感じのするお言葉がある」と反撃し、それがまた浜田の「私のいかなる言辞が軍を侮辱したか」との反論を招き、「僕が軍隊を侮辱した言葉があったら割腹して君に謝する。なかったら君割腹せよ」という有名な「腹切り問答」となるのです。両者の面目をかけたこの論争では、政党側も陸軍も、到底、なまなかのところで相手に譲ることは出来ず、特に寺内は、現状打破のためには議会解散しかないと言いつのり、結局、二十三日の広田内閣総辞職を招きました。

言動ヲ慎シメ

一月二十五日、組閣の大命は宇垣一成に下りました。宇垣は政党政治を維持しようとする側に取っては、軍の横暴を押さえうる唯一の人物として期待されたのです。しかし陸軍は一致した意志として陸相の推薦を拒否し、遂に宇垣は組閣を断念、天皇に拝辞することを余儀なくされました。この人物を排除する上で、石原の果たした役割が決定的であったことは良く知られていますが、宇垣に大命が下った後での反対は、石原にとっても決して望ましい展開ではありませんでした。

本来、石原としては、宇垣に大命が降りないように取りはからっているつもりでした。彼は、寺内陸相にはあまり率直に話していなかったようですが(78)、杉山教育総監に対しては、一九三五年（昭和十）八月末に、次期首班としては宇垣は望ましくないことを明言していました(79)。当時の陸軍中央における石原の威勢は揺るぎないものでしたから、省部の課長や幕僚中では宇垣排除は既定の路線となっていたのです。従って、陸軍が広田内閣打倒の手段に「行政機構改革」を使ったことにも、政党とのつながりの強い宇垣を排除する意志は明確に表れていました。ところが、湯浅内相から事前に内々の打診を受けた際、寺内は「以前は反対が強かったが、もういい時分だと思われます」と答えたといいます。西園寺も湯浅もこれに安堵して宇垣に大命が下ることになったといいます(80)が、寺内には、広田内閣倒閣の過程で自分の果たした役割が良く理解できていなかったのです。

宇垣に宮中からお召しがあったのは、二十四日午後八時半でした。当時、伊豆の長岡にいた宇垣としては、すぐ上京しても着京は夜中になると考え、翌早朝の参内を予定したのでしたが、九時過ぎに百武侍従長から、再度の電話があり「深夜にても　御上はお差し支えないから、十時沼津発、十二時横浜止まりの汽車で上京出来ないか」と要請があり、勿論、宇垣はそれに応じて、急遽、上京することにしたのでした(81)。「深夜にても差し支えなし」とのお言葉には、宇垣に対する強い期待と共に、大命降下を一つの勝負時と捉えた政治的な読みが表れています。

大命降下を一つの勝負時と考えた点では陸軍側も同様でした。午後九時に宇垣に大命が降下したとの報を得ると、次官・次長以下、省部の首脳はそれに対処するため急遽、招集されて対応策を協議しました(82)。既に、宇垣にお召しがあった以上、大命降下を阻止することは出来ませんから、組閣を阻止するには宇垣本人に辞退させるか、陸軍として陸相候補を出さないか、それ以外に方法はありませんでした。後者には前年五月に改正された軍部大臣現役武官制の復活が大いにものをいうことになりました。

参内前に本人に辞退を勧告するという厄介な役目は、中島今朝吾憲兵司令官が果たすことになりました。宇垣の車が、横浜駅から京浜国道を通って、多摩川を越える六郷橋のところで待ち伏せた中島は、宇垣の車に同乗し、泉岳寺前で車を降りるまで宇垣の説得につとめました。宇垣の日記によると、「軍の若い者が非常に騒いで容易ならぬ情勢だから、今度は一応お断りを願いたい」という理由で、しかも「寺内陸相の伝言でござる」という話でした。「あっちこっちから反対だという電報が来た」ということも併せて披露したといいます。宇垣は「二・二六事件のように軍隊が動く恐れがあるか」と聞き、「軍隊が動くということは絶対にありません」という返答を聞くと、「それだけ聞いておけばよい」といって中島を車から降ろしたといいます(83)。これで宇垣本人に辞退を迫る道は閉ざされました。

残されているのは、陸軍が結束して陸相を出さないという手段のみですが、大命降下には天皇の意志が明瞭に示されている以上、これに抗することは、天皇の軍隊という、陸軍の依って立つ精神的基盤を掘り崩すことになります。特に、石原としては、自分が人格的に敬意を払っていた阿部信行大将や阿南惟幾兵務局長あたりからの大権干犯に対する懸念が伝わると(84)、日記に「言動ヲ慎シメ」と自省の言葉を書き残さざるを得ませんでした。しかし、同時に「今度ノ事ハ特殊事情ニアル」と弁明し、宇垣排除の方針を貫き通しました。対ソ軍備の遅れを取り戻す為の絶対的命題として、「日満産業五カ年計画」完遂を目指す石原としては、ここで引き下がるわけにはいかなかったのです。

陸軍（石原）側の反対理由は専ら宇垣の三月事件関与容疑ということで、二・二六事件以来、粛軍を大前提としている陸軍としては、宇垣の事件関与容疑が晴れていない以上、その内閣には陸相を推薦できないというのが建前でした。困り果てた宇垣は小磯国昭朝鮮軍司令官に長距離電話をかけて窮状を訴え、陸相引き受けを懇望しましたが、小磯は三長官からの推薦なしでは受けられないと断っています(85)。三月事件関与を理由に拒否されている宇垣が、こともあろうにその三月事件の中心人物にまで頼んだ事に宇垣の窮状が表れていますが、その小磯にまで逃げられ、宇垣は、最後の手段として天皇からの優詔を湯浅内府に要請し、これを断られて、遂に組閣を断念しました。

林銑十郎への大命降下と石原派四人組

一月二十九日夜、組閣の大命は、石原の筋書き通り林銑十郎大将に下りました。このことは、「第二首班ニハ文句ヲイハス　但　陸軍出身者ハ恐クナカラン　言動ヲ慎シメ」（日記）と考えていた石原にとっては満足すべき条件とも云えるもので、彼はこれで「日満産業五カ年計画」を実行させるための「傀儡内閣」をほぼ手中に収めたかに見えました。

ここで石原から林内閣の組閣工作を託された石原派四人組の顔ぶれを紹介しておきましょう。第一は浅原健三です。周知の通り、八幡製鉄所のストライキを指導した労働運動指導者ですが、一九二八年（昭和三）の普通選挙で無産党代議士となり、その活動中にベストセラーとなった自伝『溶鉱炉の火は消えたり』を出版、その印税でアメリカを長期旅行中に満州事変を迎え、わき起こるアメリカ国民の反日感情の嵐を見て帰国、一九三二年（昭和七）の総選挙では「満州侵略絶対反対」を叫んで落選しました。

ところが、その後、政友会幹事長森恪との関係で、思想的には対極にあった軍への接近を図る中で、石原にも、一九三四年（昭和九）二月、仙台まで出向いて会見、忽ち意気投合、石原が参謀本部に入るに及んで、浅原も無産運動を離れ、「石原構想」による五カ年計画を実現するための政権奪取を構想するにいたりました。林内閣組閣のシナリオは、その第一歩として試みられたものでした(86)。

第二は十河信二です。四人組の中では最年長、石原よりも五歳年上です。一高・東大出のエリート運輸官僚で、鉄道省経理局長時代に復興局事件で依願免官。一九三〇年（昭和五）に満鉄理事となり、満州事変期に関東軍に協力、一九三二年、石原の要望を受け満鉄経済調査会の委員長となりました。一九三五年には、華北開発の国策会社としての興中公司社長となり、一九三六年、日満財政経済研究会が出来ると、宮崎正義に協力して「日満産業五カ年計画」の作成にかかわりました。この人物は、戦後も日本経済復興協会会長となり、一九五五年（昭和三十）からは国鉄総裁として新幹線の生みの親となったことで知られています。

第三は宮崎正義です。石川県の官費留学生としてモスクワに留学、帰国後、満鉄に入り、総務部調査課のロシア部門の調査研究の充実に主導的役割を果たしました。石原との関係は満州事変前からで、事変後、十河を委員長とする満鉄経済調査会が出来ると、第一部主査として満州国建国プランニングに参画しました。一九三五年（昭和十）末、石原の要請で日満財政経済研究会を創設、その主事として会の運営に当たりました。「日満産業五カ年計画」はその研究会の研究成果でしたから、林内閣の組閣に当たっては経済関係閣僚の銓衡には不可欠な存在でした(87)。

第四は片倉衷少佐です。石原派四人組の中では一番若いのですが、石原との関係は一番古く、かつ深いものだったと言えるでしょう。石原の陸軍大学校での教え子であると共に、満州事変期には関東軍参謀として、事変に伴う実務面を支えました。軍中央においては、彼が中心になって作った「政治的非常事変勃発ニ処スル対策要綱」は、二・二六事件以後の政局を予測していたとも思われ、石原の天才を軍中央で生かす上で、実務面では不可欠とも云える存在でした。林内閣組閣工作にあたっては、陸軍省において軍務局長以下の意向を石原派支持にまとめ、それを代表していました。石原派が林に対して、全陸軍の意向を代表していると僭称するのも、大臣と次官を例外とすれば、全くのウソではなかったのです。

さて、話を一月二十九日の大命降下の日に戻します。夜中、林夫人から浅原に電話があり、浅原の招集で浅原宅に片倉と宮崎と十河が参集し、翌三十日早朝まで、この石原派四人組で基本方針を協議しています。途中、浅原が林邸に出向いて林と協議したりしていますが、構想の中心は蔵相に池田成彬か結城豊太朗を、陸相に板垣征四郎、海相に末次信正ということで、基本的にこの線ですすめることは林と浅原との間でも話し合いがついていたと思われます。

ところが、三十日午前十時に十河が電話で呼び出されて林邸に出向くと、林は梅津陸軍次官と対談中で、十河が林から組閣参謀長を依頼されたのは梅津が引き上げた後でした。その上、林の希望で河田烈と大橋八郎が組閣参謀に加えられましたが、これも石原派の予定にはなかったことでした。河田は林が陸相時代に内閣書記官長だった人物であり、大橋は林の実弟である白上祐吉の友人で、かつ林が陸相時代、法制局長官を務めていたという関係でした。

梅津は林邸から引き上げた後、午前中に寺内陸相に三長官会議を開かせ、次期陸相を中村孝太郎と決定しています。恐らく林から板垣陸相案を聞き、これを封ずる措置を取ったのですが、彼は、板垣陸相案が磯谷局長以下、軍務局で了承済みの案であったということは知らなかったようです。

組閣本部では、三十日中に陸相を除く閣僚についてはほぼ銓衡を終わるのですが、陸相については三長官会議の決定が知らされた段階から、それに従おうとする林と、予定通り板垣案を通そうとする十河との間で対立が起こり、攻防がくり返されることになります。林も、組閣本部の外では、三十一日も二度にわたって寺内陸相を訪ねて板垣陸相案を推していますが、これはあくまで石原派の面子を立てるための形式的訪問でした。それに対して、十河はあくまで板垣陸相案にこだわり、三十一日午後には自らも寺内を訪ねて交渉し、逆に寺内から板垣にこだわる理由を尋ねられています。本音が表向きの理由にならない以上、十河としても説得力ある返事は出来ませんでした。

寺内との話が不調に終わっても、十河は板垣案にこだわりました。というより、十河には議会勢力からの支持基盤を持たない林がどうして今や陸軍を代表しているとも云える石原派に対抗できるのかが分からなかったのです。林に対して、大命拝辞を武器として寺内等に対抗するよう迫りますが、林はこれを拒絶し、三十一日の夜には遂に両者の関係は決裂状態となります。林は十河や浅原とは会うことすら拒否するにいたり、憲兵まで動員します。両者の関係は最悪状態となり、翌二月一日には十河は組閣本部を退去、陸相には中村孝太郎が決まり、林内閣は二月二日に成立しました。

石原派は、二月一日午後三時半、宮崎と浅原を、陸軍を代表する使者として組閣本部を訪問させ、絶縁状を突きつけました(88)。陸軍三長官の推薦する中村孝太郎を受け入れた林に対して、陸軍を代表すると僭称する使者が絶縁状を突きつけたという不条理は、林から梅津次官に伝えられました。石原派四人組を片倉の仕事と理解した梅津は、直ちに陸相官邸に省部の関係課長以上を集め、「片倉少佐がやった一連の行動は、どうもけしからん。片倉少佐の行動を皆はどう思うか」と聞きました。ところがこれに対しては、磯谷軍務局長が、「いや、これは私の承認のもとでやりました」と答え、兵務局長の阿南惟幾も「私も承知しております」と答えました。更に兵務課長の田中新一、軍事課長町尻量基、軍務課長石本寅三も概ね同様の返事をしました。ここまで来て片倉も開き直り、「閣下、気に入らなければ私を軍法会議にかけて下さい。喜んで受けます」と云ったのです。さすがに梅津も、「君の行動には私は同意しない。しかし、皆が承知済みであるということなので、先の私の云った発言は取り消す」としてこの件は落着したと云います(89)。

梅津は改めて石原の影響力の大きさに気づかさ

れ、三月の人事異動を通じて、石原の勢力削減に乗り出したと思われます。三月一日の異動で西尾寿造参謀次長が近衛師団長、磯谷軍務局長が第十師団長に出され、町尻軍事課長が侍従武官として宮中に入り、片倉衷も関東軍参謀に出されました。寺内大将に云わせれば、「陸軍省はこれで非常にしっくりした。軍務局長と次官以上との間もうまく行き、若い者にかれこれ動かされたりするようなこともない」ということになるのですが(90)、若い者というのが石原を意味するとすれば、当然、それは陸軍における石原派の勢力減退を意味しました。そういう意味では、一般に、日中戦争勃発にあたって、戦争を阻止しようとする石原の力が削がれたと云われるのも一理あるのは確かですが、一面、宮中における石原の影響力は増加したとも思われ、次に見るように、日中戦争勃発を防げなかったのはそのためではありません。

林内閣との関係修復

石原の五カ年計画に一定の理解を持っていた近衛文麿は、石原が林と決別した、と聞いて驚きました。近衛とすれば、ここで石原派が林を見捨てれば、石原派以外に政治基盤を持たない林内閣の命運が風前の灯火となり、それは必然的に近衛自身への出番を促すことになることを恐れたのです。

近衛は、石原を呼んで、「君は林大将に対して、かれこれぶうぶう言っているが、しかし、君達の希望の大半は達したんじゃないか。何となれば、結城氏が大蔵大臣になり、日銀総裁を池田氏が引き受けるに至ったら、満足していいじゃないか、だからまあ黙って助けてやったらいいじゃないか」と説得したら、石原も「まあ人を憎んで何とかを憎まないんですな」と云って帰っていったといいます(91)。

林内閣の方も、石原との関係をこのままではまずいと考えざるをえませんでした。二月十九日には大橋書記官長が何とか関係修復を図ろうとして石原を招待する席を設けています(92)。また、三月初めに専任外相問題が起こると、外相秘書官の安東義良は、佐藤尚武大使を起用するに当たって、石原に事前に了解工作を行っています。佐藤の外相就任条件は、

「中国との紛争を解決するために、平等の立場に立って談合をとげ、両国の武力的衝突を極力回避する」というもので、正に石原の意にかなうものでしたから、石原も積極的に推薦するということで(93)、林内閣組閣時点での絶縁路線を修正しています。佐藤外相の下で東亜局長に任じられた石射猪太郎も、外務省の幹部会で参謀本部第一部長としての石原を招待して、陸軍の方針を尋ねています。石原は、ソ連への国防力の充実を説き、「中国に兵を用いるなどはもっての外だ。自分の目の玉の黒い中は中国には一兵も出さぬ」と歯切れの良いたんかを切って石射を安心させたといいます(94)。

しかし周知のように林内閣はたちまち議会で行き詰まります。会期最終日の三月三十一日に、林首相は議会の解散を断行すると宣言しました。予算案が通過した直後でしたから「食い逃げ解散」と非難されましたが、関連法案の多くは衆議院で滞り、これでは新年度早々に行き詰まることは目に見えていました。解散は万が一の僥倖を頼んでの冒険でしたが、結果は大方の予想通り、四月三十日に行われた第二十回総選挙では民政党、政友会両政党が圧勝、政府党は惨敗しました。政府はますます苦境に立ち、選挙結果に勢いづいた政党は居丈高に政府攻撃に走りました。

林首相とすればすぐにも政権を投げ出したい気持ちでしたが(95)、後継者難でにわかに放り出せない状態が続きます。そうなると新聞記者の足は自ずから陸軍の意向を求めて石原の許を訪れることになり、彼らの口を通じて石原の見解なるものが様々な形で流布されることになりました。石原も、軍人の政治関与非難を避けるため、直接、近衛を押すことはしませんでしたが、「どうも人物がまるでない。まあ動乱でも起こって国が乱れなければ人物がでないんじゃあないか」と不穏な言葉を吐いて、暗に、近衛を出し渋っていると何が起こるか分からないぞと脅しをかけています(96)。杉山陸相を首相候補の当て馬に担ぐ動きまであって、西園寺も最終的に「近衛よりほかに適任者はない」と折れたので、それを受けて木戸幸一内大臣秘書官長が近衛を口説き落としました。木戸が口説く段階では、近衛も覚悟を決めていたと見えて、さして抵抗はしませんでした(97)。

近衛内閣の成立と盧溝橋事件の勃発

五月三十一日に林内閣は総辞職し、六月四日、第一次近衛内閣が成立しました。近衛は石原が最も望みをかけた首相でしたが、宮中の目を気にしてか敢えて石原に距離を置く組閣をしています。内相に馬場鍈一を迎えながらも、陸海両相を林内閣から引き継ぎ、外相には元外相・首相の広田を据え、民政、政友両党からも入閣を求めたこの内閣に、石原がどの程度の期待を持ったかは別として、マスコミ出身の風見章を内閣書記官長にしたこの内閣は、世間一般からすこぶる歓迎されました。

この内閣組閣後一ヶ月余の七月七日午後十時四十分頃、盧溝橋事件が起こりました。松村秀逸の『三宅坂』には、ここで云う盧溝橋は、マルコ・ポーロが『東方見聞録』で紹介した、あの永定河にかかっている有名な橋そのものではなく、橋の東側、北京よりに隣接する苑平県城のことだとことわっていますが、橋や城を含む地域名と考えた方が適切でしょう(98)。いずれにせよ北京の中心部から約二十キロ南の地点で、豊台に駐屯していた日本の支那派遣軍と、中国の第二十九軍との間に起こった発砲事件で、これが以後八年に及ぶ日中戦争と太平洋戦争の発火点になりました。

石原の派兵容認

現地と中央という関係から見ると、日中戦争は、満州事変とは全く逆の形で進行しました。満州事変が現地主導で発展したのに対し、日中戦争は中央の主導で拡大しました。いずれもその中心には石原がいたのです。

七月八日未明から始まった現地の停戦交渉は、紆余曲折はありましたが、十一日には、曲がりなりにも交渉が成立しました。細目の詰めは残りましたが、事件はこの段階で局地紛争として収拾され、終息に向かうはずでした。それが全面戦争に拡大したのは、東京と南京が、現地の停戦協定の成立と、ほぼ時を同じくして、それぞれ大兵力を動員する介入策に踏み切ったからです(99)。

省部を通じて、陸軍中央の空気が圧倒的に中国一撃論（拡大派）に傾いていたのは争えない事実でした。しかし、陸軍統帥の中心である参謀本部では、その中核となるべき第一部長の石原が、日中戦争には絶対反対の立場でしたし、石原の下で参本第二課を率いる河辺虎四郎と、陸軍省では河辺と同期の柴山兼四郎が軍務課長として不拡大方針を支持していました。和戦のカギとなる動員・派兵は第一部長の所管であり、石原が同意して決裁しない限り、実行はほとんど不能という仕組みになっていたのです(100)。そのことは、当然、開戦の最も重要な動機付けとなる内地からの派兵には、石原が絶対反対するであろうことを期待させるものでした。ところが、驚くべきことにその石原が大した抵抗もなく内地師団の派兵に同意してしまうのです。

盧溝橋事件の第一報は七月八日の未明に軍中央に届きました。それに対しては、石原は先ず部長会議を招集して、事件の不拡大と現地解決を根本方針とする意見を述べ、一同これに賛同して参謀本部首脳部の意見は概ね一致しました。これは閑院宮参謀総長の決裁を得て、この日の午後六時四十二分、田代支那駐屯軍司令官にあてた臨命四〇〇号「事件ノ拡大ヲ防止スル為　更ニ進ンデ兵力ヲ行使スルコトヲ避クヘシ」という指示になりました。ここまでの対応に問題はありません。

情勢が動いたのは十日です。この日、蔣介石が直系の中央軍を北上させるという情報を受けると、拡大派の武藤章第三課長が準備していた内地師団の派兵案を、石原も加わった参謀本部の部長会議は、大した議論もなく議決してしまったのです。そのことは、石原部長の「不拡大方針」を信じて、派兵反対の立場を貫くつもりであった河辺第二課長や陸軍省の柴山軍務課長にとっては全く心外のことでした。河辺は、石原が第二課長室に入ってきたのを捉え、その不満を叩きつけました。

「部長は、私に対しては、私の課の不拡大方針の意見を全面的に容れるように云われながら、自室に帰られては、第三課の増派要請意見を大体そのまま採用されて、どんどん応急派兵や内地の動員準備を進めておられる。私には部長の真意がわからない」。

ところが、それに対して石原は謝るどころか色を成し「貴公は何をいうか。今朝からの情報を読んだか。中国中央軍が北方に向かい動いているじゃないか」と迫りました。河辺も興奮して、「それは読みましたよ。現在、日本軍の処理は、石原少将に全責任がかかっています。中国中央軍の北進は、あなたの映像だと思います。応急派兵も内地動員準備も停止されたら、その映像は消えましょう」というと、石原はそこにあった北支の地図を河辺の前に突きつけ、「この配置を見よ。貴公の兄貴の旅団が全滅するのをおれが見送ってよいと思うか」と叱りつけるように云いました。河辺は「全滅はしますまいよ」と云いましたが、石原はそれを聞こうともせず河辺の部屋から出て行ったといいます(101)。

確かに、河辺旅団には、見逃せない懸念材料がいくつもありました。何よりも、この軍は、一九三六年(昭和十一)に中国側の了解なしに急遽増強されたため兵舎の都合がつかず、各地に分散配置を余儀なくされていました(102)。また、梅津次官の政治的意見に押されて、当初予定した通州の代わりに豊台に駐兵することになりましたが、全般的配置からみれば豊台は突出していました(103)。兵舎の居住性も悪く、満足な練兵場や演習地もないという悪条件の中では、当然、訓練も不十分で、こうした事情は、綏遠事件や西安事件以来、異常に高揚していた中国の抗日気運の中では、極めて危険な状況をつくりだしていました。

当時、支那駐屯軍司令官田代中将は病臥のため更迭され、七月十一日、香月清司中将が急派されることとなりましたが、この新司令官に随行を命じられた堀毛一麿参謀は、石原部長から「河辺旅団を何としても全滅の悲運から免れるため真剣に考えてくれ」と訴えられたことに胸を打たれたといいます(104)。

派兵声明のお祭り騒ぎ

十一日の朝、陸軍省軍務局ではこの派兵案に不満で、外務省に働きかけて外務大臣の力で派兵の閣議決定を阻止しようと図りました。早朝、石射東亜局長が出勤すると、東亜一課の太田事務官が、先刻、陸軍軍務局から連絡員がやってきて、今日の緊急閣議に陸軍大臣から出る三コ師団動員案を外務大臣の反対で葬ってもらいたいというので、それくらいなら何故その提案を自分らの力で食い止めないのか、卑怯ではないか、と一論判やったところだと憤慨していました。石射はそれでも、頼まれずとも外務省は反対に決まっているというので、週末、静養先の鵠沼から帰京する広田外相を東京駅に出迎え、自動車の中で軍務局連絡員の話を報告し、閣議で動員案を否決してもらいたいと進言したといいます(105)。しかし、閣議では、万一の事態に備える為だという陸相の説明には抗するべくもなく、関東軍、朝鮮軍からの応急派兵に加えて内地から三コ師団の動員派兵という案はあっさりと近衛内閣の閣議決定となりました。

近衛内閣の書記官長がマスコミ出身の風見章であったことが近衛内閣の派兵声明を内外に印象づける上で大きな役割を演じました。風見は七月十一日の午後九時から首相官邸に言論機関代表、貴衆両院代表、財界代表をそれぞれ三十分おきに招いて協力要請の会合を開いたのです。新聞社、放送協会の幹部が階下の大食堂に、貴衆両院を牛耳る顔ぶれと財界を握る顔ぶれが、それぞれ階上二室の客間に集まり、そこを首相が階下から階上へと順々に回って、「今次事変は全く支那側の計画的武力抗日なること最早疑う余地なし」と挙国一致の対応を訴えて回るという派手な演出が、内外への日本の戦争決意を誇大に印象づけ、日中戦争泥沼化への大きな第一歩となりました。

天皇の不拡大方針と和平工作

この時、天皇の立場が不拡大方針であったことは、十一日の夕刻、杉山陸相と閑院宮参謀総長が葉山御用邸に伺候して北支派兵を上奏、御裁可を仰いだ時の天皇の質問をみるとわかります。「もしソヴィエトが後から立ったらどうするか」という鋭い御下問があったのです。閑院宮からは「陸軍では立たんと思っております」とのお答えに、重ねて「それは陸軍の独断であって、もし万一ソヴィエトが立ったらどうするか」と御下問があったのに、宮からは「致し方ございません」という御返事しかなく、陛下は非常に御不満であったといいます(106)。

　実は、石原としても派兵案に賛成はしたものの、中国に深入りした後でソ連が介入してくることは最も恐れていたわけで、彼としては実際の派兵はしないつもりであったのです。外務省の石射東亜局長が十三日、河相情報部長の斡旋で、河相宅で石原に会うと、「中国には一兵も出さぬ」という石原の決意に変わりはなかったと云います。ただ、石原は「この会談を秘密にしてくれ、軍部内の連中や右翼が自分の行動をつけ回して困るのだ」と云ったとして、石射は、これは部内での彼の困難な立場を物語るものであったと石原に同情しています(107)。

　ただ石原は、政府が派兵声明を出した以上、最早、現地任せでは解決出来ないと考えました。彼は、この際、速やかに、近衛首相か広田外相が直接、南京に乗り込んで国民政府と交渉するという案を第二課に起案させ、十二日に風見書記官長に申し込みました。風見がそのことを近衛に伝えると、「わたしは元来身体が弱いので、生きていつまで奉公できるか分からぬ。いま私が南京に飛び、蒋と直接交渉するが良いというなら、一命を賭けて直ぐにでも行こう」と乗り気であったといいます(108)。この案は町尻量基侍従武官を通じ宮中にも通じられていましたが(109)、結局、提案の出所が、陸相や次官からでなく、石原作戦部長からの申し出であることが軍の不統制と受け取られ、さらに、蒋介石の方も対日強硬派を統制し切れていない恨みがあり、折角、頂上会談を行っても、双方共に部内の統制に問題が残るのであれば無益だとの判断で、当面「見合わす」こととなり、十六日、その旨、風見から石原に伝えられました(110)。

　しかし、近衛は、自分の代わりに和平実現の可能性を探るための密使を派遣することとし、宮崎滔天の息子の竜介と、西園寺公の孫の公一がその任に当たることになりました。前者は派遣の途中、スパイ容疑で憲兵隊につかまって駄目になりましたが、後者は上海で宋子文らと接触し、近衛・蒋介石会談実現の可能性について一応の打診を行うことが出来ました。宋子文からは、蒋介石の意向として肯定的回答が寄せられましたが、結局、華北で武力衝突が起こったためにこの努力も徒労に終わりました。ただし、この時、仲介にあたったイギリス側の史料によると、肯定的回答というのは外交辞令で、この時の近衛の提案内容では、近衛・蒋会談が実現する可能性はほとんどなかったということです(111)。

石原の和平工作提案と廬山声明

石原は、十三日、参本第二課に「今後共、局面不拡大、現地解決の方針を堅持」するという「北支事変処理方針」を起案させ、それを課長以下を介入させぬ省部首脳会談でまとめ、総長、大臣の連名で十三日夜に上奏、直ちに支那駐屯軍に発電させると共に、翌日には中島参本総務部長と柴山軍務課長を天津に派遣してその主旨の徹底を図りました。上奏の手続きを踏んだこともあり、全軍に対する十分な拘束力を持つ筈でしたが、文面に「解決条件」と「内地部隊動員の時期」については明記されておらず、これが以後の拡大派と不拡大派の争点となりました。拡大派は「解決条件」を厳しくし、また内地動員を早々に実施することで武力対決に持ち込もうとし、不拡大派はそうさせまいと頑張ったのです。十七日、軍中央は、激論の末、参本第三課がまとめた、宋哲元の謝罪と第三十七師長の罷免などを含む厳しい解決条件を、十九日までの期限付きで中国側に突きつけることになり、次官から支那駐屯軍司令官宛に通報しました(112)。

蒋介石の有名な廬山声明が公表されたのが正にこの七月十九日でした。廬山は、例年、蒋介石が夏の避暑地に使っていた場所ですが、この年は政府そのものを、実質、ここに移し、抗日の決意を固めたのです。廬山では十六日から蒋介石・汪兆銘両首脳の連名主催による廬山談話会が開催され、政界、実業界、学会、言論界の指導者達約百五十名が集められていました。廬山声明といわれる蒋介石の演説は、その二日目の十七日に行われました。

その内容は、徹底して弱者としての立場に立ち、国民に抗日の困難を訴え、国策として「戦いを求めていくべきではない」としながらも、最早、この事変を「中日戦争にまで拡大させないようにできるかどうかは、全く、日本政府の態度如何……日本軍隊の行動如何にかかっている」として、最終的に妥協を許さない中国側の四条件を示したものでした。
一、中国の主権と領土の完璧性を侵害するものであってはならない
二、冀察［河北・察哈爾地区］行政組織に対するいかなる不法な変更も許さない
三、冀察政務委員会委員長の宋哲元などのような、中央政府が派遣した地方官吏については、何人も、その変更を要求することはできない
四、第二十九軍が現在駐留している地区については、如何なる拘束も受けない(113)

この声明は、蔣介石の断固たる抗日決意を示すものでしたが、一面、なお最後の関頭には至っておらず、この四条件さえ満たせば和解できるという交渉の余地を残したものでもありました。

この廬山声明が発表される直前の十八日、石原は、改めて近衛首相の南京乗り込みによる直接交渉案を、今度は杉山陸相に意見具申しました。そこには梅津次官と田中軍事課長も同席していました。「本年度の動員計画師団数は三十コ師団、そのうち十一コ師団しか支那方面に充てられないから、到底全面戦争は出来ない。しかるにこのままでは全面戦争の危険が大である。その結果は、あたかもスペイン戦争におけるナポレオン同様、底なし沼にはまることになる。この際、思い切って、北支にあるわが軍隊全部を一挙に山海関まで下げる。そして近衛首相自ら南京に飛び、蔣介石と膝づめで、日支の根本問題を解決すべきである」と肺肝をえぐる気魄で迫ったといいます。

これに対して梅津次官は、「実はそうしたいのである。しかしそれは総理に相談し、総理の自信を確かめたのか。北支邦人多年の権益財産を放棄するのか。また、満州国はそれで安定するのか」と反問し、受け入れを拒否したというのです(114)。

この日の石原の提案については、「蔣介石の廬山声明とかちあう最悪のタイミングだっただけに、あっさり却下」されたという見方がありますが(115)、むしろそれは逆で、内容からいってもタイミングからいっても、石原の意見具申と廬山声明とは正にかみ合っていたと思われます。石原の提案を拒んだのは、無責任に激高しがちな世論と梅津の議論に代表

される権益主義でした。

その点については、拡大派の一人で、この意見具申の席に立ち会った田中軍事課長が「不拡大方針を貫徹しようとすれば、一切の動員派兵を拒否する以外になく、そうなれば支那駐屯軍は山海関方面に後退する外ないが、それは対支政策の総撤退であり、統帥部の一存で決し得べきものではない。今や不拡大に徹してすべての北支権益を捨てるか、権益擁護のため不拡大を放棄するか、まさに二者択一の関頭に立たされた」のだと受け取っているのが正直な所でしょう(116)。

派兵決定

ただ、二十日の参本部長会議も盧山声明をほとんど問題にすることなく、十九日を回答期限にした日本側の要求条件への拒否回答だけを問題として武力行使を決議し、杉山陸相は二十日御前の閣議で内地師団の派兵を要請しました。外相と海相は反対しましたが、杉山は、「既に先般の閣議で、五個師団の派遣が決められている……動員派遣の時期は統帥部の判断に任してもらいたい」と発言し、二十日夜の閣議で派兵を決定しました(117)。

杉山陸相は二十一日には派兵の上奏までしましたが、そこへ十四日以来、現地に出張していた中島参本総務部長と柴山軍事課長が帰国してきて、二十九軍長の宋哲元が十九日に日本側の要求をほぼ全面的に呑み、その細目協定を着々と実行しつつあるので兵力増援の必要はないことを報告、現地の橋本軍参謀長からも同主旨の報告が届き、ここに再度、派兵は中止となりました。

ただ二十日の閣議で、米内海相が杉山陸相の北支への派兵案を認める条件として、事変が中支へ波及した場合には、「中支へも陸兵を出せるか」と問いただしたのに対し、杉山がしぶしぶながらも「出す」と保証したことが、日中戦争の全面的な泥沼化への布石になりました。海軍では派兵したからには、戦場を北支に限定することは不可能と考えていたのです(118)。

派兵に対する石原の抵抗が最終的に崩れるのは、二十五日夜に郎坊事件が起こり、これに連動して翌二十六日夕に応安門事件が発生したからです。これらの日中両軍兵士の衝突事件は、その規模から云っても故意性から云っても、従来の偶発的な事件と性格が異なっており、これまで現地での不拡大派の中心人物であった支那駐屯軍の橋本参謀長も初めて本格的な対戦決意を抱き、それを受けて、二十六日深夜、石原も遂に田中軍事課長に対し「もう予定の通り内地師団を動員する他はない。遷延は一切の破滅だ」と告げたのです(119)。二十七日の臨時閣議は杉山陸相の要請を受けて、内地三コ師団の動員と派兵を最終的に決定し、翌二十八日、支那駐屯軍は「平津地方の支那軍を膺懲して同地方主要各地の安定」をはかるための作戦行動を開始しました(120)。

石原の御進講と船津工作

近衛は七月二十七日の閣議で、大谷拓相の口を借りて「陸軍は大体どの辺で軍事行動をやめるつもりか」と質問しましたが、杉山陸相は答えませんでした。見かねた米内海相が、「永定河と保定の間の線で停止することに大体決まっている」と答えたら、杉山から、「こんなところでそんなことを云っていいのか」と怒鳴られる始末でした。統帥権を口実にしたこのような陸軍の秘密主義にいらだった近衛は、天皇に訴え、以後、統帥に関することは天皇から近衛に伝えられることになりました(121)。

北京・天津地域の平定に見通しのついた三十日、閑院宮参謀総長が参内し、「作戦上の見地より保定の線までは出しますけれども、それ以上拡大させることは致しません」と上奏、天皇は直ちに近衛をお召しになって「永定河東方地区が平定すれば、軍事行動を止めて宜しいのではないか」と御下問になりました。三十一日、石原が、病気の今井参謀次長の代理という名目で、閑院宮の上奏に関連して、次の様な御進講をしたのは統帥部として御下問に応えようとしたものです。

「対支作戦においては、北支は作戦上四コ師団以上は使用しがたく、この兵力では保定の線に進むのが精一杯で、これ以上は如何ともし難いので、その線まで進む前に成るべく速やかに外交折衝によって兵を収めるよう機会を得ることが刻下の急務と存じます」

天皇は大変ご満足げにうなずかれ、石原は面目を施して退下したといいます(122)。

天皇の意向は、近衛から杉山陸相に伝えられ、それを受けて、三十一日、柴山陸軍省軍務課長は石射外務省東亜局長のもとを訪れ、停戦を中国側から云い出させる工夫はないかと相談を持ちかけました。石射は、かねてから彼が考えてきた全面的国交調整案を停戦交渉と並行して試みるならば和平の可能性ありと答え、ここから始まったのが船津工作です。

石原は三十日の御進講に先立ち、嶋田繁太郎軍令部次長に和平解決案を伝え、海軍の協力を要請していました。八月二日、米内海相が閣議で外交手段による事態解決を提議したところ各閣僚もこれに同意し、先の石射、柴山と、保科海軍省軍務局第一課長との間で石射案を基礎として和平条件の協議が重ねられました。協議は妨害を恐れて極秘に進められ、七日までに「日華停戦協定」及び「日支国交全般的調整要綱案」が陸海外三相の間で決定されました(123)。

問題は、日中双方の公的態度が硬化してゆく中で、どれだけ柔軟な交渉を行えるかにかかっていました。それについて石射の立てた策が、元上海総領事で、当時、在華日本紡績同業会総務理事であった船津辰一郎を非公式な使者として、南京政府の外交部亜州司長である高宗武に接触させ、日本側の条件を伝えた上で、蒋介石の受諾の可能性を打診することでした。

船津工作の和平条件は、陸海外首脳の合意を受け、しかも比較的に穏当なものであっただけに、日本としてはこの工作にかなりの期待をかけていました。天皇は八月七日に軍令部総長が参内の時に「現在やっている外交工作（Ｆの件）がうまくいけば良いが」という期待を述べられ(124)、米内海相なども九日に起きた大山中尉殺害事件に際し、「外交交渉に絶対的信頼をおくものではないが、目下進行中であり、これを促進することは大切である」として、大山事件を「一つの事故」と見なして軍令部の強硬な出兵論を押さえた程でした(125)。しかし船津工作も、途中、川越大使が介入したことによって柔軟さが失われ、大した進展を見ないうちに戦火が上海に飛び火、一挙に拡大したために失敗に終わりました(126)。

しかも、この工作は、その発端に石原が御進講で関わり、天皇が和平交渉の促進に一役買われたことによって、宮中に微妙な影響を残しました。「石原が（陛下の）御前に出てこういうことを申し上げ、陛下はこういうことをおっしゃった」とか、或いは「町尻を通して、石原が自分の意見を陛下に始終申し上げている」とか(127)、また「石原少将が御上に取り入っている」いうような噂まで流れ(128)、それは意図的に西園寺の耳に届けられました。そのことは天皇の御親政に神経質な西園寺には決して快くは響きませんでした。西園寺は原田熊雄を通じて湯浅倉平内大臣に「石原とか町尻とかいうような連中については、その人物をよく陛下に内大臣から申し上げておくように」(129)という注意が行われ、これが天皇の石原傾斜や不拡大路線への肩入れに水を差したことは間違いないでしょう。

不拡大路線の破綻と石原の関東軍への転出

日中戦争が本格的に泥沼に足を踏み込んだのは、戦火が上海に飛び火し、それまで一貫して不拡大派に与していた米内海相が、閣議で「今や不拡大主義は消滅した」と叫んだ八月十四日でした。戦火が海軍の担任する華中に及んでは、さすが剛腹をもってなる米内でも、最早、他人任せの不拡大路線に縛られているわけにはいかなかったのです。なお曖昧に、不拡大路線に未練を残す杉山陸相や賀屋興宣蔵相に対し、今となっては海軍は必要なだけやると宣言して、陸軍に約束させていた上海への派兵を要求するに至ったのです(130)。

この段階までは、陸軍では、少なくとも軍中央では、杉山や梅津でも、中支や南支へ大軍を派兵することは考えていませんでした。しかし、二十日以来の閣議の席で、杉山が、北支への派兵を主張する中で、米内から中支・南支へ飛び火した場合の派兵を約束させられていたことが負い目となり、杉山としては、米内に開き直られると、しぶしぶながらも上海への派兵を承認せざるを得なくなったのです。ここに陸軍は、対ソ戦線に対する備えには目をつぶり、全面的に日中戦争の泥沼にのめり込んでいくことになるのです(131)。

ただ、参謀本部では八月十四日以来、不拡大で孤立を深める石原への有力な味方が生まれていました。それは仙台陸幼の第一期生で、気質的にも石原に似たところを持つ多田駿が参謀次長に座ったことでした。多田は今までの今井清と違って明確に石原の不拡大路線を支持することになります。

しかし不拡大派にとってむしろ不幸だったのは、この段階ではソ連は、国内での軍上層部に対する大粛正がたたって、直ぐには対日戦争を決意するには至らなかったことです。そうなると拡大派は石原の警告を全くの杞憂であったと宣伝し、対中戦争を拡大します。

八月十五日、参謀本部は、やむを得ず、第三師団及び第十一師団の主力を基幹とする軍を上海に派遣することにしましたが、軍司令官松井石根に与えられた任務は、上海付近の敵の掃滅と現地居留民の保護に限定されていました(132)。しかし、上海の戦火は拡大の一途をたどり、石原や多田の兵力出し惜しみで日本軍は苦戦を強いられることになります。

八月十四日以後、米内が拡大路線にシフトしたことの影響をまともに受けたのは天皇でした。十八日午後四時、伏見宮軍令部総長と閑院宮参謀総長が引き続いて戦況奏上の為に参内した時、天皇からは次の様な御下問がありました。

「戦局は漸次拡大し、北支のみに止まらず上海も重大となったが、青島も不穏の形勢にある由、まことに困ったものだ。このように諸方面に兵力を使用しても、戦局は長引くのみである。重点に兵力を集中して一大打撃を加えた上にて、わが公明なる態度をもって和平に導き、速やかに時局を収拾するの方策はないものか。作戦上如何にするが適当なりや」(133)。

参謀総長からこの御下問の件を聞いた石原は、早速、その日のうちに意見具申をしましたが、それは、中国に一大打撃を与えるための努力を専ら海軍の航空戦力(戦略爆撃)に期待し、陸軍はあくまで不拡大路線を維持しようというもので、天皇が期待する一撃論とはほど遠いものでした(134)。

嶋田軍令部次長から御下問の件を申し渡された横井海軍大佐は、参謀本部の河辺第二課長を訪ねて石原の「意見具申」を見せられた時、これが天皇の御下問の答えになっているとは到底思われませんでした。そこでこれを軍令部に持ち帰って修正を加え、嶋田次長に見せたところ、「出来れば参謀本部と協議して、両部同一の案の作成」をするよう命ぜられました。折衝の中で、多田次長がこだわったのは、「相当長期にわたる持久戦の覚悟を要する」という意見で、天皇が期待するような中国の「戦意を喪失させ得る一撃」などあり得ないという立場でした(135)。

八月二十一日に両総長から上奏された「事変処理に関する御下問奉答要旨」は、石原の「意見具申」の不拡大路線を、修飾的な前文を加えて拡大派的に修正し、「適当なる時機に支那沿岸の封鎖を断行する」という項目を付け加えたものでしたが、戦略爆撃も封鎖作戦もすべて海軍の負担で、陸軍はあくまで不拡大路線を貫いており、天皇の御下問の趣旨に応えるものではありませんでした(136)。

戦火は華北においても拡大傾向を見せ、それに伴って八月末には北支那方面軍が編成され、寺内寿一大将が軍司令官に親補され、作戦地域も中部河北省に拡大されました(137)。九月六日、軍令部総長からの上奏を受けた天皇から上海増兵についての御下問があり、参謀本部もやむなく三コ師団と台湾守備隊の増派を決定しましたが、兵力の逐次投入の恨みを免れませんでした(138)。

九月下旬、今や石原以上にも不拡大路線の堅持を明確に打ち出した多田次長を迎えたことで、中央における不拡大路線の維持は多田に任せ、石原は、折からの石原罷免の声に呼応して関東軍参謀副長への転出を願い出たのでした。これはもはや破滅的なまでに手薄となることが確実となった関東軍の対ソ戦線に、自らの天分を投げ込むことで責任を果たそうという悲壮な決意であったと受け取れます。そうした意味では、九月二十七日付けの関東軍参謀副長への転出は、決して単なる左遷ではなく、むしろ石原の天分を生かそうという多田次長と阿南惟幾人事局長による格段の好意的配慮の賜でした(139)。

石原が日中戦争勃発を防げなかったのは何故か

石原が、日中戦争勃発を防げなかったのは、彼の政治的権威が衰退期に入っていたからではありません。この時期、石原の政治的権威は、宮中や近衛との親近性においてむしろ高まっていたとすら云えるのです。

また石原の和平提議のタイミングが悪かったのでもありません。むしろ彼の和平提議は蔣介石の廬山声明とかみ合っており、成功する可能性は高かったと云えるでしょう、石原の和平提議が近衛内閣の政府方針となることを妨げたのは、無責任に激高しがちな世論と梅津次官の議論に代表される後退を知らない権益至上主義でした。

また日中戦争泥沼化の今一つの要因は、陸軍と海軍の戦略の不一致ということです。この不一致を統一できるのは唯一、天皇の御親政のみでしたが、それを妨げたのは、西園寺のあまりにも神経質すぎる天皇御親政アレルギーであったといえるでしょう。

また、石原が軍中央を去ることになったことについても大きな誤解があります。石原の関東軍参謀副長への転出は、多田参謀次長と阿南人事局長の並々ならぬ配慮の賜であり、そこには、手薄となった対ソ戦線を、日本随一の知謀で補強しようという積極的意味があったことを見逃してはなりません。

註

（1）昭和七年秋の予算折衝で荒木陸相が海軍側に譲歩したことで永田など多くの軍官僚の失望をかい、派閥対立の原因になりました。軍官僚達としては、これ以上、海軍論者にこられてはかなわない気分があったと思われます（北岡伸一「陸軍派閥対立の再検討」（『昭和期の軍部』山川出版、一九七九所収）。

（2）『石原莞爾資料—国防論策』一一三頁

（3）今岡豊『石原莞爾の悲劇』芙蓉書房、一九八一、二四頁

（4）高木清寿『東亜の父石原莞爾』錦水書院、一九五四、九三頁

（5）荒木や真崎を見捨てた後の永田につらなる東条英機や池田純久や片倉衷等革新派幕僚のグループ

（6）片倉衷『片倉参謀の証言　叛乱と鎮圧』芙蓉書房、一九八一、三〇～三五頁

（7）『秘録永田鉄山』永田鉄山刊行会編、芙蓉書房、一九七二、九三頁

（8）前掲片倉衷『片倉参謀の証言　叛乱と鎮圧』五一頁

（9）例えば、角田順『石原莞爾資料』に収録された石原日記の昭和十五年七月二十八日の「大阪ニテ大臣ト会見」という記事には「大臣」に「畑」という注がついていますが、これは「東条英機」の間違いです。これはこの日記を翻刻した六郎がつけた注であったと考えられます。
（10）前掲高木清寿『東亜の父石原莞爾』六六～六七頁
（11）『石原莞爾資料―国防論策』二一六頁
（12）『戦史叢書・大本営陸軍部1』三四七頁は専ら永田の南進優先論を指摘していますが、北岡伸一「陸軍派閥対立の再検討」八八～八九頁は、九年度対ソ作戦計画に対する不満が原因という見方をとっており、その方が本質を突いています。
（13）同前、北岡伸一「陸軍派閥対立の再検討」六三頁
（14）前掲『戦史叢書・大本営陸軍部Ⅰ』三四九～三五一頁、佐々木隆「荒木陸相と五相会議」『史学雑誌』八八編三号
（15）同前、佐々木隆「荒木陸相と五相会議」、四八頁
（16）前掲『秘録永田鉄山』一二五頁
（17）前掲片倉衷『片倉参謀の証言　叛乱と鎮圧』三〇～四〇頁
（18）橋本次官に直接、この事件を告発した仲間には片倉と辻の外に塚本誠憲兵大尉がいましたが、塚本は既にこの件が憲兵隊の上部機関でうやむやに処理されようとしたことを知っていました。
（19）『「日米対決」と石原莞爾』たまいらぼ、一九九三、一五八頁
（20）『最終戦争論・戦争史大観』一三六頁
（21）『戦史叢書・大本営陸軍部1』三四一頁
（22）同前、三五二頁
（23）同前
（24）同前、三五八頁
（25）同前、四〇一頁
（26）石原のロシア革命理解に関しては拙稿「石原莞爾の満州事変」（軍事史学会編『再考・満州事変』二〇〇一、所収）
（27）「参謀次長の為」『石原莞爾資料―国防論策』一三四～五頁
（28）前掲『戦史叢書・大本営陸軍部1』三八〇頁
（29）同前
（30）中田整一『盗聴　二・二六事件』文藝春秋、二〇〇七
（31）『石原莞爾資料―国防論策』二〇七頁
（32）北博昭『二・二六事件全検証』（朝日新聞社、二〇〇三）は「将軍たちの陰謀」説などあり得ないと否定している。確かに真崎達が事前にこの日に備えて具

体的な準備していたと考えるのは行き過ぎであろうが、青年将校たちの決起に対する期待感のようなものがあったのは否定できないように思われる。

(33)『真崎甚三郎日記』には単に「腹具合悪シカリシ為外出ノ準備ヲナシ出デシ為官邸ニ到着セシハ八時半頃ナラント考フ」とあります

(34) 前掲中田整一『盗聴　二・二六事件』は、盗聴が闇から闇へ葬られた事情を語っています

(35) 前掲『「日米対決」と石原莞爾』一八五頁

(36)『二・二六事件秘録』二、九六頁

(37) この会談については様々な証言がありますが、主なものは満井佐吉中佐のものです。しかし重要な内容を話している割に、石原の参加していた時間は短いものであったと思われます。沢地久枝他編『検察秘録・二・二六事件Ⅱ（匂坂資料6）』角川書店、一九八九、一四一頁には「会談十分間ニテ石原大佐去ル」とあります。

(38) 海軍は陸軍の態度に不信感をもっており、緊張した関係がありました。石原はそうした海軍に対しても、何時までも不鮮明な態度を続けるわけにはゆきませんでした。福留繁『海軍生活四十年』時事通信社、一九七一、一九四頁には、「時機を誤れば陸海軍間の撃ち合いになるおそれも多分にあるので、私は昼夜石原の傍に椅子を置いて彼を離れなかった」とあります。

(39) 石原は事件の夜、某国の公使館員に「今日は大変な事件が起こりましたね」と突っ込まれ、「年齢（よわい）四十歳を過ぎて、妻子をも顧みず、人を殺す者がいる。こんな軍人がいる間は、日本の陸軍はまだまだ健在です」と応えたといわれます（高木清寿『東亜の父石原莞爾』錦水書院、一九五四、九八頁）

(40) この時には軍令部総長からも、主力艦十二隻、航空母艦十二隻、巡洋艦二十八隻という方針が上奏されていますが（前掲『戦史叢書・大本営陸軍部1』三九七頁）、『木戸幸一日記』上巻四八九頁には陸軍のみの案が記載されています。このことは陸軍の姿勢の変化が異常に意識されたことを意味しているでしょう。

(41) 石原は自由主義経済に縛られない研究機関として日満財政経済研究会を創っていました。

(42) 石原莞爾『最終戦争論・戦争史大観』中公新書、一三九頁

(43) 逆説的な言い方になりますが、東条時代は、東亜連盟の時代でもあり、陸軍では石原に希望を託す向きも多く、それがまた東条と石原の緊張を作りだしていました。石原は存外に東条には近いのです。それ

を最もよく物語るのが一九四〇年七月二十八日の中部軍管区師団長会同や、一九四二年三月十四日の東条・石原会談です。東条時代、陸軍首脳にとっては東条と石原とを和解させ、両者の長短を補わさせることが出来れば、初めて陸軍を統一できるという願望がありました。そういう点で両者の関係は見直してみる必要があります。

(44) 五百旗頭真「陸軍による政治支配」、三宅正樹編『昭和史の軍部と政治』2、第一法規出版、一九八三

(45) 板垣陸相擁立の失敗などは、四ヶ月後に石原本命の近衛内閣が成立したことから云えば、何ほどのことでもありません。

(46) 池本喜三夫「丁年男子を全部徴兵し国家奉仕軍を組織するの提案」『偕行社記事』六九一号、一九三二年四月号、『農公園列島』東明社、一九七三、三〇～三七頁

(47) 武田邦太郎「独創豊かな政策構想」『宏池』一九八一年十月

(48) 池本喜三夫「農政問題と将軍の思い出」保坂富士夫編『石原莞爾研究』一九五〇、所収

(49) 『鐘紡百年史』鐘紡株式会社社史編纂室、一九八八

(50) 茶谷誠一『昭和天皇・側近たちの戦争』吉川弘文館、二〇一〇、八九～九〇頁

(51) 原田熊雄『西園寺公と政局』第四巻、二七九頁

(52) 森久男『日本陸軍と内蒙工作』講談社選書メチエ、二〇〇九、六五頁。この項目の叙述は主として森久男氏の『日本陸軍と内蒙工作』と『徳王自伝』（岩波書店、一九九四）に依りました。

(53) 『戦史叢書大本営陸軍部』三六五頁

(54) 同前、三七二頁

(55) 櫻井良樹「支那駐屯軍をめぐる国際関係」白山史学第四六号、二〇一〇年四月

(56) 「石原莞爾中将回想応答録」、『現代史資料』9、三〇四頁

(57) 『今村均回顧録』二四五頁

(58) 特に松本重治『上海時代』中公新書中巻の指摘する中国に対するこの人物の軽薄な認識は論外のものです。

(59) この時、今村は天津軍司令部を訪れ、綏遠特務機関を関東軍司令部付とすることを話し合っています。
　このことは、今村が、一九三六年（昭和十一）五月に行われた天津軍大増強による内蒙工作からの関東軍締め出し策には、むしろ積極的に反対する意向であったことを示していると思われます（六月二一日天津軍参謀長発陸軍次官宛「綏遠工作ニ関スル趣旨ノ件」陸軍省・陸満密大日記 S11-7-39JACAR[RefC01003151800]）。

(60) 内田勇四郎『内蒙古における独立運動』（朝日新聞西部本社編集出版センター、一九八四）九九～一〇〇頁によると、この時の蒙古軍は第一軍が李守信の基幹部隊で第一から第四までの四コ師、第二軍が徳王の第五から第八までの四コ師に雄王を師長とする第九師を加えた九コ師から編成されていたといいますが、蒙古民族のナショナリズムを土台にして集めたとしても、所詮、金の力で急遽かき集めた兵隊が実戦の役に立つとは考えられません。それに蒙古軍の一個師は千人で、当時の中国の一個師が一万から一万五千というのに較べて、数の上だけでも問題にならなかったといいます。

(61) 板垣が楽観的であったのに対し、天津軍の田代軍司令官や池田参謀長等は傅作義の呼応に疑問を呈し、協力を約束しませんでした。秦郁彦『日中戦争史』原書房、一九七九、一一一頁

(62) 松井忠雄「綏遠事件始末記抜粋」（『現代史資料』8）五六四頁、によると王英部隊には「中国政府の工作員多数を包含」とあります。

前掲内田勇四郎『内蒙古における独立運動』六五頁によると、「田中隆吉が虎視眈々と狙っていたのは関東軍の関外出兵を理由づけるに足るきっかけ」であったといいます。田中にすれば、綏遠侵攻作戦は、むしろ傅作義軍を察北へ誘い出すおとり作戦であったと思われます

(63) 松井忠雄『内蒙三国志』原書房、一九六六、一九三頁

(64) 「事件収拾ニ関スル徳王通電」『現代史資料』8、六一一頁

(65) 石原鉼「石原莞爾・軍職履歴」保坂富士夫編『石原莞爾研究』一九五〇

(66) 『今村均回顧録』芙蓉書房、二一一～二一二頁。この証言の中では、石原は「少将」の「作戦部長」となっていますが、実際はまだ「大佐」の「戦争指導課長」でした。

(67) 同前、二四八～二五〇頁

(68) 角田順編『石原莞爾資料―戦争史論―』原書房、一九六八、の解題、四四六頁

(69) 『戦史叢書　大本営陸軍部（1）』朝雲新聞社、一九六七、三八七頁

(70) 同前

(71) 吉橋戒三「統率者としての西尾寿造大将」『統率の実際』原書房、一九七四

(72) 『武部六蔵日記』十一月二九日

(73) 前掲『戦史叢書　大本営陸軍部（1）』三七七頁

(74) 同前、三八〇頁

(75)高橋正衛『昭和の軍閥』二九六頁
(76)五百旗頭真「陸軍による政治支配」『大陸侵攻と戦時体制』三一頁
(77)広田弘毅伝記刊行会『広田弘毅』一九六六、二四一頁
(78)原田熊雄『西園寺公と政局』第五巻、二七三頁
(79)同前、一五〇頁
(80)渡辺行男『宇垣一成』中公新書、一九九三、一〇七頁
(81)『宇垣一成日記2』みすず書房、一二三一頁
(82)片倉衷「軍務課政変日誌」(秦郁彦『増補再版・軍ファシズム運動史』河出書房新社、一九七二、所収)、三七二頁
(83)前掲『宇垣一成日記』2、一一三二頁
(84)大権の発動があった後に、陸軍の首脳がそれを阻止することは由々しいことだと考えた阿部が閑院宮の稲垣別当に電話で注意し、閑院宮が参謀本部で宇垣に対する反対運動を止めさせようとしたこと、それに対して石原が、阿部のところに出向いて弁明したことは原田熊雄『西園寺公と政局』第六巻、一三～一四頁と石原日記に見え、また阿南に対しては、沖修二『阿南惟幾』一三二頁に阿南の懸念を石原が良く理解していたことが書かれています。
(85)『宇垣一成日記』2、一一三三頁、前掲『葛山鴻爪』一九六三、六三二頁
(86)桐山桂一『反逆の獅子』
(87)小林英夫『日本株式会社を創った男』小学館、一九九五
(88)浅原健三「林内閣成立の経緯(浅原健三日記)」(秦郁彦『軍ファシズム運動史』所収)、桐山桂一前掲書、一五五頁
(89)前掲片倉衷『片倉参謀の証言　叛乱と鎮圧』芙蓉書房、八五頁
(90)原田熊雄前掲書、二七五頁
(91)原田熊雄『西園寺公と政局』第五巻、二五四頁。
(92)『石原莞爾資料―国防論策』原書房、一三三頁
(93)栗原健編著『佐藤尚武の面目』原書房、一九八一、三～四頁
(94)石射猪太郎『外交官の一生』太平出版社、一九七二、二四〇頁
(95)原田熊雄前掲書、三〇八頁
(96)同前、三一二頁
(97)『木戸幸一日記』上巻、昭和十二年五月三十一日、五六七頁
(98)秦郁彦『盧溝橋事件の研究』東京大学出版会、一九九六、一一二頁「地名考」
(99)同前、二四四頁
(100)同前、三三四頁

(101)『河辺虎四郎回想録』毎日新聞社、一九七九、八〇〜八一頁
(102)秦郁彦前掲書、五九頁
(103)『戦史叢書、支那事変陸軍作戦〈1〉』朝雲新聞社、七八頁
(104)今岡豊『石原莞爾の悲劇』芙蓉書房、一九八一、二五一〜二五二頁
(105)石射猪太郎前掲書、二三九頁
(106)原田熊雄『西園寺公と政局』第六巻、三十頁
(107)石射猪太郎前掲書、二四〇頁
(108)筒井清忠『近衛文麿』岩波現代文庫、一八九頁
(109)原田熊雄前掲書、三三頁
(110)『風見章日記・関連資料』みすず書房、二〇〇八、二七頁
(111)戸部良一『ピース・フィーラー』論創社、一九九一、三十頁
(112)秦郁彦前掲書、二九五〜二九六頁
(113)松本重治『上海時代』中、中公新書、一四九〜一五一頁
(114)前掲戦史叢書、支那事変陸軍作戦〈1〉、二〇二頁
(115)秦郁彦前掲書、三三六頁
(116)今岡豊前掲書、二七八頁
(117)秦郁彦前掲書、二九七頁
(118)『高松宮日記』第二巻中央公論社、一九九五、四九五頁
(119)秦郁彦前掲書、三三六頁、今岡豊前掲書、三二八頁
(120)戸部良一前掲書、二七頁
(121)秦郁彦前掲書、二八四頁
(122)前掲『高松宮日記』第二巻、五一四〜五一五頁、今岡豊前掲書、三五一頁
(123)戸部良一前掲書、三一頁
(124)同前、三五頁
(125)高田万亀子「日華事変初期における米内光政と海軍」『政治経済史学』二五一号、三二頁
(126)戸部良一前掲書、三五頁
(127)前掲原田熊雄(第六巻)、六八頁
(128)前掲『高松宮日記』第二巻、五四五頁
(129)原田熊雄前掲書、第六巻、七一頁
(130)前掲高田万亀子論文、三三頁
(131)今岡豊前掲書、三七六頁
(132)同前、三八八頁
(133)同前、三九九頁
(134)同前、四〇〇頁
(135)同前、四〇一頁
(136)同前、四〇三頁
(137)同前、四一八頁

(138) 同前、四二二頁

(139) 同前、四五二〜四五四頁。ここでは石原が更迭された理由について、田中新一、笠原幸雄、阿南惟幾、稲田正純という四人の回想が掲載されています。この四人の中ではさすがに阿南の証言が最も真実に近いと思われますが、これも「着任日浅い笠原と石原を交代させることは、私は大反対であった。が新任の多田参謀次長の切なる要求で、不同意ながらその要求に従った。石原は従来の関係上関東軍参謀副長を適任と思うという主張であった。今にして考えれば、有為の石原を、東条参謀長の下、不遇の地位に追い込んだことになった」とだけで、阿南が賛成した積極的理由を語っていません。しかし阿南の人柄は、単なる多田次長の私情に基づくごり押しを受け入れるほど軟弱であったとは思われません。多田にも阿南にも、手薄となった対ソ戦線に石原の頭脳を生かすという大義名分があったればこそ、無理な人事を強行したのだと思われます。

第六章　持久戦論と昭和維新方略

一　キメラの解体

内面指導撤回の意味

満州国をキメラだと云ったのは山室信一京大教授です。頭が獅子、胴が羊、尾が龍というギリシャ神話の怪物ですが、獅子は関東軍、羊は天皇制国家、龍は皇帝および近代中国を意味するというわけです(1)。もともとは、マーク・R・ピーティ教授が、東亜連盟をそう呼んだのですが(2)、イメージとしての怪物性は、満州国の方がふさわしいと云えそうです。

石原が満州を離れてから五年の歳月が流れていました。関東軍参謀副長として、再び満州に帰って来た当座、石原の関心は主として対中・対ソの軍事に注がれており、積極的に満州国の政務に関与するつもりはありませんでした。

しかし、それは満州国生みの親の姿勢としてはいかにも不自然でした。日系官僚に虐められた満州（中国）人の不満は、副長官舎に集中して届けられるようになりました。これを放置すれば、対ソ戦に際して危険きわまりない火薬庫となる可能性があります。石原が禁を破って公然と日系官吏の批判にのりだすのに時間はかかりませんでした。最終的に、石原は、軍の内面指導撤回という日本の満州国支配の根幹を揺るがす革命的手法によって満州国の根本的改革を主張するようになります。石原が求めたのは、キメラという、この怪物を解体し、満州国を本来の民族協和の国家に戻すことでした。

ここに、東条を初めとする他の関東軍首脳と石原との決定的な対立が起こります。従来、東条・石原の個人的対立がことさらに言い立てられていますが、石原に関する限り、東条個人に対立する気持ちなど、さらさらありませんでした。石原が対立したのは、参謀長という日系官僚のトップに対するものであって、東条個人に対するものではありません。そのことは、東条が陸軍次官に転出後、参謀長が磯谷に変わると、石原はこの磯谷とも対立することで分かります。東条・石原の対立を殊更に言い立てたのは、東条の影に隠れて、石原の革命的要求をサボろうとした日系官僚達の知恵でした（3）。

日系官僚の包囲網の中で、改革意見をことごとく封ぜられた石原は遂に退役を決意、植田謙吉軍司令官に予備役編入願を提出して帰国してしまいます。民間人として昭和維新を遂行する決意でした。しかし、軍事面に限れば、軍にとって石原の知謀は必要でした。板垣陸相は、石原の退役を認めず、やがて、満州永駐を予定された京都第十六師団長に任命して、今一度、満州に連れ戻そうとするのです。

東条との服務分担

関東軍参謀副長時代、石原は日記らしい日記をつけていません。しかし、そのことは、この時代が石原にとって重要でなかったことを意味するものではありません。石原の場合、その後半生の日記は、多くが予定ですが、この時代、それがないことは、彼が敢えて予定に縛られないほど緊張した、それこそ常在戦場の生活を送っていたからだとも云えるのです。

日中戦争拡大を阻止できなかった時、石原はこの泥沼から抜けられない間に、日ソ関係が本格的に破綻することを怖れました。全神経を集中して対ソ戦に備えることは石原の関東軍転属の目的でしたから、満州国に帰って来た当初、石原は軍事以外のことに煩わされることは望んでいませんでした。一方で、石原が軍事以外に口出ししないことは東条の望むところでもありました。

十月十三日、石原が副長として着任した時、東条英機は蒙疆方面に作戦中で新京にはいませんでした。しかし東条は蒙疆から帰還すると直ちに各部長と参謀部各課長を加えた会議を開き、参謀長と副長の服務分担を定めたといわれます。

「石原副長を迎えて、私は参謀長と副長との服務担任を次の様に定めた。石原副長には作戦、兵站関係業務の補佐役を専心やって頂く。満州国関係の業務は参謀長の専管事項として私自らが処理する」。

事前の打ち合わせがあったかどうかは別として、この服務区分は、むしろ石原にとっても望ましいものでした。石原は「参謀長の指示通り、満州国軍関係は作戦に関係があるのでタッチするが、その他の治安、交通、政務に関係することにはタッチしない」と言明し、東条も、「それでよろしい。そうやってくれ」とその場で決せられたといいます(4)。

参謀長と副長の意思統一は関東軍として最も重要なことでしたから、石原としても東条に対しては出来る限り協力する気持ちだったようで、当時、満州国軍政部顧問をしていた大迫通貞などには、「満州に来た以上、充分東条さんを助けて、逐次腐敗してゆく満州国を真の軌道に乗せたいものだ」と言っていたといいます(5)。そのことは石原との関係を気にしていた東条にとっても望ましいことでした(6)。

治外法権撤廃は、実は治外法権の拡大強化

東条と石原の関係にとって不運であったのは、この時期が、丁度、建国初期の民族協和の理念と、その後の民族差別の実態との乖離が、法的に確定されてゆく時期に重なったことでした。この年十二月一日に満州国では治外法権が撤廃され、満鉄付属地行政権も満州国に返還されるのですが、その準備が行われるころから、満州国内には急速に日系官吏が増え日本人本位の法制が整えられたのです。法制整備の中心的役割を担うことになった武藤富男は、一九三五年（昭和十）四月、仕事を始めるに当たって古田正武司法部次長から「武藤君、この国における治外法権撤廃は、実は治外法権の拡大強化なんだよ」と聞かされています(7)。事実、日本人は、これによって「いかなる場合においても、満州国人民に対し不利益なる待遇を受けることなし」として、満州全域における居住往来の自由、農工商その他、公私一切の職業に就く自由、土地所有権その他各種の権利を保障されることになったのです(8)。当然、これは満州（中国）人の立場から見れば、その自由が法的

に圧迫されてゆく過程でもありました。

　新しくやって来た日系官吏達は、張学良時代は勿論、建国当初の日満要人達の苦労も知らず、日本国内の政治意識をそのまま持ち込み、関東軍の武力を後楯として優越感を持って満州人を締め付け、傍若無人に振る舞うようになっていました。彼らの中には、面子を大事にする満人官僚に対して、椅子にふんぞり返って靴ばきの足をテーブルに揚げた姿勢のままで応対するような心ない人間もいたといいます(9)。

　そうした中では、建国当初の五族協和の夢が裏切られたことを嘆く日満人も多く、彼らは石原が帰ってきたことに建国当初の夢の再現を期待し、副長官邸は夢と裏腹な現実に対する不満の集積所となりました。しかし内政面に対する直接関与を封ぜられた石原は、第三課の高級参謀として政策と作戦の両面に関与していた片倉衷に東条との調整役を依頼する以外ありませんでした(10)。しかし、日々、官僚群によって行われる現実の進行との隔たりは余りにも大きく、石原に一定の理解を持っていた片倉にも到底その乖離を埋めることは出来ず、やがて石原はその苛立ちを片倉にも向けるようになります。そうなると片倉すら石原と対立するようになり、ある日、彼は「副長、貴方の言うことは、赤を白に、黄を青にと鮮明に着色している。それ自体は非常に良いと思います。しかし、このような高等数学では、実行するものがついてゆけなくなります」と苦言を呈したと言います。石原がそれを受け入れなかったのはいうまでもありませんが(11)、これは東条・石原のパイプ役がいなくなることを意味しました。

給与格差

　民族協和にとって、障害の第一は、当時の日本人の満州（中国）人に対する優越感＝侮蔑感でしたが、それを具体的な形で最も露骨に示していたのが給与格差でした。この問題は建国当初から、官僚構成比率の問題とともに日系と満系の対立の焦点をなしていましたが、その格差を是正するために制定されたはずの一九三四年（昭和九）六月の文官俸給令でも、「各民族の生活程度には差違があり、その実態に対応する必要がある」という理由で日系文官には四割から八割の特別手当を与えることとされたのです。この時、各民族一律平等の待遇を受けるべきであると主張した熙洽、張燕卿、丁鑑修ら満系官僚に対し、起案に当たった古海忠之は「平等を語るためには、まず能力が平等か否かを考えなければならない。日本人は能力が高く当然俸給も高くなければならない」と開き直ったといわれます(12)。

古海にしてもここまで露骨に答弁しなければならないということは、給与問題では、逆に追い詰められていたと云えないこともありません。身近な日系官僚側の募集条件を背景にした期待感を裏切るわけには行かなかったからです。一九三三年（昭和八）、満州に赴任が決まった東京地方裁判所判事の武藤富男が大審院長（今日の最高裁長官）に挨拶に行ったら、夫人から、年俸が「宅の俸給と同じでございます」と言われたといいますし(13)、一九三九年（昭和十四）に満州国から商工省に帰った椎名悦三郎は「千円近い月給取りが、急に二百何十円に落ちた」(14)と嘆いたように、満州に渡る日系官僚は日本人としても内地より三倍から五倍の給与を約束されていたのです。

この民族間の給与格差は、縦社会としての日本人内部の序列意識と結びつき、総体として日本人の他のアジア人に対する民族的な優越感となっていたのです。建国時点では、日本人と共に建国事業に積極的に参加しようと考えた満州（中国）人にも、日本人のこうした民族的優越感から与えられる屈辱感は到底受け入れることが出来ないものでした。民族協和の視点からは、日系官僚の給与の満州（中国）人なみの引き下げを要求せざるを得ませんでしたが、石原のように、それを要求する者は、代償として、日系官僚社会全体を敵に廻す覚悟を必要としたのです。

移民問題＝農地問題

農地の問題も深刻な民族対立となっていました。満州国の建国以来、北満に日本農民を移民として送る政策が、国防強化と、農村の人口過剰を解決する政策として推進されました。しかし、満州事変以前には、朝鮮人は別として、一般に温暖な気候風土になじんだ日本人には満州への農業移民は極めて困難と考えられていたのです。それが深刻な民族対立を引き起こす移民の流れとなるまでには、石原に関係深い二人の人物の活躍がありました。

その一人は東宮鉄男です。一八九二年（明治二十五）、群馬県勢多郡宮城村の中農の家に生まれ、士官学校に進学して軍人になりました。張作霖の爆殺事件にも関係しましたが、満州事変後は石原の信奉者となり、満州国成立早々、満州国防衛の為に、在郷軍人でもって北満辺境を開拓し、彼らをそこに武装したまま定住させるという「屯墾軍」構想を石原の許に提出していました⒂。

今一人は、民間教育者として満州農業移民の父とも云われる加藤完治です。彼は一八八四年（明治十七）、東京本所の旧士族の家に生まれ、東京帝大の農科を卒業し、農本主義を奉じる教育者になりました。東大同期の那須皓や一級上の小平権一・橋本伝左衛門と共に石黒忠篤を中心とした石黒農政を支えたブレーンの一人といわれますが、理論家というより実践畑の人間です。デンマークの国民高等学校制度を取入れる運動の中心人物として、一九一六年（大正五）から十年間、山形県立自治講習所の初代所長を務め、また一九二七年（昭和二）からは、茨城県宍戸町友部（後に内原に移転）に、文部省系の農学校とは異なる、農林省系の日本国民高等学校を設立して校長となりました。農村指導者を育成して農村を救済しようとしたのですが、地主＝小作制度に締め付けられた日本の農村には彼の理念を生かせる場所がありませんでした⒃。

満州国の建国は、加藤に教え子達の働く場所を与えてくれるように思われたのです。加藤が建国直後に石原に会ったのは農業移民の土地を取得するためでしたが、石原も、このひたむきに日本農業と農民の救済に取組む加藤の人柄には惹かれたようです。この時、二人の間では、移民事業の為に北大営の跡地を活用することが話し合われました。

ところが犬養内閣では、高橋蔵相が満州への農業移民に反対し、拓務省もそれに従い、移民の話は一時棚上げされました。明治初年以来、自身が移民体験で苦労をなめ、その困難を知っていた高橋には、この事業の魅力と共に、その問題点もよく分かっていたのです。

しかし五・一五事件後、拓相が永井柳太郎になると、大陸政策が積極化し、閣議でも満州移民の必要性が強調され、その可能性について調査が行われることになりました。その調査員に加藤が選ばれたことで、調査が単なる調査に止まらず、移民の実施に大きく歩み出すことになりました。

加藤は、石原に頼めば移民に必要な土地は何とかなると考え、七月初旬に渡満しましたが、石原は、馬占山の叛乱鎮圧のためハルピンに行っていて留守でした。十三日に帰ってきたので、加藤は、早速、石原と話し合い、十三、十四、十五の僅か三日間で解決したといいます。加藤に言わせると、この時、石原は、まるで自分の地面みたいな顔をしていて、「エエあげましょう、エエいただきましょう」というようなやりとりだったと云っています。その結果、加藤は、移民の受け入れ先の土地として、吉林省に一万町歩、更に黒竜江省の土地を一万町歩、併せて二万町歩を受け取ったというのです(17)。

こうした乱暴なやりとりが可能だったのは、石原が、加藤という人物を信用しすぎていたこと、また、加藤にも北満には開発可能な未開地が有り余っているという誤解があり、武力を背景にした移民が、実質的には現地農民の既墾地の取上げになるなど、予想していなかったからだと思われます。

また、この時、石原は加藤に東宮の「屯墾軍」案を見せ、これは実行可能かと問い、加藤が実行可能だと答えたので、東宮に引き合わせたといいますが(18)、この両者の協力で満州への農業移民計画は急速に進展し始めました。

八月にはこの両者の意見を取り入れて拓務省が作成した移民案が議会を通過、その年秋には第一次農業移民団が、翌年夏には第二次移民団が送り出され、三江省樺川県佳木斯の永豊鎮に入植した第一次移民団は弥栄《いやさか》村、近くの七虎力に入植した第二次移民団は千振《ちぶり》村と名乗り、昭和十年代にはマスコミから理想的な移民村としてもてはやされ満州農業移民への夢をかき立てる材料となりました(19)。

問題は用地の取得方法にありました。未墾地を大規模に開拓して移民を受け入れるか、それとも、既墾地を買収して移民を入れるのかで、満州（中国）人側の受け止め方は決定的に違ってきます。前者であれば問題なかったのですが、後者であったので満州（中国）人農民が命がけで反対することになったのです。

石原は、民族協和の立場から、移民は未墾地にという条件をつけていたようですが、移民を主体に考えれば、既にこの時代、新しく容易に開拓出来るような大規模な未墾地などあるはずもなく、早急に大量の移民を入れるには、既墾地を買収して、ここに移民を入れる以外にありませんでした。

加藤としては、満州に来てくれる移民には、可能な限り広い農地を分けてやり、移民として成功させたい願望が先に立ち、極端に言えば、既墾地・未墾地など敢えて問うところではありませんでした。寒冷地の粗放農業ですから、一戸当り十町歩から二十町歩として、第一次移民団四百九十二名、第二次移民団四百五十五名に対して一万町歩を必要としたのもそういう考えからでした。

従って第一次移民団以来、かけ声は未墾地の買収でしたが、買収に当たった実務当局者が、軍の力を背景に、既墾地・未墾地を問わず一括購入するやり方を取ったのも当然でした。これに満州（中国）農民が猛反発したのもこれまた当然で、北満一帯に叛乱が起こったのも必然でした。叛乱は武力で鎮圧されましたが、こうした土地買収のやり方の有害性は明らかで、農地問題に対する怨念は、満州（中国）人社会に深く広まっていました。

こうした中で、一九三六年（昭和十一）五月、関東軍は「満州農業移民百万戸移住計画」を立案、八月、これは広田内閣の七大国策の一つとなりました。拓務省はこれを実施するため昭和十二年度予算に百万戸移民の第一期第一年度分として六千人送出分四百七十余万円を計上、移住者の募集と送出の仕事を行う機関として財団法人満州移住協会を設立すると共に、満州に特殊法人満州拓殖公社を設立したのです。これが既墾地を買収する方式を踏襲しようとしたのは当然でした(20)。

しかし満州に帰ってきた石原副長はこれを断固と

して認めませんでした。「百姓にとって土地は命の次に大切なものである。それを原住民から二束三文で奪い取って、そこへ日本移民を入れるなどは、もっての外である。日本移民が、原住民の収奪の上に繁栄を求めることは断じて許されない」というのが石原の言い分でした。

実務当局の苦慮を聞いた加藤完治は石原副長を訪い、既墾地一括買収方式の承認を要請しました。両者の激論は深更に及び、加藤は「それでは奉天での約束と違う」と色を成して詰め寄ったといいます。それに対して石原は、「先生のお弟子さんや、教え子たちは、満人の百姓たちの耕している土地を横取りして、その上に王道楽土を築き上げようというのですか。先生は神ながらの道を唱え、それを移民の指導者にも教えておられますが、先生は、口に祝詞《のりと》を唱えながら、手では泥棒をしてもよいとおっしゃるのですか」

と説き、加藤は石原のこの言葉を聞いて目が覚めたといいます。加藤は筧克彦の神道「神ながらの道」の信奉者でもあったのです。加藤は石原に謝罪し、既墾地一括買収は諦めたといいますし、加藤のこうした姿勢に対しては、石原も後に加藤を「神様のように正直な人だ」と褒めたといいます(21)。

池本喜三夫を満州大学総長と満州拓殖公社総裁に

日中戦争の泥沼化や満州移民問題の行き詰まりなどは、石原に改めて池本喜三夫の提案の重要性を想起させました。中国に大規模なモデル農場を作り、その農場の近代的経営を通じて、周辺の中国農村の経営基盤を改善し、それを通じて日中関係全般の改善を図るという池本の構想は、彼の教育改革案と共に、すべての矛盾を一挙に打開できる妙案と考えられました。

石原は、池本を満州拓殖公社の総裁にすると共に、兼務で、従来の大同学院と建国大学を統一し、その総長に充てるという案を星野直樹に受け入れさせ、星野を通じて各方面に働きかけました。この提案はこの時期の石原からの提案としては珍しく大した反対を受けることもなく各方面に受け入れられたとみえ、一九三八年（昭和十三）一月には閑院宮参謀総長から池本に申し渡しが行われる予定になっていたといいます。この人事は本人の病気による辞退で駄目になりました(22)が、この行き詰まりの中で、この爽やかな人事がもたらすであろう未来図を描くことは、石原にとって一服の清涼剤であったろうと思われます。

若い同志の出現

志を持った人間にとって、若い同志の出現ほど心強いものはありません。関東軍参謀副長時代の石原は、晩年の彼の周辺を彩ることになる若い有能な同志の幾人かに恵まれています。

その第一は杉浦晴男です。杉浦を石原に紹介したのは南部襄吉でした。杉浦は南部が独乙協会中学の配属将校(23)時代の教え子ですが、旧制の一高に入って間もなく左傾し、周囲が心配しました。たまたま満州事変が勃発し、石原が「時の人」となったこともあり、南部は杉浦に石原に会ってみるように薦め、旅順の石原に紹介状を出し、杉浦は一高二年の一九三二年（昭和七）七月に、友人と二人で奉天の東拓ビルにあった関東軍司令部を訪ね、初めて石原に会いました(24)。

丁度、満州事変が成功裏に満州建国の緒についた頃で、その中枢にある石原の勢威は並びなく、その印象は強烈なものでした。左傾しかかっていただけに、杉浦が受けた思想的影響は深刻で、帰国後、国柱会に入信したばかりでなく、一高、東大の在学中もその青年部の中核として精華会活動を担うことになるのです。一九三五年（昭和十）二月二日には、仙台の第四連隊に石原を訪ねてもいます。一九三六年（昭和十一）に東大法学部を卒業後も特定の職には就きませんでした。

石原の関東軍参謀副長としての赴任が決まると、それを待っていたかのように、同志の人々から石原の身辺警護役に選ばれ、新京まで随いてきたのです。以後、押しかけの私設秘書として石原のもとに留まりましたが、結果的には、それが二年後に、杉浦の名で発表される石原の『昭和維新論』構想となり、やがて木村武雄を代表として発足する東亜連盟協会の理論的準備ともなりました(25)。石原の昭和維新論や東亜連盟論形成における杉浦の役割を軽視することは出来ないように思われます。東亜連盟協会史上における杉浦の活動については筆を改めることにしましょう。

第二には小泉菊枝です。宴席は別として、酒色に縁のない石原には、およそ艶っぽい話は乏しいのですが、例外を上げるとすれば菊枝です。人妻ですし、およそ不倫といわれるような関係ではないのですが、この二人には、双方共に惹きつけられる三つの精神的土壌がありました。

その第一は民族協和への強い願望です。菊枝には実家に異母兄白土哲夫がいましたが、この人は東亜同文書院の出身で、満州建国以来、建国事業に参加しました。大臣たちの秘書を手始めに、満州（中国）人高官に寄り添い、彼らに同情的な立場で物事を見ている間に、すっかり日系官僚の高圧的な姿勢に強い嫌悪感を持つようになっていました。その兄からの影響で、菊枝も日本人同胞の満州人に対する優越的、侮蔑的姿勢には激しい憤りを感じるようになっていました。彼女は、満州での生活レポートを国柱会の女性機関紙「まこと」に連載していましたが、それは自ずから、お手伝いとして雇った満州人少女蒋桂芳との民族協和への涙ぐましい奮闘記になっていました。これが民族協和に対する日本人の無理解に苦しんでいた石原を感動させたのです。第二には、国柱会という共通の信仰的基盤を持っていたことです。菊枝の入信は偶然ともいえるものですが、長男を亡くしたことで信仰を深め、女性信者の研究会「まこと会」を立ち上げていました。第三には、菊枝の場合、父親も夫も陸軍主計科将校で、この主計科将校の身内という立場が本科将校に対して持っていた屈折した感情です。敢えて云うなら本科将校の主計科将校に対する無理解と偏見への反発ですが、石原には、およそそのような偏見がなかったばかりか、主計科の仕事内容に対しても深い理解がありました。身内に対する偏見と無理解をいとも簡単に克服された時、反感は畏敬というより思慕に変わります。

十月下旬、菊枝は杉浦の訪問を受けました。菊枝にとって、この一高、東大出の秀才で、しかも国柱会の仲間として精華会の活動家でもある少し年下の青年がいかに好ましい対象であったかは、応接に出た蔣桂芳の「あの人、いいの人」という評価が雄弁に物語っていました。今や、小泉にとって、「まこと」に連載している「満州少女」の主人公「桂ちゃん」の、「善いの人」と「悪いの人」という評価は彼女自身の価値基準の表明でもありました。その好青年が石原の押しかけ私設秘書をやっているのです。二人には共通の話題が山ほどありましたが、その中心はもちろん石原でした。杉浦は、その後も三日にあげず足繁く菊枝を訪問しましたが、二、三回目の訪問時に、「満州少女」を『月刊満州』誌に転載させて欲しいという石原の希望を伝えたのでした。

十二月初旬に菊枝は初めて関東軍参謀副長官舎に石原を訪問しました。石原の希望に従ったのですが、その訪問直前に、菊枝は夫から、「石原という奴は、頭脳はよいが人格劣等だというそうだから気をつけて行けよ」という注意を受けました。確かにそれは関東軍における一般的な石原評価だったと思われるのですが、杉浦から伝えられる石原像との落差は、却って石原への期待を高めたと思われます。しかも会見はその期待をも上回るものでした。会見後、菊枝の「満州少女」は『月刊満州』に「満州人の少女」として連載され、数ヶ月後には単行本になりました。以後、菊枝と石原との親交は石原の死に到るまで濃密に続くことになります。

石原の死後、菊枝は夫の籍を離れ、実家の白土姓に帰りますが、その白土菊枝による『将軍石原莞爾』は、石原側近の書いた石原伝記の中でも、晩年の石原を語るものとしては白眉ともいえるものです。

伊地知則彦もこの時代に石原の許に現れた青年の一人ですが、この人物については、武田邦太郎について書くときに触れることにします。ただ、この青年も日本人の民族協和姿勢についての疑問から石原の許を訪れる様になったのです。

以上に見るように、この時代、石原は、民族協和に対する日本人一般の無理解に苦しんでいただけに、ひとたび、その枠を乗り越えたものには深い同志愛を抱き、またその人々に対して強い影響力を発揮するようになったのです。

石原・東条の確執の実態とキメラの解体

この時代、石原と東条との確執は、殆ど関東軍を分解しかねないまでの深刻さで伝えられ、軍中央を、特に人事局長の阿南惟幾を憂慮させたのです。しかし、その実態はどうだったのでしょうか。東条の方は別として、少なくとも石原に取っては、この対立はそれほど深刻な問題ではなかったと思われるのです。確かに石原の東条に対する言動は、自らが入獄を覚悟するまでに厳しいものでしたが、一般的に、石原の上司に対する言動は、本庄とか板垣のような、ごく限られた特別な人々に対する場合を除き、本来が極めて辛辣な場合が多く、東条との場合も、東条個人を意識して糾弾したのではなく、あくまでキメラとなった化け物「満州国」の実質的代表者として糾弾していたのです。

私がこのように主張するのは、東条が次官になって離任する時、石原は彼に三つの頼み事をしているからです。第一に、関東軍に参謀長を置く必要がないこと、第二に、満州国の内面指導をしている第四課を縮小すること、第三に松村秀逸を東京の新聞班に帰すことの三つです。この内、実現したのは、松村の件だけだったといいますが(26)、参謀長を置かないことは石原を参謀長にするに等しく、第四課を縮小することは満州国に対する関東軍の発言権を縮小することに等しく、深刻な対立を意識している人物に対して、このような頼み事など出来るわけがないと考えるからです。陸軍大臣は板垣に決まっているわけですから、石原が東条との敵対関係を深刻に意識していれば、当然、東条など経由せず、直接、板垣に頼むと考えられます。

確かに石原の東条に対するこのような頼み事は、天衣無縫というか傍若無人というか、今の今までキメラの実質的代表者で、糾弾を繰り返してきた相手に、自分をその代わりの代表者として推薦し、キメラの解体の手伝いを頼むという離れ業でした。

これまで憲兵を使って石原の身辺を探り、手紙の検閲までして厳重に監視を怠らず、いささかでも胡乱があれば石原を追い詰めようとしていた東条にとっては、意表を突かれる思いであったでしょうが、到底、理解できることではありませんでした。このことが浅原事件へとつながってゆくのです。

二　浅原事件

原田熊雄の危機感

一九三八年（昭和十三）五月末から六月初めの内閣改造は、陸相を杉山から板垣に変える為でした。外相を宇垣に、蔵相を池田に、文相を荒木の専任にしたことも、それに連動したものでした。要は、近衛に、石原と繋がりの強い板垣なら、多田参謀次長と歩調を合わせ、泥沼化した日中戦争を抜け出すのに指導力を発揮してくれるのではないかという期待があったのです。それは、僅か一年半前の林内閣組閣に際して、石原派が実現しようとして果たせなかった夢でもありました。しかしそのことは昭和における唯一の元老西園寺の情報源としての原田熊雄に尋常でない危機感を持たせました。

石原を危険人物とみなしていた原田は、常々、石原と一緒にそのアンテナに引っかかる町尻軍務局長についても警戒感を持っていました。町尻が「出先を押さえるには陛下の思召でやるつもりだ」といっていたことなども単純には受け取ってはいなかったと思われます(27)。従って、四月に、町尻が僅か半年で軍務局長のポストを追われ、近衛に挨拶にきた時に激しく梅津次官を非難したと聞いた時も、原田はむしろ、それは「下に向かって迎合しない」からだと梅津の姿勢を弁護したのでした。しかし近衛は鈴木貞一などからも「梅津は粛軍を名として、自分の派閥を作ろうとしている」という批判を聞いていただけでなく(28)、何よりも、近衛に何の相談もなくずるずると戦争を拡大して行く杉山や梅津のやり方に苛立ちと不満を募らせ、それと反比例するように板垣への期待を膨らませていたのです。

内閣改造前の近衛は、「板垣以外の人とは一緒にやって行かないつもりだ。その場合には総辞職する」と明言する程でした。この情報が天皇の耳に届き、天皇の口を通じて閑院宮へ伝えられ、閑院宮と梨本宮両元帥による杉山への辞職勧告になったのです(29)。

しかし原田は、四月中旬の段階に近衛が多田参謀次長と会ったことや、両元帥宮から杉山陸相へ辞職勧告が行われたことを、多田参謀次長による杉山追い出しの策謀と捉えていましたから(30)、板垣陸相が実現する運びとなると、これを、いよいよ石原派による権力奪取陰謀が顕在化したものと判断したのです。原田は杉山に電話をかけ、辞任の経緯を問いただし、「もう既に手が回っているからどうにもならん」という返事を受けると、「寺内陸軍大臣当時にも、自分は石原や浅原のことについても、『よほど用心しなければいかん』という話を貴下にもし、寺内にもしたにも拘わらず、『絶対にそんなことはない』と言っておったが、今日こうなってみると、やはり石原なんかの意図が、着々実現して行くじゃあないか」(31)と警鐘を鳴らしました。事実、この時、石原派は陸相に板垣、参謀次長に多田、教育総監に西尾寿造という配置を得て、事実上、陸軍三長官の座を独占するかの観があったのです。

五月初めから東京憲兵隊が浅原健三に対する本格的な内偵を始めたのは(32)、杉山や梅津がこうした原田の危機意識に応えたものでした。浅原事件は東条英機の起こしたことのように思われている向きもありますが(33)、事件の真の背後は原田熊雄にあったのです。

一方、上述のような形での近衛の陸軍人事への介入は、陸軍内部に大きな反動を呼び、特に梅津などは非常な憤慨で(34)、その結果、板垣は、杉山や梅津からの怨念を、陸軍省の参謀本部に対する、特に多田参謀次長に対する不満という形で引き継ぐことになり(35)、勢い彼の対中戦争処理に対する立場は極めて困難で不鮮明なものにならざるをえませんでした。

逆に、そのことは「板垣以外の人とは一緒にやって行かない」というまでの思い入れで板垣を陸相に迎え入れた近衛にとっては予想外のことで、性急な彼はたちまち失望し、天皇にも「会ってみましたけれども、ぼんくらな男だ」という感想を伝え、天皇に「近衛はすぐ変るね」という印象を残しました(36)。

以上のような事情の中での板垣の登場は、陸軍内部対立をより激しいものとしました。「三宅坂には、東条次官と多田参謀次長との対立があって」、それを押さえる為にも「下僚の言を聞き過ぎる」(37)

板垣の欠点は助長される傾向にありました。

磯谷廉介の立場

話を満州に移します。

板垣陸相が東条の後任に磯谷廉介を任命したのは、磯谷なら石原と満州の日系官僚との関係を調整してくれると考えたからでしょう。石原が東条の後任を望んでいないことは分かっていましたが、板垣も東条や植田軍司令官の進言を無視することは出来なかったのです。後で見るように、本庄繁からは、磯谷を任命するのなら、その前に石原を陸大校長に移動させておけという提案がありましたが、板垣は、ソ連との関係から、石原を満州に残すことを必要と考えていたのです。磯谷も、出発まで、東京で二十日余りもぐずぐずしていたところを見ると、石原との関係を決して楽観していたわけではないと思われますが、板垣からの要請には応える必要があると考えたのでしょう。結局、磯谷が離京、神戸港を出港したのは七月二十五日、新京の関東軍司令部に着いたのは二十八日でした(38)。

ところが満州での事態は、板垣や磯谷の予想を超えていました。軍司令官は勿論ですが、片倉ら関東軍幕僚を含めて日系官僚の殆どと厳しく対峙していた石原の強硬姿勢は、磯谷にとっても、にわかに適切に処理できるようなものではありませんでした。

協和会人事

磯谷が着任後、第一に直面することになったのは協和会人事でした。

この八月、満州国は、ヨーロッパにかなり長期にわたる大規模な使節団を派遣することになり、副団長の一人に、協和会総務部長であった甘粕正彦を選びました。ところが、前年以来、協和会は、この甘粕と、指導部長の古海忠之の二人で運営されており、甘粕は、当然のこととして自分の留守中の協和会の運営を古海にゆだねました。

ところが古海には満州国の主計処長という今一つの顔がありました。前述したように、彼は文官俸給令の制定時に、民族平等の待遇を主張した満系官僚に対し、あからさまに日満の給与格差の正当性を主張したという前歴があったのです。古海にすれば、満州国において実質的に仕事をしているのは日系官僚であり、給与格差は当たり前という意識があったでしょうが、こうした立場が民族協和と全く相容れないことは明白でした。

石原がこれを見逃す筈はありません。石原は新京で開かれた全国在郷軍人総会での講演で、公然と「現在の協和会は全然なっていない。それは古海のような官僚にやらせているからである。ああいう人物は一日も早く辞めさせ、追っ払わない限り協和会は絶対によくならない」と言い放ったのです(39)。

古海とすれば、これは全くいわれのない攻撃であり聞き捨てに出来ないことでした。前年、望みもしなかった協和会指導部長の役を押しつけてきたのは関東軍でした。その時までは、協和会について「職員が大言壮語、勝手な熱をあげているのを聞くと腹が立つ」と批判的な立場にあった古海としては、こんな団体の役職に就くなど考えもしないことでした。彼が断固拒否していると、関東軍第四課長の片倉が訪ねて来て、「この際、甘粕総務部長と組んで指導部長をやることが出来るのは、古海さん、貴方一人しかいない」と云い、また当の甘粕や田辺治通参議からも情義を尽くして口説かれて、やむなく引き受けたといういきさつがあったのです(40)。要するに、これは民族協和に無神経な東条参謀長の人事だったわけですが、古海の立場から見れば、東条と石原との対立のとばっちりを受けて非難されるなど迷惑千万な話だというわけでした。

古海は関東軍第四課に行き、進退をかけて善処を要望しました。古海の任命にもかかわった片倉課長は「石原という人はそうした毒舌家なのだから、そう怒らないでもう少し待って貰いたい」と弁明しましたし、橋本本部長は「これは古海さんだけの問題ではない。私自身にも関係のある問題だから、私に委せてしばらく待って貰いたい」となだめたのです(41)。

実は、橋本自身、この二月、于静遠と交代して協和会中央本部長に就いたところ、協和会の日系・満系幹部も出席した講演会の席上で、石原からあからさまに、「卿ら、碌々として何らなすところなく、いたずらに高禄を食む。協和会本部長陸軍中将橋本虎之助のごときは初年兵のくせに生意気な……」と名指しで攻撃され、完膚なきまでにその毒舌を浴びせられていたのです。初年兵というのは石原の口グセで新マイという意味でした(42)。

石原提案の全面否決と石原の退役決意

その他にも、磯谷が着任早々、石原から突きつけられた問題は、関東州を満州国に返すとか、満鉄を満州国法人にするとか、関東軍司令官の満州国内面指導権を撤回するとか、内容的に満州国の根本を揺るがしかねない難問が含まれており、とても並の軍司令官や幕僚の個人的裁量で決断しうる問題ではありませんでした。しかも石原の迫り方は、協和会人事などの例に見られるように、公共の席で、辛辣きわまる毒舌で決断を促していただけに、漫然たる放置を許さぬものでした。

さらに磯谷の決断を促したのは本国からの切なる要請でしたが、特に本庄繁からの度重なる書簡の中には次のような内容の航空便もありました。

拝啓　御着任以来、御多忙と存じます　さて貴方と意見が衝突したとして、石原から引退帰朝の申出があったというので、省部当局者が苦慮しています。現在のような内外多事の折ですから、石原が満州を去る事はロシア側に与える影響が心配だと云って居ります。小生も、当初、きっとこのようなことになるに違いないと懸念し、石原を陸大校長に栄転させる様、当局者に進言した次第でした。ところが、貴方は東京を出発なさる時、石原を使うと云われたということでしたので、小生も遂にそのままとしたのです

とにかく、今日は余程重大な時期であり、武漢への進撃も長江堤防の決壊等に拠ってなかなか思うように急速には進まず、その間に例え張鼓峰事件は一段落を告げたとしても、他の方面にも出撃を見るようなことが起こりうるでしょうし、ちょうど我が軍が武漢攻撃に苦しんでいるような時に、あるいは本格的なソ連の攻撃が起きないとも限らないと思われます

従って好むと好まざるとにかかわらず、ソ連と中国の両方が相手となり、満州においては、わが二、三十万の兵力で以て、四十万の相手を攻撃せざるを得ないような場面に遭遇することを覚悟しなければならないと思います

このような危急の際ですから、石原も今にわかに大改革を全部実施し、日系官吏其他に衝撃を与え、殊に協和会問題のような、なお検討を要する問題が多いものは、少なくも支那事変が終結するまで延期保留して（もっとも重工業計画の如き、満州人官吏待遇の如き、学校問題の如きは費用の許す限り実施することも可能かも知れません）、対露作戦と満州国内の治安粛清に専念するのが当然だと思います

ついては貴方の方も、石原をなだめて、陛下が最もご心配になっている対露準備に、関東軍が挙って努力される様に御配慮御尽力される様、ひとえにお祈り致します。取急ぎ右のような御配慮をお願い致したいと、御近況うかがいかたがた、以上のように申し上げました

敬具

本庄繁

八月七日

磯谷中将閣下(43)

本庄が云う、石原からの退役・帰国要請に苦慮している省部当局者とは、板垣陸相と多田参謀次長など共に阿南人事局長も含まれるでしょう。彼らにとっては自分たちが省部の首脳である時に石原を予備役にするなどということは考えるだにおぞましいことだったに違いありません。彼らは、対ソ戦略上からも石原の存在を不可欠と考えていたのです。

軍中央からこのような切なる和解要請を受けながらも、石原からの進退をかけた断固たる厳しい要求に直面した時、植田も磯谷もこれは自分たちの力量に余る決断を要すると判断したのでしょう。彼らが選んだ道は首脳者間のコンセンサスを得るという常套手段でした。

植田と磯谷は、関東軍司令官以下首脳者による全体会議を開き、石原提案のすべてに関し、彼らなりに討議を尽くした結果、石原の提案は一括して拒否

されることになりました(44)。キメラを解体し、民族協和による真正な満州国を再建せよという要求が、キメラ首脳者間のコンセンサスを得られないということは、当然といえば当然の帰結であったといえるのですが、日本はその代償を七年後の敗戦時に支払うことになります。

こうした事態を見て、石原は、最早、自分が陸軍に止まることは無益と考え、軍司令官に予備役編入願をだし、軍服を脱ぎ協和服を着て新京を出発、清津を経由して帰国してしまいました。あわてた関東軍は、軍中央に弁明の使者を出す一方、さまざまな方面から引き留め策を講じましたが、石原の決意を変えることは出来ませんでした。満州においては、日系官僚の多くが石原の帰国を喜び、満系官僚の多くが悲しんだであろうことは想像にかたくありません。

浅原事件

予備役編入願を出したとはいえ、正式に受理され、承認を受けるまでは現役の軍人です。勝手に任地を離れたことは石原を糾弾しようとする人間からの格好の攻撃材料となりました。板垣陸相をはじめ石原を擁護する側は、石原に病気療養という名目をつけ、強引に入院させてまで現役に引きとどめる策をとりました。

何故、石原は承認を受けるまで待てず、軍紀違反の危険を冒して帰国を急いだのでしょうか。考えられることは、彼はこれまでに満州事変後と二・二六事件後と、二度にわたって退役を決意しながら、承認を待つ間に強く慰留され、結局は現役に留められました。この度、承認を待たずに任地を離れたのは、退役への断固たる決意表明だったのです。最早、現役軍人としての制約を離れ、天下晴れて昭和維新に取り組むためでした。

憲兵としての大谷敬二郎が浅原健三に目をつけたのは、林銑十郎内閣組閣の際、陸相問題で行き詰まった林が、板垣陸相実現にこだわる石原派を切り捨てるために赤坂憲兵分隊長としての大谷を使ったことに始まります(45)。以来、大谷は石原派と結びついた浅原から目を離しませんでした。しかし、大谷が東京憲兵隊特高課長として浅原に対する本格的な捜査を始めたのは、前述したように、この年五月初めからで(46)、軍中央からの指示に基き、石原や浅原ら満州グループによる政権奪取陰謀という予断を持って、浅原が嘱託を務める満州国協和会東京事務所に対する内偵を進めました。

協和会事務所は麻布の満州国大使館官邸の一角にあり、所長は阮振沢大使で、憲兵隊の目から見ると、事務の主催者は五郎丸保ですが実権は浅原が握っていました。事務所には本庄大将をはじめ満州建国に働いた人物の出入りが多く、五郎丸も本庄の推薦でしたが、五郎丸と浅原は必ずしも仲が良くありませんでした。浅原と接触している軍人は、主として軍務局満州班の将校ですが、参謀本部の今田少佐との交渉も密で、参謀次長の多田中将にもしばしば会って意見具申していました。しかし憲兵の捜査はそこで大きな壁にぶつかりました(47)。六月初旬に満州グループの巨頭的存在である板垣が陸相となり、憲兵もその指揮下に置かれたからです。

そうした中での石原の無断帰国は憲兵に絶好の口実を与えました。憲兵隊は俄然、張り切って、石原を厳しい視察下に置きました。本庄大将や十河信二などは石原の言動を懸念して、しきりに入院を薦めますが、石原が容易に応じない間、石原のことを気遣い、その身辺に寄り添って警護に当たる浅原の石原に対する忠勤ぶりは、憲兵の目からは尋常なものとは思われないものでした(48)。板垣陸相の立場は、石原擁護という点では揺るぎなかったようですが、陸軍省内の立場には微妙なものがあり、次官としての東条の存在がものを言うことになります。

東条が憲兵使用の有効性に気づいたのはその権力的な性格に拠るところも大きいと思われますが、関東憲兵隊司令官として満州国の警察権を一手に握った時に二・二六事件が起こり、その威力を実感したことが大きいようです(49)。次官になると、八月に田中静壱中将を関東憲兵司令官から憲兵司令官に、十一月に加藤泊治郎憲兵大佐を関東憲兵隊総務部長から東京憲兵隊長に移動させましたが、これは当然、板垣をバックとする満州グループに対抗するためでした(50)。

大谷は石原の東京における行動視察の結果を、軍紀保持上、厳重に処分すべきものとして報告し、東京憲兵隊長加藤泊治郎は自ら東条を訪ねて意見具申しましたが、板垣がこの処分案を受け入れる筈はなく、加藤は再度にわたり東条に意見具申し、東条も辞表を懐に板垣に石原の処断を迫ったといいます(51)。

石原処分が停滞しているのに対抗し、憲兵隊は民間人である浅原を検挙に持ち込む決意で、係長を長とする三つの偵察班を編成し偵察を格段に強化しましたが、一人の人間にこんな大がかりの捜査班を作ったことは内密にしていても憲兵隊が浅原を狙っているという噂が立ちました(52)。

石原処分をめぐる攻防は、対中戦争の処理をめぐる陸軍省の東条と参謀本部の多田との争いと連動していました。戦後の目からすれば、「日中戦争解決の為には対ソ、対英米作戦をも辞せずと主張する東条次官と、いかなる手段をもってしても日中戦争を解決せざれば、日本の将来は危しと主張する多田参謀次長」の争いというふうに見えるのですが(53)、当時の陸軍首脳部の立場はそれほど整理されたものではありませんでした。日中戦争には最初から和平交渉が絡んでおり(54)、また一九三八年（昭和十三）以後はヨーロッパ情勢が防共協定強化問題として関係していたからです(55)。日中和平交渉においては、当時の陸軍首脳部の圧倒的多数が権益主義を克服できず、従って日本側の和平条件が中国側にとっては受諾不可能という状況の中では(56)、戦争終結を急ぐ多田参謀次長は敗北主義者と見られ人気がなかったのです。一方、ヨーロッパ情勢を反映した防共協定強化問題では、板垣は、枢軸派の先頭に立って閣内で孤軍奮闘し、英米との対立激化を懸念する宮廷や外相・蔵相・海相ら他の閣僚との矛盾を深めるのと反比例するように、陸軍内部での威信を高めていました。

そうした状況の中で、板垣は、十二月十日、東条次官を航空総監へ、多田参謀次長を第三軍司令官へ、石原を舞鶴要塞司令官へ転出させる人事異動を強行しました。

しかし憲兵隊はこの措置に満足せず、石原が舞鶴に赴任する前日の十二月十五日を狙って浅原健三や杉浦晴男ほか五名を居宅におそって検挙し、同時に協和会東京事務所を家宅捜査する措置に踏み切りました。浅原及びその一味への容疑は治安維持法違反ということでしたが、当初、憲兵隊では、浅原など民間人は地方検察局で処置して貰いたいと考えていたようです。検察局が浅原や杉浦らを治安維持法違反容疑で取調べてくれれば、その社会的ダメージを利用して、板垣に石原ら軍人に対する取り調べを余儀なくさせようという狙いで、本命はあくまで石原であったと思われます(57)。しかし大谷からの報告を聞いた東京地検の平野思想部長は、これでは「公訴の維持は難しい」として直接には乗り出さなかったので、結局、憲兵隊のみの取り調べとなりました。

年明けの一月五日、防共協定問題等をめぐる閣内不統一に嫌気して近衛内閣は総辞職し、平沼騏一郎が組閣しましたが、板垣は陸相に留まりました。間もなく、東京憲兵隊の大谷の耳に「平沼総理が、今度の憲兵隊の事件には、その背後に陸軍の大物が控えている重大な事件だと話していた」という情報が寄せられ、憲兵隊も決着を急がせられることになりました。そこで二月に陸軍省に中間報告書を提出しましたが、これには石原等関係将校の取り調べの必要性が述べられていました。板垣はこれに対して直接には何も言わなかったようですが、露骨な不快を示し、以後、省内ではこの事件に触れることはタブーとなりました。浅原等の検挙には積極的だった田中憲兵司令官も、陸軍省の局長連が大臣の一喝を怖れて尻込みをし始めたので手の打ちようがなかったといわれます(58)。

三月五日に石原は上京を命ぜられ、七日に陛下に拝謁しています(59)。板垣はこの時、石原を師団長にしようとしたようですが、さすがにこれは成功しませんでした。しかし、七月に再度、上奏、天皇からは、「浅原事件に関連し此の際、親補職に栄転せしむるは良心に対し納得し難」いとまで言われながらも(60)、押し切って、遂に京都第十六師団長の御裁可をえたのでした。

事件が浅原の国外追放ということで決着したのは五月末でした。浅原は岡藤吉雄の偽名で、憲兵将校の付添いで神戸から乗船、竜田丸の一等船客として上海に向かい、以後、上海憲兵隊の保護の下に、一時、シンガポールやタイで過ごしますが、やがて上海に落ち着き、実業に従事しました(61)。国外追放とした後での憲兵隊の浅原への異常とも思われる厚遇には、浅原があくまで石原を狙ったスケープゴートであり、それへの代償という意味があったと思われます。

この事件は、石原の主観においては、彼が陸軍に失望し、退役を決意した時に起こりました。しかし、客観的には、宮廷派の原田熊雄の懸念するように、この時期が、石原派が最も権力に接近していた時期であったのかも知れません。

そう考えると、石原が満州から引き揚げてきた直後の八月二十二日に、秩父宮が彼を御殿に招かれ、年長の彼を諭すように言われたという、「石原、もうこれ以上憎まれるなよ」という御言葉の意味も、秩父宮伝記の推察するような、単に「軍主流から追放された石原を、ふと不憫に思われた」(62)からではなく、積極的に石原を権力の座に近づけるための訓戒であったと思われるのです。原田熊雄は、秩父宮に「人事については、皇族がかれこれおっしゃることはよくない」と申し上げており、宮も一般の人事については容喙されないけれども、石原の進退についいては、陛下に「かれこれおっしゃりやすい傾向」があったということも(63)、このことを裏付けているように思われます。

三　持久戦論と昭和維新方略

毛沢東「持久戦を論ず」

雑誌『改造』の一九三八年(昭和十三)九月号は毛沢東の「持久戦を論ず」を掲載しました。「抗日戦争一周年、七月七日がもうやって来た」で始まるこの論文は、この年五月二十六日から六月三日にかけて行われた延安抗日戦争研究会での講演ですが、翌月の週刊誌『解放』に掲載され、以後、様々な雑誌新聞に転載、中国国内はもちろん、国際的にも大きな反響を呼ぶことになりました(64)。

何より重要なことは、毛沢東は、持久戦における最終的な勝利を予告することによって、中国国民に、

「降伏」はもちろん、「降伏」に近い形での日本との和平の道をふさいだことです。すでに蒋介石も廬山声明によって「主権の喪失」という形での日本との和平はあり得ないと宣言していましたが、毛沢東の持久戦論は、中国には「降伏」に近い形での和平という選択肢もあり得ないと宣言したのです。これは中国の抗日統一戦線の維持に決定的な影響を与え、結果的に、以後七年の長きにわたって戦われることになる日中戦争の経過をほぼ的確に予告することになりました。

当然、日中和平への道は極めてきびしいものとなりました。「日中戦争の大きな特徴は、戦争の遂行と和平への努力が、そのほぼ全期間を通しほとんど常に並行して行われて来たことにある」と云われますが(65)、その和平交渉が全部、不毛に終わったのは、日本の軍部の大半が、この毛沢東の持久戦論を知らず、また知ってもその意義を理解できなかったからです。

云ってみれば、この毛沢東の持久戦論ほど、「爾後、国民政府ヲ対手トセス」という近衛声明の誤りを鮮明に浮かび上がらせるものはありませんでした。日本自らが早期和平への道を閉ざしたこの声明に対して、毛沢東は、強国であっても比較的に小国である日本には、弱国ではあるが大国である中国とは長期にわたる持久戦を戦い抜く量的力量がないことを完全に読み切っていたからです(66)。すでに五月には、近衛首相自身、その誤りに気づき、内閣改造を通じて政策転換を図っていましたが、肝心の陸軍が、板垣陸相となっても明確な路線変更を見せていませんでした。

持久戦に陥った場合の日中戦争の見通しについては、石原も毛沢東とほぼ同様であったと云うことが出来ます。いや、石原の場合、ソ連との関係でより深刻であったと云えるでしょう。であればこそ石原は、中国とは戦ってはならないと考え、緒戦の段階から撤兵を主張したのでした。残念ながら日本の陸軍ではこれほどの見通しを持った人間は、石原や多田次長など石原周辺のごく少数に限られていました。

石原が退役を決意し、次に見るような「昭和維新方略」を書いたのは、正に、その状況を一変させて中国との早期和平を達成する為でした。

「昭和維新方略」(67)

一九三八年（昭和十三）八月末、石原は家族を連れて茨城県大洗海岸に出向きました。遙かアメリカにつながる太平洋の波濤に直面して「昭和維新方略」を書き上げるためでした。関東大震災の記念日である九月一日に書き上げられたこの昭和維新論には、この時の日本が取り組まねばならぬ政治課題が鮮明に示されていました。大地震裂の記念日に、地湧菩薩の登場を期待したのです。

石原は極めて実践的な人間でしたから、同じ「昭和維新」でも、語りかける時期と相手次第でその内容を大きく変えています。一九三五年（昭和十）九月、彼が参謀本部作戦課長になった時、杉山参謀次長の為に書いた「昭和維新」は、「対ソ国防の確立」で「空軍並びに機械化部隊の急速なる充実」を求めたものでした(68)。

今、この時点で、石原が書いた「昭和維新方略」は「東亜連盟ノ結成」で、満州や中国に対する日本人の政治姿勢を「覇道」から「王道」へ百八十度転換し、日中和平を求めたものでした。石原は、誰宛てにこれを書いたのでしょうか。

退役を決意して書いたものであり、これ以後の石原の「昭和維新論」のもとになったものであるという点から考えれば、この「昭和維新方略」が、広く日本全国民、いや全東亜に対する呼びかけになっているのは当然でしょう。しかし単純にそうであったと考えるには、石原は権力に近づき過ぎていました。何と言っても、この時、権力の中枢にいたのは盟友の板垣陸相であり、板垣を受け入れた近衛首相であったのです。権力を握った盟友が、間違った政策を追求している時、彼が第一に読ませたい相手が板垣であり、近衛であったのは間違いないでしょう。

この時点で彼が退役にこだわったのは、現役の軍人である限り政治的発言が出来ないからです。従って、彼は、まだ退役が許可にならない可能性があることを百も承知で、退役を前提にした政治的発言をしたのです。その点では、退役が許可にならないままに任地を離れたこととも関係があります。

従来も片言隻句としては政治的発言をしてきましたが、ここまで来ると、明確に政治領域に踏み込んで発言しない限り石原は自分の思想を展開することは出来なくなっていました。彼の「昭和維新方略」は、初めて彼がその政治的見識を全面的に展開した議論でした。

そしてこの「昭和維新方略」は、半ば、石原の期待通りの反応を呼び起こしたのです。満州国承認記念日の九月十五日には、板垣が演説で東亜連盟を強調しただけでなく(69)、十一月三日には近衛内閣の「東亜新秩序」声明となり、十一月三十日には御前会議決定の「日支新関係調整方針」へ受け継がれる一連の流れを引き出したのでした。そして、それは汪兆銘を重慶から脱出させるまでの効果はあったのです。

では、石原は、「東亜連盟の結成」で、板垣や近衛に何を訴えたのでしょうか。

それは何より日中戦争を止めさせる為の構想でした。自ずからその範囲は、日本と満州と中国ということになります。戦争の原因は欧米的「覇道」ですから、平和をもたらすには東洋的「王道」を原理としなければなりません。この「覇道」から「王道」への転換は、持久戦争の泥沼から抜け出るためには、格別に重要な視点でした。「覇道」的立場を固執する限り、戦争結果には勝敗の黒白をつけねばならず、それは必然的に毛沢東の持久戦の泥沼戦略の罠にはまることになるからです。

では「王道」の具体的展開はどうなるのか。それは「国防ノ共同」と「経済ノ共通」と「政治ノ独立」の三原則となるのですが、当然、満州国と中国では事情が異なります。

満州国については、第一に、日本人は他の満・中・鮮・蒙諸民族と平等の立場で政治に参加すること、第二に、その独立を完成するため満鉄を満州国の法人とし、関東州を満州国に譲与し、第三に、日満両国に共通な経済を公正妥当に決定するため東京に協議機関を設けるとしたのです。要するに満州に対しては、石原は、彼自身が参謀副長としてやろうとして果たせなかった政治目標を、「昭和維新」の政治目標として掲げたのです。

中国については、「国防ノ共同」と「経済ノ共通」と「政治ノ独立」を謳った東亜連盟の結成による日本の名誉ある撤兵以外にはありませんでした。中国が東亜連盟の一員として欧米依存体質を捨て、日本も東亜連盟の一員として帝国主義的権益思想を精算して撤兵すれば「和平ノ成立」も可能となるのです。「覇道」から「王道」への転換は、日中戦争勃発以来の経緯を考えれば、日本の軍人や政治家にとって極めて困難なことですが、石原はこれを可能にするのが「天皇親政」を根本とする日本の国体であると考えたのです。「陸海軍ノ不一致、政府統帥府間ノ不一致等モ　亦　臣民共カ自ラノ力ニヨリ国政ヲ処理セントスル所ニ生ス　天皇機関説ヲ排撃セシ人々ハ自ラ天皇機関説ヲ実行シテ疑ハサルモノト云フヘシ」というところが石原が板垣や近衛に最も聞かせたいところであったでしょう。

その他に、「昭和維新方略」の主張で今日の目から見て注目されるのは、資本主義がマルクス主義の主張するほど行き詰まってはいないという視点です。「資本主義ハ　国策ノ必要ニ応シ　所要ノ統制ヲ加ヘ今後尚其能力ヲ発揮シ得ヘシ」という視点は、戦時のみならず、戦後社会の発展の中で、共産陣営が自由主義陣営との競合に敗れたことを考え合わせると、近衛や板垣のような当時の権力者に聞かせる言葉としては極めて重要な視点であったといえます。

結局、石原はこの時、退役を許されなかった結果、この「昭和維新方略」は公刊されることなく、タイプ印刷によってごく限られた範囲に配られただけに終わり、板垣や近衛のような石原に好意的な権力者の所と、身近な信奉者の間に配布されたに留まりました。

しかしその効果は、先にも述べたような政府側の一連の動きをもたらしただけでなく、石原の配下においても、三ヶ月後の十二月には早くも宮崎正義の『東亜連盟論』が改造社から出版され、一年後には木村武雄による東亜連盟協会の発足につながって行ったのです。

七十年以内ニ世界統一？？？

一九三八年（昭和十三）十二月から翌三九年（昭和十四）七月まで石原は舞鶴要塞司令官という閑職に置かれました。陸軍という窮屈な枠の中には収まりかねる人物を現役に留める為にはやむを得なかったとは云え、この時期の日本は、最も有能な人物を廃人同然に扱っていたのです。

しかしそのことが石原に「最終戦争切迫」について の宗教的確信を与えることになりました。暇に任せての読書が石原に仏滅年代に対する疑問を抱かせ、それが更に最終戦争時期に関する啓示を与えることになったのです。

一九三九年（昭和十四）一月二十九日の日記に、「現代史読了　東洋史ヲ始ム」と書いた翌三十日、石原は、「仏滅年代ニ関スル大疑問　人類ノ大事」(70)に気づくのです。彼はこの時、従来信じてきた仏滅年代が史実より五百年も遡っていたことを知った驚きを「人類ノ大事」と書いたのです。

予言の的中を信仰の証（あかし）としてきた石原にとって、末法の初期に人類の思想信仰を統一すべき霊格者として出現したと信じてきた日蓮が、実は像法時代の生まれだったと知ったことは衝撃でした。一時は日蓮への信仰をやめることすら考えたようですが、彼がこうした信仰の危機を乗り切るのにそれほど日時はかかりませんでした。

ほぼ一ヶ月後の三月二日の日記には、「開目抄」を入手し、日蓮がこれを書いたのが五十一才で、この時の石原と同年であったことを知ると同時に、史実に基づく仏滅年代の方が彼自身の軍事的予測に近いことに気づき、むしろそこに最終戦争に関する新しい宗教的啓示を見たのです。その驚きと内心の歓喜を彼は日記に次の様に書いています。

> 『開目抄』御記述　御年五十一才
> 本年ハ仏滅後二四二六？　七十年以内ニ世界統一？？？(71)

そうであれば、この啓示を与えてくれた日蓮は、もちろん予言者として信仰するに値する霊格者でなければなりません。彼はこの時、『観心本尊抄』の「摂折現行段」の「当ニ知ルベシ、此ノ四菩薩、折伏ヲ現ズル時ハ、賢王ト成ッテ愚王ヲ誡責シ、摂受ヲ行ズル時ハ、僧ト成ッテ正法ヲ弘持ス」という日蓮の予言を、そのまま観念上の末法に出現された僧としての日蓮と、現実の末法時代に出現して最終戦争を戦う賢王の出現を示したものと受け取ったのです。

「五五百歳二重説」として知られるようになった石原の「摂折現行段」解釈で重要なことは、石原が、こうした理解で信仰の危機を乗り切ったばかりでなく、この解釈を通じて、彼が世界統一の時期切迫についての確信を与えられたということです。

こうして彼の東亜連盟論は日中和平のステップであるばかりか、世界統一による永久平和に向かっての第一歩を踏み出すことになったのです。

四　板垣陸相の評価と石原莞爾の影

陸相としての板垣評価は芳しいものではありませんが(72)、それは彼に対する期待過剰の裏返しなのです。板垣が陸相に選ばれたのは、あくまで石原莞爾の代わりとして、しかも石原ほどトゲのない彼が選ばれたのです。従って板垣に対する期待も警戒心も、皆、彼に石原の影を見ていたので、板垣に対する評価には、その期待や懸念の度合いによって三通りの立場がありますが、それは間接的に石原評価につながっているのです。

第一は、近衛首相のように、板垣に石原の代わりとして日中和平への役割を期待した向きの失望です。意外なことにその中には天皇も含まれています。第二には、原田熊雄のように、板垣陸相の実現に石原の政治勢力の増大を懸念した人々は、板垣の非妥協性に自分たちの懸念の正しさを確認したと思われます。第三には、第一、第二の立場とは逆に、石原の側からの、即ち、東亜連盟の視点からの同情と失望です。

そのことを汪兆銘工作と日独伊三国同盟問題で見てみましょう(73)。

汪兆銘工作と板垣陸相の食言

一九三八年（昭和十三）になると、日本は「爾後、国民政府ヲ対手トセス」と近衛声明を出し、また、中国では毛沢東が「持久戦を論ず」を書いたことに象徴されるように、日中和平工作は殆ど不可能と思われるほど困難になりました。双方の主張の矛盾を代表するのが日本側の「蔣介石下野」要求であり、中国側の「撤兵」要求でした。理由は明白です。蔣介石は中国にとって「抗日民族統一戦線」のシンボルでしたから、「蔣下野」は日本にとっては勝利、中国にとっては敗北を意味するものでした。また戦勝で勢いづいている軍隊を無理やり「撤兵」することは叛乱を招きかねません。こうした日中双方にとって最も困難な課題を敢えて組合わせ、「蔣下野」の代わりに、「汪兆銘下野」で日本軍の「撤兵」を引きだそうとしたのが汪兆銘工作でした。

一九三八年（昭和十三）には汪工作以外にも和平工作はいくつかあり、中でも宇垣・孔祥熙工作は、汪工作以上にも重要と思われるものでしたが(74)、汪工作以外のルートを通して伝えられる中国側の意向が、すべて「蔣下野」を絶対不可能としていたため日本側の意向に添わず、唯一、「蔣下野」の可能性に含みを持たせた汪工作だけが、日本側の期待に添うものとして生き残り、実質的に他の和平工作を潰すことになったのです(75)。

汪工作は先の亜州司長（アジア局長）高宗武と同盟通信社上海支局長松本重治によって始められたのですが、原案を作ったのは「低調倶楽部」（抗日姿勢の低調を自認する集団）を率いる周仏海だったようです(76)。周仏海は、改造後の近衛内閣の対中姿勢の変化に希望をつなぎ、高宗武に訪日して日本の意向を見極めることを求め、高は、香港に出てそのことを老朋友の松本に相談しました。汪工作の筋書きは、この香港における六月中旬から下旬にかけての旬日にわたる苦汁に満ちた会談の中で持ち出されました。

高が語った筋書きは、「まず日本が撤兵を声明する。それに応じて汪さんが野に下って、中国全土に和平通電をする。この通電を機に、戦争に嫌気がさしている、雲南や四川、広東などの雑軍たちが呼応する。そうなれば、蔣さんも長期抗戦が不可能になるかも知れないし、責任をとって下野せざるを得なくなり、汪さんが行政院長に復帰する。さらに少し時間をおいて、汪・蒋の腹芸で、蒋さんが軍事委員長に復活し、事態の収拾を二人でやる」というものでした。筋書きの複雑さを懸念しながらも、「蒋介石下野」もあり得るということに松本は和平工作の可能性を見たのです(77)。

松本の手配で、高の来日中の世話は陸軍省軍務局軍務課長影佐禎昭大佐(78)がすることになりましたが、この影佐は、後に「高の来日目的」を次のようなものであったと要約しています。

蒋政権を否認した日本の現状としては日支間の和平を招来する為には蒋氏以外の人を求めなければなるまい。それにはどうしても汪精衛氏を措いては他には之を求め難い。汪氏は予てから日支問題を解決するの必要を痛感し和平論を唱道しては居るが国民政府部内に於いては到底彼の主張は容れられないので寧ろ政府の外部から国民運動を起し以て蒋氏をして和平論を傾聴せしむるの契機を造成するというのが適当である。此の汪氏の運動に対しては日本は之を絶対に支持して貰いたい。しかし氏の方法に依りても尚且つ蒋氏を転向せしむること不可能なるに於いては汪氏自ら時局を収拾する外はない……(79)

ここにはこの工作の要である筈の「日本の撤兵声明」のことが全く書かれていません。この時期、松本も帰国してこの工作にかかわっていますが、彼によると、影佐とは十分に打ち合わせを行い「撤兵問題のほか、ほとんど完全に意見の一致をみた」と云っていますから、高の来日目的の第一が「日本の撤兵声明」であったことを影佐が知らなかった筈はありません。影佐はこの回顧録で、意識して「撤兵声明」をはずしているのです。

松本は、近衛とは単独で会見し、日本の撤兵問題をはじめ影佐と合意を見た諸点を直接報告して、よく了解していただいたと言いますし(80)、また岩永同盟通信社長には「中国側の和平運動の成否は、日本側の撤兵の声明いかんによる」(81)と力説したというのですが、肝心の板垣には会っていません。

高宗武情報は、日中戦争をめぐる陸軍省と参謀本部との深刻な対立を解消するには耳寄りなものでした。特に石原派と目され、警戒の眼で迎えられた板垣にとっては、影佐のもたらした高宗武情報は好都合なものでした。多田次長も影佐の説得には応じやすかったでしょう。ここに陸軍は開戦以来初めて省部一致して「蔣介石下野」による日中戦争早期解決という強気の見通しに立つことになったのです。

高が来日していた七月四日、陛下は板垣陸相と閑院宮参謀総長をお召しになり、「この戦争は一時も速くやめなくちゃあならんと思うが、どうか」とお尋ねになりました。陛下にすれば、これまで参謀本部の早期和平方針に反対してきた陸相が石原派の板垣に代わったのだから、当然、これからは陸軍は省部ともに早期和平に足並みをそろえて進むと考えられたのです。ここで陛下からの一押しがあれば、その勢いが加速するに違いないと期待されての御下問でした。

ところが二人から返って来た奉答はご期待とは正反対のものでした。二人は異口同音に「蔣介石が倒れるまではやります」と奉答したのです。天皇にとって意外だったのは、参謀本部が従来の遮二無二「この戦をやめたい、そうしてソヴィエトに備えたい」という方針をにわかに改め、しかもその変わった経緯を御納得が行くように説明せず、実にせきこんだ粗略な奉答ですませたことです。陛下は、宇垣外相をお召しになり、事情をお尋ねになると、「まだ陸軍大臣も着任早々で、準備がはっきり出来ていないので、一応そういうふうに奉答申し上げたのだろうと思います」という答でした。宇垣も高来日情報を知ってはいたものの、一知半解のことに首を突っ込むつもりはなかったのでしょう(82)。

陸軍が一致して「蔣介石打倒」という強気の見通しに立ったことは、七月八日の五相会議で決定された「支那現中央政府屈服ノ場合ノ対策」と「支那現政府ニシテ屈服セサル場合ノ対策」及び「時局ニ伴フ対支謀略」にも鮮明に表れました。屈服の条件中に「蔣介石ノ下野」を挙げ、屈服しない場合には「長期戦ニ応スル現下必須ノ諸政策ヲ強化」すると謳い、その中では汪兆銘工作も「支那一流人物ヲ起用シテ支那現中央政府並支那民衆ノ抗戦意識ヲ弱化」するための「対支謀略」と位置づけられたのです(83)。

高は、自分の来日が却って日本軍部の意志を「蔣介石下野」に固めてしまったことに説得の言葉を失ったように思われます。七月上旬から中旬にかけての滞日中、影佐や参謀本部支那班長の今井武夫中佐の手配で、近衛首相をはじめ多田参謀次長や板垣陸相や米内海相などにも会いましたが(84)、同席した今井によれば、「既に蔣介石を中心にした日華間の事変収拾策はこれを断念したらしく、改めてこの問題を主張することなく、専ら日本側の発言を熱心に聴取するだけだった」といいます(85)。

蔣介石の意志に叛いてまで来日した高とすれば、日本当局者から「撤兵」の言質を得て帰りたいと考えていたようです。ところが日本側の受け止め方は「汪兆銘への支持」でした。そのことは海軍の高木大佐によると、「高宗武は『日本の政府が汪兆銘を立ててこれを援けて行くということを保障してくれるならば、蔣介石は下野するだろう。で、総理から一本蔣介石に宛ててその意味の手紙が欲しい。即ち密書をくれ』と言ってきたが、総理はこれを拒絶して、板垣が代つて書くことになるんじゃないか」という形で伝えられ(86)、事実、板垣からは汪兆銘宛に「日本は従来の因縁によって、どうしても蔣介石とは両立せぬ、若し蔣に代わって汪兆銘が出るならば、条件を寛大にし、充分面子を立てるようにして、決して漢奸に終わらしめることをしない」という意向が伝えられたということです(87)。

高は帰国後、蔣介石宛の報告書を周仏海に提出、周は、板垣が陸相になっても依然として日本側が蔣下野に固執していることに失望しましたが(88)、高の報告書を汪兆銘に見せ、汪の指示で蔣介石にも見せたと言います。蔣は報告書については何も述べませんでしたが、高が許可なく渡日したことを激怒し、彼に対する機密費の打ち切りを命じたといわれます(89)。

ここで、高は蔣介石に見限られた失意もあり、胸部疾患を悪化させて喀血、入院し、七月下旬に上海に戻った松本とも連絡を取らず一時消息を絶ちました。そのため影佐などは、高の工作は蹉跌したと信じたようですが(90)、八月中旬になって松本に連絡があり、工作は香港で復活することになりました。

しかし、ここからは高は交渉の主役を降り、松本の相手には周仏海の推薦する梅思平が立つことになりました。八月末から九月初旬にかけて行われた松本・梅会談では、松本が東京から持ち帰った「撤兵を眼目とした和平条件」を土台として、双方の運動の手順を話し合ったといいます(91)。

松本は、梅との交渉結果を持って東京に報告に帰ろうとしたところで腸チフスに罹り入院、十月中旬、それはメモ・ノートとして、折りから上海に出張中だった参謀本部の今井武夫中佐に伝えられ、今井はこのメモ・ノートを東京に持ち帰り、板垣陸相と多田次長に報告、工作の推進を建議しました。折りから、十月二十七日には武漢三鎮、二十九日には広東と相次いで陥落し、東京は歓呼の声で沸き返るようだったといいます(92)。

一時期、強気一本でまとまっていた陸軍は、工作中断と共に再び分裂、多田次長を中心とする早期和平派と、東条次官を中心とする「蒋下野先決」派の対立が従来にも増して激しさを加えました。しかし、そうした両派の対立を何とか理念的に統一しようとしていたのが参謀本部の堀場一雄少佐で、そうした努力は最終的に十一月三十日の御前会議で「日支新関係調整方針」として決定されますが、この「調整方針」作成過程での両派のやりとりが汪工作に与えた影響も無視できませんでした(93)。

十一月三日の明治節に日本政府は第二次「近衛声明」を発表しました。武漢三鎮が陥落し、国民政府が重慶に移ったことを受け、改めて日本の戦争目的を「東亜新秩序の建設」にあると位置づけたものでした。これが国民政府内部の和平派に対する呼びかけであったことは云うまでもありません。

汪工作も最終段階に入り、十一月十二日から十四日にかけて、上海の重光堂で、日本側からは今井中佐と満鉄嘱託の伊藤芳男が、中国側からは梅思平と高宗武による交渉が、通訳としての周隆庠を交えて行われました。その結果は、それぞれ一旦、持ち帰って了解を取った後に、二十日、再度、重光堂において「日華協議記録」としてまとめられ、各代表による署名捺印が行われました。日本側を代表して署名したのは影佐大佐と今井中佐で、中国側を代表して署名したのは高宗武と梅思平でした。

「日華協議記録」としてまとめられた内容は、防共協定の締結、満州国の承認、日本人の居住・営業権と引き替えの治外法権の撤廃、居留民の損害補償等ですが、中国側にとって最も重要であったのが「中国内地の治安恢復と共に、二年以内に完全に撤兵を完了」するという約束であったことは云うまでもありません(94)。

二十一日に帰国した影佐と今井は会談結果を大臣、次長はじめ土肥原中将や関係各部課長に報告、二十二日、板垣陸相は影佐と今井を連れて首相官邸に赴き、これを五相会議の関係閣僚に報告して同意を求め、「日華協議記録」の内容を第三次「近衛声明」として発表することになりました(95)。

協議に基づいて汪兆銘が重慶を脱出したのは十二月十八日、日本政府が第三次「近衛声明」を発表したのは十二月二十二日でした。しかしこの声明には「撤兵」についての言及はなく、それは汪兆銘に対する重大な背信行為であり、板垣の「決して漢奸に終わらしめることをしない」という約束は完全な食言となりました。そのため汪兆銘の重慶脱出と中国国民への呼びかけも、殆ど実質的な裏付けを欠いたものとなり、汪のそれ以後の役割も「漢奸」以外のものとはなり得ませんでした。

陸軍という巨大組織の長となった板垣にとっては何より重要なのは陸軍の統一維持でした。その視点からは高宗武の来日も「蒋介石下野」のシグナルとしか見えず、現地交渉での「撤兵」約束も軍中央が分裂の危険性を犯してまで護らねばならぬ国家としての約束とは見えなかったということでしょう。この工作に見られる板垣の姿勢が、「支那ハ支那人ノ支那タルベキモノ」として、「蒋介石下野要求」のような中国に対する内政干渉に類する行動を拒否した石原の「昭和維新方略(東亜連盟思想)」とは、無縁と思えるほど隔たりのあるものだったことはいうまでもありません。

「防共協定強化」問題

防共協定強化問題は、一九三八年(昭和十三)八

月初旬、ドイツ大使館付武官大島浩中将の交代要員としてドイツに駐在していた笠原幸雄少将が、リッベントロップ外相の軍事同盟案を日本に持ち帰って来た時に起こりました。電信によらず、わざわざ笠原が携行したのは機密の漏洩を恐れたからだと云われますが、リッベントロップの意見に従ったもので、そのことにこの外相の作為が隠されています。ドイツの外相でありながら、日本の外相に対してではなく、日本の軍部に対して、それも極秘事項として尋ねたというのは、彼があらかじめ日本外務省相手では話が進展しないと考えて、用心深く釣り糸を最も食いつきの良さそうな日本陸軍に向かって投げて寄越したということでしょう。

はたして日本陸軍は、それを「ソ連」を仮想敵とする「防共協定」の強化策と受け止め飛びつくのです。板垣をはじめ日本陸軍首脳部にとって、ドイツ外相の提案は極めて魅力的なものでした。何より「ソ連」の軍事力に怯えながらも、中国との泥沼戦争から抜けられないという焦りがありました。「ソ連」を対象としたドイツとの軍事同盟は、彼ら自身が鶴首して望んでいたことだったのです(96)。笠原携行の軍事同盟案が、例え「ソ連」以外の対象国を含むとしても、主要対象国はあくまで「ソ連」であると考えられて、「防共協定」延長上の軍事同盟以外のものではないという受け止め方でした。その実、このドイツ外相提案の中身は、「防共協定」の強化策ではなく、むしろ「英仏」を主要な仮想敵とする軍事同盟案だったのです(97)。

陸軍と同時にこの案を伝えられた海軍も、これを「ソ連」を主要な仮想敵とする「防共協定強化」案と受けとった点は同様で、ただ米内海相は対象国にイギリスを含むことには懸念を持ち、第三国からの攻撃に際して自動的参戦は避けるという条件をつけましたが、軍事同盟を結ぶことには同意したのです。

たまたま笠原が宇垣外相の義弟であった関係で、この案は陸海両相と同時に外相にも伝えられ、非公式に意見を求められた時、宇垣はこれを単なる情報として聞き取るという立場で、手段や方法は研究を要するとしながらも、趣旨には同意すると述べたのです。

陸海軍の軍務課長間の協議で笠原携行案は外務省にも通知されることになり、ここに初めて外務省当局者もこの問題に関与することとなります。さすがに外務省は、この軍事同盟案を、ただ主観的に「防共協定強化」策と認定する曖昧さは持たず、積極的に「ソ連及び共産インターナショナルの破壊工作に対する防衛を主眼とするもので、英米を正面の敵とするものではない」と規定する「前文」をつけて、これが「防共協定」延長上の軍事同盟であることを明確にした了解案を作成して外相に提出しました。

外務省の了解案は、八月二十四日の宇垣外相と板垣陸相の会談を経て、八月二十六日には首相や蔵相も参加した五相会議の了承を得て、半ば政府としての回答という性格を帯びることになりましたが、その結果として、八月二十九日付けで陸海軍次官からドイツ駐在武官宛てに出されることになった訓令は、重大な矛盾を内包することになりました。訓令で「陸海軍共その趣旨に同意なり」と謳われたリッベントロップ案は、日本側が書き加えた「英米を正面の敵とするものではない」という「前文」とは根本的に相容れないものだったからです(98)。外務省ではその矛盾に気づき、九月以降、修正に乗り出しますが、ドイツとの交渉頓挫を恐れる陸軍の了解を得られませんでした(99)。

現地にあってリッベントロップの意図を理解していたと思われる大島には、訓令を受け取った段階で、訓令が内包する矛盾が分からなかった筈はありませんが、ドイツとの軍事同盟締結に積極的であった彼は、敢えて訓令上の矛盾に目をつぶり、交渉に入ることで既成事実を積み上げようとした可能性が高いように思われます。

八月の訓令が内包していた矛盾の顕在化を促したのは人事移動でした。九月末に興亜院設置問題を理由に宇垣外相が辞任し、一ヶ月近い近衛首相の外相兼摂期間を経て、十月二十九日に有田八郎が外相に就任しました。途中、近衛が外相を兼摂していた十月八日、駐独大使が東郷茂徳から大島浩に代わりますが、軍事同盟締結に積極的な駐在武官を大使に昇格させたことは軍事同盟締結を推進する意味を持ちました。また、十二月九日、白鳥敏夫がイタリー大使に任ぜられたことも現地における枢軸外交を推進することになります。

新しく五相会議のメンバーとなった有田外相は、十一月十一日の五相会議で、八月二十六日決定の了解案を取り上げ、この軍事同盟案の基本的性格が、「防共協定」の延長で、対象国には「英仏」は含まれないと理解して差し支えないかと質問して了解を得ました(100)。有田はこの了解に立って大島に対する新しい訓令を出しましたが、大島は有田の訓令を政府の態度豹変であるとして、十二月五日に本省に激しい抗議電報を寄越しました(101)。ここに八月二九日の大島駐独武官宛ての訓令が内包していた矛盾が漸く顕在化することになったのです。

この大島からの抗議電報に対する回訓を巡り、十二月十三日に開かれた四相会議（近衛首相欠席）では、外相の立場を支持する米内海相、池田蔵相に対し、大島を支持する板垣の対立が鮮明になります。以後、連日のように開かれた四相会議は結論を出せないままに内閣崩壊の危機が深まっていったのです。

年が明けて、一九三九年（昭和十四）一月四日、近衛内閣は倒れ、平沼騏一郎内閣が成立しますが、外相、陸相、海相は留任し、五相会議の構成は、首相と蔵相がそれぞれ平沼と石渡荘太郎に代わっただけで、対立の構図はそのまま新内閣に持ち越されました。

驚くべきことは、ドイツ側とイタリー側が、日本政府の態度が変わるのを辛抱強く待っていたことと、日本側も、大島、白鳥両大使が共に駐在国政府の立場を支持し、本国外務省からの訓令を励行しようとはしなかったことです。本来なら、本国政府の訓令に従わない大使は罷免されて交渉は打ち切られることになるところですが、板垣が両大使の罷免を承知せず、平沼首相も内閣を維持しようと考える限り、陸相との決定的対立は避けねばならないという状況が続くのです。

有田外相は事態解決のために陸軍省や参謀本部の主管課長たちと懇談、妥協が図られた結果、最終的妥協点として、①ソビエトをあくまで主要の対象とするが、状況により第三国をも対象とする。第三国を対象にするとき、武力的援助を与えるか否か、またその程度は状況による。②外部に対しては、本協定はあくまで防共協定の延長であると説明するという了解案で解決がはかられました(102)。

この了解案が一月十九日の五相会議で決定され、これを現地側に納得させるため特使が派遣されることになり、特使として伊藤述史公使、陸軍の辰巳栄一大佐、海軍の阿部勝雄少将が選ばれました。伊藤特使等一行がイタリーを経由してベルリンに到着したのは二月末でしたが、現地では大島、白鳥両大使とも、本国からの特使の携行案を納得せず、三月四日、両大使連名で特使携行案では交渉に入ることは出来ない旨、政府に意見具申し(103)、三月六日、伊藤特使も両大使説得失敗を打電しました(104)。

四月、大島と白鳥両大使は、リッベントロップやチアノ両外相との交渉の中で、第三国からの攻撃に対する参戦義務について、政府訓令の範囲を逸脱して肯定的発言を行い、そうした両大使の発言を踏まえたドイツ政府は、日本政府案を正式に承認し、即時締結を求めてきました。両大使の参戦義務言明は、日本政府にとって衝撃でした。しかしこの段階でも板垣は、なお「政府代表のいったん言明した以上、『尻拭いしてやらねばならぬ』」と強硬に主張し、両大使を擁護したのです。

両大使の参戦義務言明については四月八日、天皇から有田外相に大権無視ではないかと注意がありました。それでも、四月中の五相会議は、交渉打ち切り、両大使召還を求める外相と、両大使を擁護する陸相の間で連日にわたって議論が繰り返される一方、有田外相からは両大使に対して参戦義務についての日本政府見解が伝えられ、両大使からはそれへの反発という応酬が繰り返されます。

五月、局面打開のため、平沼首相からヒトラー、ムッソリーニ両首相宛てのメッセージが出され、ドイツ側からはガウス条約局長からの妥協案が伝えられ、今度はガウス案の受け入れを巡る字句の修正で小田原評定が繰り返される内に、五月二十二日、独伊は日本抜きの軍事同盟として鉄鋼同盟を締結しました。

独ソ接近

　ドイツが進展しない日本との交渉と平行して、ソ連に接近し始めたのが何時かは明確ではありませんが、三月十日の第十八回ソ連邦共産党大会席上におけるスターリン演説が契機の一つと云われます。スターリンは、ナチス・ドイツのチェコスロヴァキア解体を五日後に控えたこの日、「英仏のために火中の栗を拾うことはしない」と述べたのです。スターリンの批判がドイツに対してよりイギリスに向けられていたことが注目されました。スターリンは英仏の世論がドイツの眼をソ連領ウクライナのに向けさせようとしていることを非難したのです。これに対して、ヒットラーは独立を宣言したカルパト・ウクライナを見殺しにして、スターリンの呼びかけに応じたといわれます(105)。

ノモンハン事件と独ソ不可侵条約の締結

　一方、五月には満州国とモンゴル人民共和国との国境地点で、日本軍とソ連・モンゴル両軍との軍事紛争事件、いわゆるノモンハン事件が起こり、それは六月から八月にかけて次第に本格的な戦争の様相を呈することになりました。そして八月二十日に猛烈な砲爆撃でもって開始されたソ連・モンゴル軍の大攻勢は、完全に日本軍の意表を突き、その矢面に立たされた第二十三師団、第七師団一個旅団は、全滅に近い損害を出してモンゴル側の主張する国境線外に後退するに至るのです。

　独ソ不可侵条約締結の発表があったのは、正に、このノモンハン事件でソ連の大攻勢が始まった直後の八月二十三日でした。勿論、日独伊三国軍事同盟交渉はここで漸く打ち切りとなったのですが、このことは、天皇を激怒させせました。

　天皇は、その怒りを、これまで天皇の意向と外務省や海軍の反対を押さえてドイツとの軍事同盟を推進してきた板垣陸相に向けたのです。平沼内閣総辞職に際し、板垣の辞表が通り一遍のものであることに不満を示した天皇は、阿部内閣組閣に際して、「此の際、陸軍大臣は武官長（畑俊六）か梅津中将」と指定し、陸軍三長官の推薦した多田駿陸相案を拒否しました(106)。

大兄に於かれても大局より観て多少工夫せられて然るべき点あらずや

このことは、人事局長としてこの人事に直接かかわり、既に多田の許に交渉に向かっていた飯沼守には決定的な印象を残しました。石原からの慰めの書簡に、彼は「石原を友人に持ちたるが故に些かの迷惑も蒙らず」といいながら、この「一年間の人事は悉く失敗」と評し、「他の人々の人事に於いて、大兄と良きが故に適所に使用し得ず、兎角の故障の出たるは事実」とし、「大兄に於かれても大局より観て多少工夫せられて然るべき点あらずや」(107)と批判めいた感想をのべたのです。

しかし、本来、板垣の日独伊三国協定に対する姿勢に対しては、石原莞爾は早くからこれを懸念し批判していました。既に一九三八年(昭和十三)十一月の段階に、彼は「外交国策ニ関スル所見」に於いて、ドイツ外交に無条件に呼応するような条約を結ぶことには反対し、また、一九三九年(昭和十四)五月十一日付の町尻軍務局長宛の書簡では、板垣大臣は就任の意義を全く没却しているのではないかと批判し、ドイツとの防共軍事同盟にこだわるより、独伊との軍事同盟を取引材料に、イギリスに対して交渉した方がよいと提言していたのです(108)。

板垣陸相の評価と石原莞爾の影

近衛が板垣に石原の経綸を期待したのは明らかに期待過剰でした。中央官庁の経験に乏しく事務能力に自信のない板垣には、自分の役割を自覚して陸軍を、いや日本をリードするだけの器量も気持ちの余裕もなかったと思われます。彼は陸軍省内では最も安心して信頼を寄せたと思われる今村均から、「省内の次官、局長の言」をよく聞くようにと忠告されたこともあり(109)、東条等に過剰に依存せざるを得なかったと思われます。任命前には「板垣以外の人とは一緒にやっていかない」とまで云っていた近衛が、たちまち「会ってみましたけれども、ぼんくらな男だ」と失望したのはそのためでしょう。

汪兆銘工作に際して、板垣が蒋介石下野にこだわり、「撤兵」声明を破約したのも、彼にとっては陸軍の意思統一の為でした。彼が日独伊三国同盟締結に必要以上にこだわったのも、彼とすれば、それ以外に陸軍をまとめる手立てを見いだせなかったからでしょう。石原莞爾の代役としての役割は明らかに過重な負担だったのです。

板垣の失敗の意味するところは明瞭です。そのことは、もはや石原以外に事態を収拾できる人物はいないことを物語っていたのです。しかも石原の前には巨大な壁が立ちはだかっていました。

註

(1)山室信一『キメラ―満州国の肖像』中公新書
(2)ISHIWARA KANJI and Japan's Confrontation with the West, Princeton U.P.1975　の第9章は「東亜連盟のキメラ」
(3)山本勝之助『日本を亡ぼしたもの』彰考書院、一九四九
(4)片倉衷『片倉参謀の証言　叛乱と鎮圧』芙蓉書房、一九八一、九一頁
(5)大迫通貞「満州時代の石原・東条」『共通の広場』一九五三年四月号
(6)阿部博行『石原莞爾』三九九頁
(7)武藤富男『私と満州国』文芸春秋、一九八八、一〇三頁
(8)山室信一前掲書、二五二頁
(9)白土菊枝『将軍石原莞爾』丸ノ内出版、一九九五、一五三頁
(10)片倉衷前掲書、九十~九一頁〉
(11)同前、五五頁
(12)山室信一前掲書、二四〇頁
(13)武藤富男前掲書、一七頁
(14)山室信一前掲書、二四〇頁
(15)上笙一郎『満蒙開拓青少年義勇軍』中公新書、一九八一、第七版、一五~一六頁
(16)武田清子「背教者・加藤完治の農民教育思想」『土着と背教』新教出版社、一九六七
(17)「満蒙開拓を加藤完治氏に聴く」『東亜連盟』一九四〇年七月号、一〇五~一〇六頁
(18)同前、一〇六頁
(19)上笙一郎前掲書、一九~二〇頁
(20)同前、四〇頁
(21)三品隆以『我観石原莞爾』一九八四、一六~一九頁
(22)池本喜三夫『農公園列島』東明社、一九七三、七〇~七一頁
(23)私は『東亜連盟期の石原莞爾資料』の解説の中で、杉浦を、南部の一高配属将校時代の教え子と書きま

したがこれは誤りでした。南部は一高の配属将校になったことはなく、杉浦は南部が独乙協会中学の配属将校であった時の教え子です。南部の影響力は卒業生にも及んでいたのです。普通、配属将校が、それだけの影響力を持つと云うことは考えにくいことですが、松沢哲成『日本ファシズムの対外侵略』三一書房、一九八三、七〇～七一頁によると、独乙協会中学における南部の指導力は格別のものだったようです。
(24) 鶴岡郷土資料館「石原莞爾関係資料」四二―一〇
(25) 白土菊枝前掲書、九七頁
(26) 松村秀逸『三宅坂』東光書房、昭和二十七年、一六二頁
(27) 原田熊雄『西園寺公と政局』岩波書店、一九五一、第六巻、一三七頁
(28) 同前、二九一～二九二頁
(29) 同前、三二四～三二五頁
(30) 同前、三〇一頁
(31) 同前、三二八頁
(32) 大谷敬二郎『昭和憲兵史』みすず書房、一九七九、新装版、三一六頁
(33) 田村真作「石原莞爾の悲劇」『文藝春秋』一九五〇年七月号、以来、そのように思っている人が多い。
(34) 原田熊雄前掲書、三三二～三三三頁
(35) 同前、三二八頁。この人事に対する杉山などの考え方は「参謀本部が思っているようなことをなすったら、陸軍の下克上は再び元に戻って、ひどいことになります」ということにあります。
(36) 同前第七巻、六頁
(37) 松村秀逸前掲書、『三宅坂』一六八頁
(38) 小林一博『「支那通」一軍人の光と影』柏書房、二〇〇〇、一六四頁
(39) 古海忠之『忘れ得ぬ満州』経済往来社、一九七八、一五五頁
(40) 同前、一三六～一三七頁
(41) 同前、一五六頁
(42) 松村秀逸前掲書、一六〇頁
(43) 小林一博前掲書、一七九～一八〇頁。ただし引用者の責任で候文を現代文に直しました。
(44) 古海忠之前掲書、一五七頁
(45) 大谷敬二郎前掲書、二五九頁
(46) 同前、三一六頁
(47) 同前、三一七頁
(48) 同前、三一七～三一九頁
(49) 同前、四〇九～四一一頁
(50) 同前、三一七頁

(51)同前、三一九頁
(52)同前
(53)田中隆吉『敗因を衝く』中公文庫、二〇～二一頁
(54)戸部良一『ピース・フィーラー』論創社、一九九一、二頁
(55)日本国際政治学会『太平洋戦争への道』第5巻
(56)戸部良一前掲書、三六八～三七九頁、和平工作を失敗させたのは日本側の和平条件であり、その条件を作り上げたものは結局、中国側の受諾可能性を無視した日本側の権益主義でした。
(57)大谷敬二郎前掲書、三二〇～三二一頁
(58)同前、三二一頁
(59)『石原莞爾資料―国防論策』原書房、一九六七、二六五頁
(60)『畑俊六日誌』二一八～二二二頁
(61)大谷敬二郎前掲書、三二九頁、桐山桂一『反逆の獅子』角川書店、二〇〇三
(62)『秩父宮雍仁親王』秩父宮を偲ぶ会、一九七〇、七五七頁
(63)原田熊雄前掲書第七巻、九八頁
(64)『戦略論大系』7芙蓉書房出版、二〇〇四、三〇〇頁
(65)松本重治『上海時代』下、中公新書、二二五頁。戸部良一前掲書、二頁
(66)毛沢東の持久戦論は要約すると次のようです。
日本は強い帝国主義国家だが、国土が小さく、人力、軍力、財力、物力のいずれも欠乏しているから長期の戦争には耐えられない。それに対して、中国は半植民地、半封建の弱体国家だが、この百年来の革命解放運動の結果、過去の如何なる時より進歩しており、国土が広く、物資に富み、人も多く兵も多いから長期の戦争に耐えられる。従って、両者の間に展開される戦争は次の様な三段階に分けて考えられ、そのそれぞれにふさわしい戦い方がある。

第一は日本が進攻し、中国が防御する段階で、その場合には運動戦が主役で遊撃戦と陣地戦が脇役。

第二は、日本が占領地の保守に回り、中国側の作戦形式は遊撃戦が主体で、運動戦が脇役になる。

第三は、失地回復の反攻段階で運動戦が主役だが、陣地戦も重要となる。この段階は国際的な援助を受けねばならないから外交工作も重要である。全期間を通じて、抗日民族統一戦線の完成と堅持が重要で、それが実現出来ないと、最後の勝利は間違いないが、戦争は長引き犠牲が大きくなる。
(67)『石原莞爾全集』第七巻、五八～六四頁
(68)『石原莞爾資料―国防論策』原書房、一九六七、一三四頁

(69)石原はこの年十二月に刊行された宮崎正義の『東亜聯盟論』改造社に寄せた序文でこのことにふれています
(70)『石原莞爾資料―国防論策』二六一頁
(71)同前二六四頁
(72)半藤一利外『歴代陸軍大将全覧』昭和篇、中公新書、五四頁
(73)昨二〇一一年(平成二十三)、『日本外交文書　日中戦争』全四冊(以後、本論中では『日中戦争外交文書』と略称する)が刊行され、本年、『日本外交文書日独伊三国同盟・日ソ中立条約』(以後、本論中では『三国同盟外交文書』と略称する)が刊行されました。既によく知られた内容のものがほとんどで、特に新しい発見があるわけではありませんが、公式な声明などがしっかりと順序立てて編纂されているので、改めて当時の日本が、どういう経緯で戦争に突入し、その泥沼から抜けられず、ついに大東亜戦争(この呼称については庄司潤一郎氏が「戦争の呼称をめぐる諸問題」『外交史料館報』第二五号、二〇一二年三月、で網羅的に検討している)に突入したかという経緯が鮮明に浮かび上がります。
(74)戸部良一前掲書、二〇二頁
(75)同前、二三八頁
(76)西義顕『悲劇の証人』文献社、一九六二、一八五～一八八頁
(77)松本重治『近衛時代(上)』中公新書、二九～三一頁
(78)世話人会『人間・影佐禎昭』一九八〇
(79)同前、二九頁
(80)松本重治前掲書、三五頁
(81)同前三三頁
(82)原田熊雄『西園寺公と政局』第七巻、二八～三二頁
(83)『太平洋戦争への道』朝日新聞社、一九五三、別巻資料編二六三～二六五頁。これらは『日中戦争外交文書』第一冊、二〇一一年、外務省、にも採録されています。
(84)前掲『人間影佐禎昭』、三〇頁
(85)今井武夫『日中和平工作』みすず書房、二〇〇九、六二頁
(86)原田熊雄前掲書、四三頁
(87)神尾茂『香港日記』一九五七、七二頁
(88)蔡徳金編『周仏海日記』みすず書房、一九九二、八二頁、一九三八年七月二二日記事
(89)戸部良一前掲書、二三六頁
(90)前掲『人間影佐禎昭』、三一頁
(91)松本重治前掲書、三七頁
(92)今井武夫前掲書、六八頁
(93)戸部良一前掲書、二八〇～三一〇頁

(94)「日華協議記録・同諒解事項および日華秘密協議記録」(『日中戦争外交文書』第一冊、四一七～四二三頁)
(95)今井武夫前掲書、七五頁
(96)笠原携行案がもたらされるより一ヶ月前の七月三日に陸軍省が作成した「時局外交ニ関スル陸軍ノ希望」には明確に「防共協定」を軍事同盟にすることが謳われていました(『日中戦争外交文書』第一冊、三二七頁)。
(97)三宅正樹『日独伊三国同盟の研究』南窓社一九七五、一二一～一二二、一九二頁
(98)八月三十一日付宇垣外務大臣より在独国東郷大使宛電報(『三国同盟外交文書』四一頁)
(99)『外務省の百年』下(外務省百年史編纂委員会編、原書房、一九六九)、四一〇頁
(100)十一月十一日、五相会議決定「日独伊防共協定強化ニ関スル件」(『三国同盟外交文書』四四頁)
(101)十二月五日付在独大島大使より有田外務大臣宛電報(同前、四五～四六頁)
(102)前掲『外務省の百年』下、四一五頁
(103)三月四日付在独大島大使より有田外務大臣宛電報(同前、六六～六八頁)
(104)三月六日付在独大島大使より有田外務大臣宛電報(同前、六八～七〇頁)
(105)三宅正樹前掲書、一六九～一七二頁
(106)『続現代史資料4・畑俊六日記』二三一頁
(107)拙編著『東亜連盟期の石原莞爾資料』同成社、二〇〇七、六五六頁
(108)『石原莞爾資料―国防論策』二九三頁
(109)今村均『私記・一軍人六十年の哀歓』芙蓉書房、一九七〇、二五五～二五六頁

第七章　君側に争臣なくば、国亡ぶ

一　東条と石原　和解の条件

和解の条件

石原の壁といえば東条でした。

「東条と石原」の対立とは一体、何だったのでしょう。これが単なる個人的な感情的対立でなかったことは「キメラの解体」のところで見たとおりです。そして、もしも「東条と石原の握手」が出来ていれば、その後の歴史は全く違っていた可能性が高いのです。事実、一九四〇年（昭和十五）七月二十日付の石原宛岩畔《いわぐろ》軍事課長書簡は、「挙軍一体の実は東条将軍と石原閣下の握手に外ならず」と両者の和解を訴えていたのです（1）。そういう意味では、後一歩であったとすら云えるのです。この問題を一年程さかのぼった時点から考えて見ましょう。

「天皇の思し召し」

畑俊六が陸相になったのは、阿部内閣が成立した三九（昭和十四）年八月三十日でしたが、陸相としての初仕事は、憲兵司令官平林盛人を呼んで、新しく第十六師団長となった石原莞爾への「天皇の思し召し」を伝えることでした。それまで侍従武官長であった畑に対しては、天皇もかなり率直に石原に対する懸念を伝え、畑にも、陸相としての最重要課題が石原問題であることが良く分かっていたのです。そのことを畑の日記から見ておきましょう。

既に一九三八年（昭和十三）暮れ、東条次官と多田参謀次長の更迭が「石原と東条との対立」を処理するためであり（2）、将官人事の多くがその余波としての玉突き人事であったと聞いた時は「馬鹿馬鹿しき限りなり」（3）と憤慨しましたが、その後、天皇が石原の師団長任命に懸念を示され(4)、その理由が「浅原事件」であると伺った時(5)、畑には、石原と東条の対立問題が陸軍全体にとって容易ならぬ問題であることが理解できたのです。畑は最初、その対立原因を「主として協和会」問題と考えていましたが、後にそれを「第十一条(統帥権)に関する事項」と改めています(6)。

一面で、陸軍三長官の意向を押さえ、天皇からの名指しで陸相に任命された畑としては、天皇の御懸念をそのままに伝えたのでは誤解を招きかねないと考えたのです。まず石原と親しい憲兵司令官の平林を呼んで次のように伝言を頼みました。

石原中将が今度第十六師団長に親補される事になった。陛下も石原君のことは、優れた人材とお認め遊ばされて居られるが、世間で兎かく「石原は政治に干渉する」やに噂するので、よく石原君に自覚するよう、これは私からよりも君が石原君と同期生であり懇意の間柄ときいているから、君から伝えてくれ

平林はすぐにもそのことを伝えようと思いましたが、石原が赴任に先立ち宿痾の膀胱腫瘍治癒を思い立ち、東大病院真鍋物療科に入院したので、九月二日、彼は病院に石原を訪ねました。たまたま白柳秀湖が見舞いに来ていたのでその辞去を待って陸相からの伝言を伝えると、石原は「俺は政治に関係はせぬが」と云いながらも恐懼した様子が面上に表れたといいます(7)。

この問題では畑が異常と思われるまでに神経を使っていたことは、彼が石原を呼びつけるような高圧的姿勢をとらず、ここに見られるように、先ずは石原と親しい平林に伝言を頼みながら、しかも平林任せにしなかったことに表れています。畑は石原の京都着任の時期を待って、九月十六日には自らも京都に出向き、直接、石原に会って叡慮を伝えているのです(8)。

石原師団長と昭和維新

「勇将の下に弱卒なし」の言葉通り、軍隊ほど上司の質が成員の士気に決定的な影響を与えるところ

京都・一灯園での講習会を終えて（1940 年冬）

はありません。そういう意味では石原莞爾を師団長に仰いだ時期の京都第十六師団ほど高揚感に満ちあふれた軍隊はなかったと云っても良いでしょう。

上司や同僚たちに向けられた石原独特のやや度を過ぎた毒舌もこの時期には影をひそめ、並みの師団長なら書類の検閲に明け暮れるところを、石原は無駄な書類等を一切廃止して、直接、隷下部隊全将兵の統率に乗り出しましたから師団全体が見る間に彼の訓練第一主義に染まっていったのです(9)。

「俺は政治に関係はせぬが」と云いながら、石原は着任後最初の団体長会議では真正面から昭和維新の必然性を説き、軍はその先駆けとなるために訓練第一主義に徹しなければならないとして、以後、師団長は検閲等は行わない旨を宣言しました(10)。隷下部隊が最も無駄な神経を使うのは師団長の随時検閲と軍中央による特命検閲であり、こうした官僚的な締め付けがむしろ軍の訓練には弊害となっているとみたからです。

昭和維新に関しては、石原は自宅を訪れた青年将校たちに対して、次のように明言したといいます。

二・二六事件では、確かに戒厳参謀として、わしが反乱軍討伐の命令を起草した。天皇陛下ご自身の意思が明確に示された以上、致し方がなかった。だが、収拾の手はいくらでもあったはずだ。陸軍大臣や軍事参議官たちが、一命を賭して陸軍の収拾方針を奏上すべきであった。大将連は陛下のお怒りの言葉に、腰を抜かしてしまったのだ。中国の諺に「君側に争臣なくば、国亡ぶ」という言葉があるが、今後いかなる大事が起こるかわからない時、まことに寒心の至りだ(11)

これは二・二六事件に関する石原の姿勢を語るものとしては極めて重要な証言です。

以後、石原は一切の無益な形式的業務を排し、徹底してソ連との戦歴の研究とその対策に乗り出したのです。そのためには、何よりノモンハンという直近の戦歴がありました。石原の日記には、九月二十九日の「ノモンハン講話」を皮切りに、三十日「ノモンハン飛戦」、十月二日「ノモンハン□□(六日迄)」(12)、十月六日「東少将ノモンハン空中戦講話」と連日の「ノモンハン研究」が続いています。近く北満永駐が予定されていた師団としては、「ノモンハン」は何としても緊急に対抗策を講じない訳にはいかない戦歴であったのです。

新戦法の実地研究には、師団長自らが分隊長役を買って出て、匍匐前進などの実践研究にも当たったといいます(13)が、その場には、程なく旅団長、連隊長なども顔を見せ、師団長と共に敵陣地側から観察して、不備な点、改善すべき点など一つ一つ指摘し、新戦法の基本を練り上げて行ったといいます。新戦法による訓練は、その年の暮れに入営してくる一九三九年(昭和十四)兵の第一期教育から早速実施されました(14)が、このようにして編み出された石原式滲透戦法と云われる新しい戦闘群戦法は、やがて「第十六師団・歩兵戦闘に関する兵用教程」に纏められ、翌一九四〇年(昭和十五)三月に始まる第二期教育訓練からは師団全体で本格的に採用実施されました。

しかしこのような性急な新戦法による訓練には、

むしろ幹部将校に、挫折する者や批判者が出たようで、石原は特に「幹部ノ新戦術、特ニソ軍戦術ノ理解、予期セル如ク進歩セス」(15)と批判、特に幹部演習に於いて「徒ラニ空論ヲ闘ハシ軍人精神ノ鍛錬上ニ不良ノ影響」(16)が出るのを戒めねばなりませんでした。同時に新戦法に批判的となった幹部の影響力を押さえ込み、緊張感を持って新戦法に取りくませる為には、従来からの慣行によって染みついた形式主義を徹底して排除する必要があり、石原は随時検閲などをやめた以外にも様々の思いきって斬新なやり方をとっています。

その代表例が観兵式の簡略化でした。例年三月十日の陸軍記念日に催される観兵式には、部隊の威容を誇示するため、閲兵もその後の分列行進も、殊更に整然と長々しく時間をかけて行われるのが例でした。ところが石原はこれを徹底して簡略化したのです。

当日の朝、伏見練兵場に整列した在京の歩、騎、砲工、輜重その他の部隊の前に、灰色のアラブ馬にまたがり、幕僚を従えて悠然と姿を現した石原は、全部隊から一斉の敬礼を受けるや、諸兵指揮官の酒井少将だけを従えて、襲歩に近い駆け足で馬を走らせ、一気に各部隊の前を駆け抜けて行ったのです。その間、五分とかからなかったともいいますが、元の位置に戻るや直ちに「解散」を令し、幕僚を引き連れてさっさと師団司令部に帰って行ったのです。その後、兵たちは早々と屯営に帰り、紅白のまんじゅうを貰って嬉々として外出していったということです(17)。分列行進など、中世における傭兵制度の名残と考える石原ならではの簡略化でした。

二　君側に争臣なくば、国亡ぶ

東亜聯盟協会の発足と運動綱領

退役してからも「老兵」と名乗ったように、石原は自らの天職を軍人であると考え、軍人であることに誇りを持っていました。ですから政治への関与を戒めた「天皇の思し召し」には恐懼した姿勢を見せましたが、それによって昭和維新や東亜聯盟運動をあきらめるようなことはありませんでした。師団長となって最初の団隊長会議の席で、石原は公然と「昭和維新ノ必然性ヲ確認シ、軍ハ其本然ノ任務ニ邁進スルコトニヨリ維新ノ先駆タルベシ」(18)と述べたのです。このことでも分かるように彼は軍の立場からこそ昭和維新は必然と考えていたのです。

しかし、いやしくも現役で軍職に留まる限り、石原自身が直接に民間人相手の東亜聯盟運動を束ねるわけには行かず、組織の代表には代役を頼まねばなりませんでした。最適任であったかどうかは別として、現実に東亜聯盟協会の結成にあたることになったのは東方会所属代議士の木村武雄でした。

木村は山形県米沢の出身で、農民運動を背景に政界に入りますが、県会議員時代に農民の窮状に理解のある連隊長として石原を知り、以後、事あるごとに石原を訪ねて、彼を生涯の師父と仰いだと云います。中央政界では中野正剛の東方会に属していましたが、一九三八年(昭和十三)秋に入院中の石原を見舞った時に「昭和維新方略」(19)を見せられて東亜聯盟運動の必要性を痛感したと云います。最初の間、中野正剛を中心とする運動を計画し、板垣陸相から三万円の運動資金を引き出して東亜連盟協会の結成に乗り出しましたが、中野が、石原の主張が中国からの撤兵による和平達成にあることを知って手を引いたため、結局、木村が運動の中心に立つことになりました。

木村の東亜聯盟協会発足は石原の京都第十六師団長就任後の一九三九年(昭和十四)十月となりましたが、直前の九月六日には、石原が入院していた東大病院に協会設立の主要メンバーである宮崎、木村、太田、杉浦、高木等が集まり、最終的な打ち合わせを行っています。このことでも分かるとおり、木村が中心とは云っても、政策綱領などは石原中心に作られており、既に一九三八年(昭和十三)の暮れから一九三九年(昭和十四)七月までに宮崎正義『東亜聯盟論』(改造社)や杉浦晴男『東亜聯盟建設綱領』(立命館出版部)などが出版されており、これらが著者名義の如何を問わず、基本的に石原の口述筆記を土台とし展開されたものであることは周知の事実です。

石原に対する従来からの誤解の中で見逃せないの

は、石原には経済のことは全く分かっていなかったという大蔵省の役人あたりがばらまいた批判です。大蔵省の立場からは、昭和十二年度予算編成に当たって、石原が、従来とは桁違いの軍事予算を要求したことが到底理解できなかったのでしょう。

確かに、石原は自分が専門とする軍事以外のことでは殊更にへりくだり、政治経済のことには無知だという立場をとっていましたが、基本的な政治経済についてはしっかりした見識を持っていました。彼が宮崎正義に日満財政経済研究所を作らせたのも、それは政治経済に関する無知のためではなく、逆に並々ならぬ見識の表れと見ることが出来るでしょう。その石原が農業については宮崎任せにするのではなく池本喜三夫に期待したのです。

石原は、二・二六事件直後に池本から「対華農村文化工作」という構想を聞いて以来、農業政策は池本に頼む以外ないと決めていました。そこで東亜聯盟の政策綱領の作成に当たっては、経済一般を宮崎に依頼すると同時に、農業政策は池本に頼んだのです。石原の積もりでは宮崎が出版したと同じ時期、すなわち一九三八年（昭和十三）の暮れまでには農業綱領も出版したいと考えていたと思われます。しかし池本は、鐘紡農務課長としての仕事が多忙な上に病身でなかなか執筆に応じませんでした。石原は使者を派遣して池本から口述をとり、その速記録を整理しては池本の検討を求めましたが、何回繰り返しても池本の承諾を得ることは出来ませんでした。完成を急ぐ石原は、「それでは鐘紡農務課に書ける人間はいるのか」と問いただし、一人だけいるということで中国から呼び戻されたのが武田邦太郎でした。

武田は池本の血縁で、母方の従兄弟です。元来は外交官志望だったようですが、旧制高校二年の時に、クロポトキンの『フランス大革命』を読んで全身を揺り動かされるような感動を覚え、将来への夢を歴史研究に変え東大西洋史学科に入学したといいます。しかし彼がその志望を貫くには、丁度、その時期にフランス留学を終えて帰国した池本の存在が輝かしすぎたようです。東大在学中、再三、池本を訪れてその話を聞き翻訳を頼まれたりしているうちにすっかり池本の虜になり、東大を卒業する頃にはそのエピゴーネン的存在になっていました。池本が鐘紡に入社するのに伴って、武田も池本の創設した鐘紡農務課に就職し、池本が石原から農業綱領を求められた時は河北省茶淀に設けられた鐘淵啓明農場の事務主任をしていました。

一九三九年(昭和十四)十月二十一日の「石原日記」には「池本喜三夫氏、武田邦太郎氏ヲ伴ヒ来ル」という記事が見えます。池本が自分の農業政策を代筆させるにあたって武田を石原に紹介するために連れてきたのです。一九一二年（大正元）生まれの武田は、この時二十七歳でしたが、これがその生涯にわたって師と仰ぐ人との最初の出会いとなりました。これはまた石原にとっても、その最晩年を支える最も信頼の置ける弟子との出会いでした。武田によると、この時、石原は、内外の緊迫した情勢を語り、特に満州事変を起こすことのやむを得なかった事情を語り、それと日中戦争の違いについて説明したといいます。もちろん東亜聯盟の農業理論を執筆することになる武田に心構えさせるためでした(20)。

話の途中で誰かから電話がかかってきましたが、石原が「そんなことは軍服を脱いでからやることだ」と大声で答えていたのを武田は鮮明に記憶しているといいます。石原が現役に留まっていることが東亜聯盟運動にとっては足かせになっていたことを窺わせる話です。

神戸に帰ると武田はすぐに池本から執筆の構想を聞き、資料を集め、ホテルにとじこもって半月あまりで書き上げ、池本との調整を経て、石原から頼まれてから二ヶ月後の十二月二十日には完成し、京都の師団長官邸に届けて中国に引き揚げたといいます。これは「池本・農業政策要綱」として『東亜聯盟』誌昭和十五年三月号に掲載されました。

池本は農業改革と教育革命については自信たっぷりでしたが(21)、石原からの「農林大臣となったらどうするか」という視点で書いてくれという要求には応えきれない点もあり、特に農業体験に浅い祖述者としての武田としては、自己の視点から原稿の最後を「未完」とせざるを得ませんでした。そのため、各地の東亜聯盟組織から続稿完成を求める矢のような催促がやまなかったといいます。とりあえず鐘紡農務課の山岸七之丞が農業共済保険等について書きましたが、結局、これが『池本農業政策大観』として完成出版されたのは、武田が河北省茶淀の啓明農場から、神戸の調査室勤務に移動した後の、一九四二年（昭和十七）夏のことでした。

阿南惟幾の祈り　中部軍管区師団長会同

阿部内閣の発足にあたり、天皇が陸軍三長官の押した多田駿陸相案を拒否し、陸相にお気に入りの侍従武官長畑俊六を充てて以来、陸軍中央の一部には「これは聖上の大臣にして我等の大臣にあらず」との恐るべき思想が低迷していたといいます(22)。しかし一九四〇年（昭和十五）一月に、阿部内閣が陸海軍の支持を失って倒れた後も米内内閣の陸相には畑が留任していました。ただ英米との協調を基本的性格とするこの内閣にとって、その成立直後に日米通商航海条約の失効を見たことはその短命を予告することになりました。

それに前年九月に始まった第二次欧州大戦では、ドイツが予想外の善戦を見せていました。特に、この年四月に始まったデンマーク・ノルウェー作戦と、五月中旬、難攻不落を信じられたマジノ線が突破され、六月十四日、遂にドイツ軍によるパリ無血占領が行われると、日本ではドイツ勝利に対する期待感が急速に広まりました。十五日、朝日新聞社では本社七階講堂で村山新社長と上野取締役会長の就任披露が行われましたが、新社長は社員に対する訓示の中で「ドイツ勝利の見込みがついた」と言明、論説委員で、支那派遣軍総司令部嘱託への出向が予定されていた太田宇之助は、その日の日記に「本社のナチ張りが加わることと思われる」と書きました(23)。

三月に結成されていた聖戦貫徹議員聯盟も、六月十一日にはドイツのナチスにならって各党党首に解党を進言、同月二十四日には近衛文麿が枢密院議長を辞任、新体制運動推進の決意を表明しました。ドイツへの期待の高まりと共に、米内内閣への風当たりも急速に強くなります。

七月、陸軍は米内内閣倒閣に動きました。その過程では阿南惟幾次官が軽くない役割を演じます。阿南は閑院宮参謀総長の「ドイツの仲介により日華和平の促進を図る」というご意見を活用、同期で親友の澤田参謀次長から畑陸相に「参謀総長より陸軍大臣への要望」という覚書を提出させます。「日本としては一日も早い日中戦争の解決が必要だが、現内閣の施策を見ると消極退嬰で到底その要請に応えられるとは思われない。このままでは軍の志気団結に悪影響が出る恐れがある。この際、挙国一致、強力な内閣を組織する必要があるので、陸軍大臣の善処を要望する」というもので、閑院宮は直接的にも畑陸相を呼び出して大臣辞任の要望を述べられたといいます。

この要望を受け入れて畑陸相が辞任し、陸軍は後任の陸相を出しませんでしたので米内内閣は倒れ、七月二十二日には第二次近衛内閣が発足することになりました。そのため東条英機陸相の出現となり、これが、やがて東条内閣による太平洋戦争への道を準備することになったのは周知の事実ですが、この東条人事の最初からの経緯を考えると、これが一貫して石原莞爾対策以外の何物でもなかったことは明白です。

そのことが露骨になるのは、梅津次官が板垣陸相就任に対抗して東条を次期次官に据えてからでしょう。次官としては僅か半年で飛ばされますが、それでも多田次長を道連れに出来ました。以後、東条は、反石原陣営では石原派に対抗できる陸相候補として明確に意識されました。彼らにとっては東亜聯盟の和平案も敗北主義以外の何物でもありませんでした。その点では天皇も例外ではありませんでした。

ただ中国にあって戦争を遂行している支那派遣軍では、総司令官の西尾寿造も総参謀長の板垣征四郎も東亜聯盟を支持しており、この年、四月二十九日の天長節には、派遣軍参謀辻政信少佐の書いた「派遣軍将兵に告ぐ」が全派遣軍に配布されました。これが東亜聯盟結成による日中和平を目指していたことは周知の通りです。こうした派遣軍の東亜聯盟結成への機運は、七月初めに宮崎正義が南京で行った講演によって更に決定的と云われるほどの高まりを見せました(24)。

その派遣軍に軍中央の米内内閣倒閣の動きが伝わ

ると、辻少佐は急遽上京し、新内閣の政策綱領に東亜聯盟結成の一項を加えさせようと陸軍省や参謀本部で猛烈な説得工作を行いました(25)。そこで七月初旬、陸軍中央ではにわかに東亜聯盟機運が高まり、そうなると改めて懸念されることになったのが東条と石原の対立でした。

一度、決まりかけていた東条陸相案がにわかに立ち消えになり、阿南惟幾次官の昇格案に一変したのはそのためでした。七月十一日、木戸内府は金光庸夫から「陸相には最初は東条英機中将の論相当にありしが、昨今は阿南一色になれり」という軍務局情報を聞いています(26)。

しかし、米内内閣倒閣に深く関わった阿南としてはこれをすんなり受け入れる訳にはいきませんでした。何より阿南には、これは東条と石原の対立を解消する絶好の機会とも考えられたのです。軍中央における大方の懸念には目をつぶり、最終的に東条案が内奏されるよう取り運びました。阿南が後に「自分の一生の最大の過失は、東条氏を第二次近衛内閣の陸軍大臣に推薦したことであった」(27)と述懐することになったのはそのためですが、陸軍人事の癌ともなってきた内部抗争を一挙に解決したいと考えた阿南の心情にも無理からぬものがありました。

阿南の意を受けた岩畔《いわぐろ》豪雄軍事課長は、東条の陸相就任を眼前に控えた七月二十日、石原第十六師団長に対し次のような書簡を出したのです。

邦家二千六百年目の転機に際会し、真に内外の諸態勢を一新して新国策を強行するの好機に恵まれ同慶至極に存じおり候所、ここに最も重要なるは挙軍一体の態勢を作る事にあるかと存じ候　而して挙軍一体の実は、東条将軍と石原閣下の握手に外ならずと愚考つかまつり候

顧みれば不愉快なる思い出も多くこれあること と存じ候えども、この際きれいさっぱりと精算し、共に手を携えてお進み願うこと切なるものこれあり候

実はこのたび、東条将軍出馬にあたり、我等一同、同将軍に望むところは一点、すなわち石原将軍と握手なさること之なりとて既に意見を具

申いたし置き申し候　この点、次官、武藤各閣下、及び渡部富士雄君等もことごとく同感にて、なお、武藤、小生は石原閣下と田中新一将軍との提携をも引き続き試むべく存じおり候間、出しゃばり者と思し召し御許容の程願い上げ申し候　私をして公平に評せしむるならば、過ぐる歳、支那事変勃発に際する石原閣下の先見の明は今日明瞭に証明せられたる所にして、諸人均しく閣下の前に脱帽すべき必要ありと存じ候えども、既に事態ここにいたり何人かが之を巧妙に収拾せざるべからざるに立ち至りたる以上、閣下に於かせられても諸人の不明を心の中で笑いつつ、まげて御許容の大度を示さるる様お願い申し上げ候(28)

東条に対する説得の手段がどのようなものであったかは分かりません。ただ、東条にしても軍人としては頂点に上り詰めたという昂揚した気分の中で、阿南次官以下、陸軍省幹部の強い希望として伝えられれば受け入れざるを得なかったのでしょう。この会談は七月二十七日に実現しました。石原日記に「大阪ニテ大臣ト会見」とあるのがそれです(29)。

ただこの会見は外見的には中部軍管区師団長会同という形をとり、第三（安岡正臣）、第九（樋口季一郎）、第十（佐々木到一）、第十一（永見俊徳）、第十六（石原莞爾）の五師団長が集められ、場所も大阪の中部防衛司令部とし、会談には岩松義雄中部防衛司令官と武藤章軍務局長を含めて計八名が参加しました。

多忙な東条が飛行機で来阪したことはマスコミの視聴を集め、朝日、毎日をはじめ各新聞社は第一面の記事としましたが、主役はもちろん東条でした。二十九日の大阪朝日は「八将星の懇談は正九時開始、重い扉はピッタリと閉ざされて何を語るか正味三時間、正午、扉を排して現れた東条以下諸将星の面上には新体制に驀進する決意の色も濃くうかがわれた。午餐をとり歓談の後、午後一時、再び会議室に入り懇談を続行、同二時過ぎ緊張裡に重要会談を終了した」とだけ報じました。

会談の内容は不明ですが、岩畔《いわぐろ》の手紙から考えればその主要議題が日中戦争の解決策であるのが当然でしょう。石原の解決策は東亜聯盟の結成による和平ですから、対立点が東亜聯盟の政策となったことは推測に難くありません。東亜聯盟の基本政策としての「政治の独立」、「国防の共同」、「経済の一体」の中で、東条等の容認できない条件は「政治の独立」です。日中戦争の具体的解決策に即していえば、つまるところ占領地の行政権を中国人に返還できるかどうかにありました。これは満州国における「内面指導撤廃」同様、既得権益の放棄につながる容易ならない問題であり、石原のような強固な思想的背景を持たない人間には簡単に同意できる問題でなかったことも確かです。

しかし石原が、阿南次官以下陸軍幹部の協力的姿勢の見えたこの会談こそ、一気に日中戦争解決に向けて陸軍の姿勢を固めさせる絶好の機会と踏んだ可能性はあります。これに対して東条が明確に反論したかどうかは別として、彼がこれに簡単に賛同したとはとても思えません。となれば、この会談の場が、はしなくも「政治の独立」を含めた東亜聯盟論の賛否に対するリトマス試験紙となった可能性を否定できません。翌年四月までの異動で、この会談に立ち会った安岡、佐々木、永見、石原の四人の師団長は予備役に編入されることになりました。

東亜聯盟促進議員聯盟

第二次近衛内閣は深刻な政策的矛盾にもかかわらず、首相の一見華やかに見える個人的人気に支えられて順調な滑り出しを見せていました。内外に対する新体制運動も、アメリカに対する緊迫感と共にバラ色の未来を約束しているかのようにも見えました。ヨーロッパにおけるドイツの快進撃につられるように、九月には北部仏印進駐が行われ、懸案の日独伊三国同盟が調印されました。「バスに乗り遅れるな」の合い言葉で内閣成立前から行われてきた政党解消運動も八月十五日の民政党解党で完了、十月十二日には近衛を総裁とする大政翼賛会が発足しました。

日本の占領下にある中国では東亜聯盟運動が支那派遣軍の支援の下に一見順調に展開されていまし

た。四十年五月には、北京で新民会副会長の繆斌が中国東亜聯盟協会を発足させたのに続き、九月には広東で林汝衍省政府教育庁長が中華東亜聯盟協会を発足させ、さらに十一月には南京で周学昌国民党中央党部副秘書長が東亜聯盟中国同志会を発足させました。これらは翌年の汪兆銘による東亜聯盟中国総会に統合されてゆくのです。

しかし、その裏面で、東亜聯盟の要求する「政治の独立」は、中国における占領地のみならず、満州、朝鮮、台湾に於ける日本の植民地支配にかなり深刻な矛盾を投げかけていました。占領地区内に残っている中国人は、「全くの無気力者か、然らざれば腹黒き利己的人物」が多く、「軍政なくば今日より飛躍的によくなるやに関し疑問なきあたわず」(30)という側面があり、また、満州や朝鮮、台湾に於いても、急激な変化は日本の植民地支配の根幹を脅かすとも見られました(31)。

そのような危惧が密かに潜行する中で、議会内では木村武雄が派手に同志を募る行動に出ていました。木村の東亜聯盟促進議員聯盟結成の呼びかけは、貴族院で二五名、衆議院で一七三名、計一九五名に及ぶ呼応者を得ていましたが、一般的に政党が解消され、すべての国民組織が大政翼賛会に統合されてゆく状況の中でのこうした動きは、かなり重たい政治的意味合いを持つものとなりました。

東亜聯盟運動を、このような、内実を伴わない議会活動とすることには石原は反対で、そうした意向は杉浦晴男を通じて木村にも伝えられていました(32)。しかし議会活動を重視する木村にとっては石原の抑制は受け入れがたいものでした。木村は呼びかけに応じた議員を組織化し、中国の東亜聯盟組織との間に一気に日中両国の政治家による直接対話の機会を設けようと考えたのです。

石原や杉浦の予想した通り、これは東条を刺激し、険悪な気配を生じました。東条は憲兵を使って議員聯盟の結成を自発的に取りやめさせようとし、事実、多くの議員が脱落しました。それでも木村は十二月二十七日には東亜聯盟促進議員聯盟の盛大な結成式を挙行、明けて一九四一年(昭和十六)一月には同議員聯盟中の有志を募って中華民国視察団二十名を中国に派遣しました。

一月三日に東京を出発した熊谷直太団長以下衆議院議員二十名は、六日に上海に上陸、登部隊に澤田最高指揮官を訪問、次いで市政府に陳公博市長を訪問挨拶後、上海に一泊、七日早朝、上海出発、午後南京に到着、南京政府要人多数の出迎えを受け、中山陵に参拝、支那派遣軍総司令部に西尾総司令官を訪問、更に板垣総参謀長を訪問、その後、汪精衛国民政府主席を訪問、夜は東亜聯盟中国同志会主催の懇談会が開かれました。

八日には国民政府に続いて国民党中央党部訪問、午後四時から大亜洲主義・月刊社主催の懇談会、夜は板垣総参謀長の招待会がありました。九日は、再び総司令部で状況説明を受け、警備司令官を訪問挨拶し、午後、教育建設協会懇談会、南京市長蔡培氏主催懇談会、夜、行政院招待懇談会がありました。十日は中央儲備銀行参観、午後、外交部宣伝部懇談会、首都新聞会茶会、夜、立法院招待懇談会があり、これで主要日程を終えました。翌十一日八時に南京出発、上海に行き、十二日、一行の大半は帰国の途につきました。

政府か東亜聯盟協会弾圧の方針を発表するのは、訪中議員団が東京に帰着する直前の一月十四日のことで(33)、東条陸相が石原の待命を内奏したのは、それから一月後の二月十四日のことでした(34)。木戸はその日の日記に「本日陸相内奏の人事、西尾寿造総司令官と畑俊六大将と更迭、石原莞爾中将待命云々の御話あり」と書きましたが、これが、この年十月に彼が東条を総理に押す大前提となったことは間違いないでしょう。

争臣なくば、国亡ぶ

東条と石原の対立原因を、畑は初め「協和会」問題と書き、後に「第十一条（統帥権）」と改めました。石原自身は「皆は、東条とわしに意見の対立があるように言っているが、それは当たらない。わしには多少なりとも意見があるが、東条には意見というものがない。それでは意見が対立しようにも出来ないではないか」とか(35)、「私には思想があるが、東条には思想がない」(36)とか云っていますが、満州事変の時の今村均、日中戦争勃発時点での梅津美治郎などの例でも分かるように、石原の上司では石原思想を理解できた人間の方がむしろまれなのです。板垣にしても石原を理解していたのでないことは陸相になってからの行動が示しています。そういう点から云えば、石原の上司で本当に石原を理解していたのは、参謀次長として自分の御進講に石原軍事史を使った西尾寿造とか、同じく参謀次長として日中戦争の拡大に抵抗した多田駿くらいかも知れません。

石原にとって東条が問題になるのは、梅津や原田熊雄のように石原の昭和維新を押さえるために東条を利用しようと考えた人間がいたからです。その点で本当に問題なのは木戸幸一でした(37)。彼は木戸孝允の孫ですから、極端に君主権を軽く考えたのかも知れません(38)が、こういう人間が君側にいて、ただ石原を押さえるために東条を首相にまでしたことが日本の命取りになったのです。

石原が昭和維新によって排撃しなければならないと考えていた天皇機関説も、問題の要は「君主無答責」の拡大解釈が、政治の無責任態勢を作り出している事にありました。石原が「中国の諺に〝君側に争臣なくば、国亡ぶ〟という言葉があるが、今後いかなる大事がおこるかわからない時、まことに寒心の至りだ」と慨嘆したのはそのことです。

註

(1) 拙編著『東亜連盟期の石原莞爾資料』同成社、二〇〇七、一一頁
(2) 『畑俊六日記』昭和十四年一月九日
(3) 同前、二月六日
(4) 同前、七月六日
(5) 同前、七月十一日
(6) 同前、一月十二日
(7) 平林盛人『わが回顧録』一九六七、一三二頁
(8) 『石原莞爾日記』昭和十四年九月十六～十七日
(9) 師団長としての石原の人間的な魅力を語って尽きないのは奥田鑛一郎『師団長石原莞爾』(芙蓉書房昭和五九年)ですが、筆者は師団通信隊長であった犬飼総一郎(四八期)や第九連隊中隊長であった中村龍平(四九期)からも似たような証言を聞きました。
(10) 「団隊長会議訓示」昭和十四年九月十六日、『石原莞爾資料―国防論策』三七三頁

(11) 奥田鑛一郎前掲書、一二二頁
(12) 角田順の『石原莞爾資料』ではこの記事を読み落としています。
(13) 奥田鑛一郎前掲書、三〇頁
(14) 「第一期教育ニ関スル指示」昭和十四年十二月七日『石原莞爾資料―国防論策』三七五～三八一頁
(15) 「第二期教育ニ就テ」昭和十五年三月十七日、同前、三八八～三八九頁
(16) 「幹部演習並戦術教育ニ就テ」昭和十四年十二月七日、同前、三八二頁
(17) 奥田鑛一郎前掲書、一六～一七頁
(18) 「団隊長会議訓示」昭和十四年九月十六日、『石原莞爾資料―国防論策』三七三頁
(19) 木村は自伝の中では「支那事変解決の根本策」と題するパンフレットを見せられたと云っていますが、「昭和維新方略」のことであろうと思われます。
(20) 武田新農政研究所『農政と平和』二〇〇〇年一号、二四頁
(21) 池本の日本農業改革論は、池本自身の実体験の上に日本とヨーロッパを比較して組み立てられた極めて実践的で明確な改革論でした。池本は留学の最初の段階に、三つの衝撃的な発見をしています。その第一は、米麦をはじめほとんどすべての穀物で粗放経営のヨーロッパの方が集約農業の日本より単位面積あたりの収穫量において勝っているということでした。池本は、その原因をヨーロッパの輪作、日本の単一作物の連作にあると考えました。その第二は、第一の場合とは逆に、牧草栽培においては、日本の方が遙かに勝っているということでした。政府も学者も農民も、歴史的に努力し、農地の大半をこれに宛てている欧州諸国が、歴史的にも研究的にも浅い日本の数分の一に過ぎませんでした。考えて見れば当然のことに、日本はヨーロッパより遙かに高温多雨で、降雨量、太陽エネルギー共に三～四倍という自然条件は、牧草栽培に適しているということでした。第三には、本来の地形から言えば、大型農機の使用条件においては、日本の方がヨーロッパよりむしろ恵まれているということでした。従って、日本において、農機の使用を阻んできたのは、耕地一区画を一反歩（10アール）と決めてきた人為的基準にあるということでした。池本の日本農業改革論はすべてここから出発しています。
(22) 柴田紳一「米内内閣成立の経緯」『國學院大學日本文化研究所紀要』第九十五輯、二〇〇五年三月号
(23) 『横浜開港資料館紀要』二〇号
(24) 七月四日付石原莞爾宛杉浦晴男書簡、国会図書館憲

政資料室「増川喜久男関係書簡」二九―九
(25) 七月八日付同前、二九―一〇
(26) 『木戸幸一日記』東京大学出版会、一九六六、八〇二～八〇三頁
(27) 田中隆吉『日本軍閥暗闘史』中公文庫、一三三頁
(28) 前掲拙編著『東亜連盟期の石原莞爾資料』一一～一二頁
(29) 角田順が『石原莞爾資料』の当該箇所の「大臣」にわざわざ「畑」と注記しているのは誤りです。
(30) 前掲拙編著『東亜連盟期の石原莞爾資料』一六頁
(31) 同前、六六一頁
(32) 同前、二六頁
(33) 同前、六六六頁
(34) 『木戸幸一日記』八五六頁
(35) 奥田鑛一郎前掲書、二二頁
(36) 山口重次『悲劇の将軍石原莞爾』二八二頁
(37) 半藤一利・加藤陽子『昭和史裁判』二七八～二八一頁
(38) 長州毛利藩の幕末の藩主毛利敬親は家臣の言をそのまま受け入れたので「そうせい公」のニックネームがありました。

エピローグ—満州事変はアジアの独立を求める昭和維新だった—

本書が主張している最も重要な点は、満州事変の本質が、日本と中国との戦いではなく、関東軍による昭和維新であり、目指すところは、あくまで欧米からのアジアの独立であったということです。確かにこの事変によって東北軍閥の張学良は満州から追われましたが、同時に、幣原の協調外交と結びついた欧米帝国主義も追い出されたのです。そのことは欧米、なかんずくアメリカの実力を怖れる日本政府や軍中央の望まぬところでした。張学良や蔣介石に日本と戦う意思がなかった時、実質、関東軍に立ちはだかったのは日本政府と軍中央でした。

その軍中央を個人として代表したのが参謀本部作戦課長の今村均でした。今村均は実に用意周到な人で、太平洋戦争中も第八方面軍司令官として一度も負け戦をしなかったので「聖将」ともいわれている人です。その人が生涯に一度だけ敗北を味わいました。今村は政府の方針に従って事変の拡大を阻止しようとした軍中央の責任者だったのです。

軍人という厳しい序列社会の中では、石原のような気宇壮大・機略縦横で気概のある人物は、彼の気宇を理解し、その方策に従うことを認めない限り、部下に持ったら百年目というところがありました。そういう点からいえば東条英機なども気の毒な人であったと云えるのかも知れません。

逆にそれだからこそ、石原が組織の長に立ったときの輝きが目立つのです。彼はすでに信仰に入る前から運命を自負するところがありました。入信してからは、祈りを含めて自己の進路に仏意と神意を信じたのです。そのような人物の頼もしさは、配下に立ったとき初めて知ることが出来るものでした。連隊長や師団長としての石原の部下となった第四連隊や第十六師団将兵の味わった高揚感は、宮本忠孝や奥田鑛一郎の良く伝えるところです。

石原思想の特色を語る民族協和思想もその延長線上にありました。繆斌や
曺寧柱のようなすぐれた中国や朝鮮の人々が石原に感銘を受けたのも、東亜聯盟思想に込められたアジアの独立を求める東洋人としての石原の気宇だったと思われます。

しかし、組織の長になったときの石原の頼もしさは、ただその勇気によるだけのものではありませんでした。彼は組織の改善に徹底した科学的合理性を求めました。彼が参謀本部で日満財政経済研究所を立ち上げた時、彼の気宇は遙か東亜の経綸を描いていました。茨城県大洗海岸で、太平洋の彼方にアメリカを意識しつつ「昭和維新方略」を書き上げた時、彼には東亜聯盟の構想が眼前に広がっていたのです。彼の構想の豊かさは宮崎正義や池本喜三夫や武田邦太郎の語るところです。

ただ、石原の構想は最終戦争論や東亜聯盟論を含めてあくまで彼がその実践上での必要に応じて作り上げたものでしたから、それを完成度の高いものとして金科玉条にかんがえるのは的外れです。それより、どのような逆境の下でも常にその状況を最大限に生かし、むしろそれを逆転の転機と考えた思考の柔軟性こそ彼の身上でした。「君子豹変」を人々の信用を失うことなく演じられるのも彼の気宇のしからしめるところだったのかも知れません。

人名索引

ら・り

る・れ・ろ

わ

毅然《きぜん》たる孤独《こどく》
—石原莞爾の肖像—

■著者略歴■

野村乙二朗（のむら　おとじろう）

1930年　山口県山口市に生まれる。

国学院大学卒業。都立高校教諭を経て国学院大学講師、東京農業大学講師を歴任。

著書　『近代日本政治外交史の研究』（刀水書房、1982）、『石原莞爾』（同成社、1992）、『東亜連盟期の石原莞爾資料』（同成社、2007）

共著　『人間吉田茂』（中央公論社、1991）、『再考・満州事変』（錦正社、2001）、『その時歴史が動いた15』（ＫＴＣ中央出版、2002）

2012年11月20日発行

著　者　野村乙二朗
発行者　山脇洋亮
組　版　㈱富士デザイン
印　刷　モリモト印刷㈱
製　本　協栄製本㈱

発行所　東京都千代田区飯田橋４−４−８
（〒102-0072）東京中央ビル内
TEL　03-3239-1467　振替00140-0-20618
㈱同成社

ISBN978-4-88621-619-9 C0021